U0519505

Fairy Tales, Natural History and Victorian Culture

童话、博物学与维多利亚文化

[法] 劳伦斯·塔拉拉赫-维尔马斯 著　　祝锦杰 译

四川人民出版社

尔文
趣物博思 科学智识

palgrave
macmillan

Fairy Tales, Natural History and Victorian Culture

by

Laurence Talairach-Vielmas

英国维多利亚时期著名儿童文学作家、诗人、历史学家查尔斯·金斯莱（Charles Kingsley，1819—1875）。

查尔斯·金斯莱的代表作《水孩子》（*The Water-Babies*），插图绘制者不详。

The Chimney Sweeper

When my mother died I was very young,
And my father sold me while yet my tongue,
Could scarcely cry weep weep weep weep.
So your chimneys I sweep & in soot I sleep.

Theres little Tom Dacre, who cried when his head
That curl'd like a lambs back, was shav'd, so I said.
Hush Tom never mind it, for when your head's bare,
You know that the soot cannot spoil your white hair

And so he was quiet. & that very night.
As Tom was a sleeping he had such a sight,
That thousands of sweepers Dick, Joe Ned & Jack
Were all of them lock'd up in coffins of black,

And by came an Angel who had a bright key,
And he open'd the coffins & set them all free.
Then down a green plain leaping laughing they run
And wash in a river and shine in the Sun.

Then naked & white, all their bags left behind.
They rise upon clouds, and sport in the wind.
And the Angel told Tom if he'd be a good boy,
He'd have God for his father & never want joy.

And so Tom awoke and we rose in the dark
And got with our bags & our brushes to work.
Tho' the morning was cold, Tom was happy & warm.
So if all do their duty, they need not fear harm.

《扫烟囱的小男孩》（*The Chimney Sweeper*），由英国第一位重要的浪漫主义诗人、版画家威廉·布莱克（William Blake）创作。

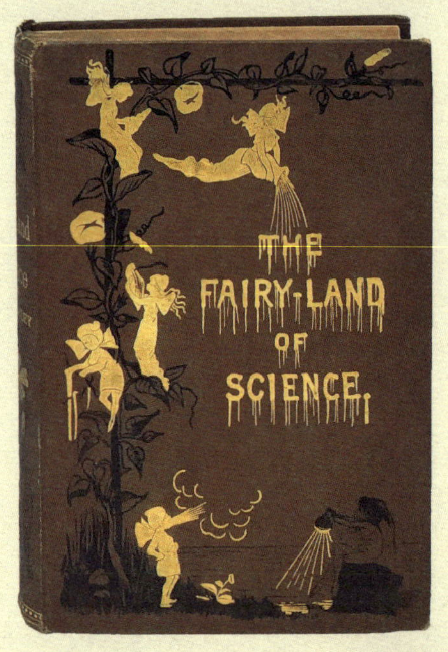

《科学仙境》（*The Fairy-Land of Science*），由英国维多利亚时代著名的儿童文学作家、科学教育家阿拉贝拉·巴克利（Arabella Buckley，1840—1929）创作，她也是英国第一位女权主义童话作家。

《科学仙境》续集。

万国工业博览会插画组图

玛丽·德·摩根（Mary De Morgan，1850–1907），创作了享有盛名的《菲奥瑞蒙德公主的项链》《针垫先生讲故事》《玩具公主》《风精灵传说》等。

《菲奥瑞蒙德公主的项链》（*The Necklace of Princess Fiorimonde, and Other Stories*）。

《针垫先生讲故事》（*On a Pincushion and other Fairy Stories*）。

《风精灵传说》（*The windfairies, and other tales*）。

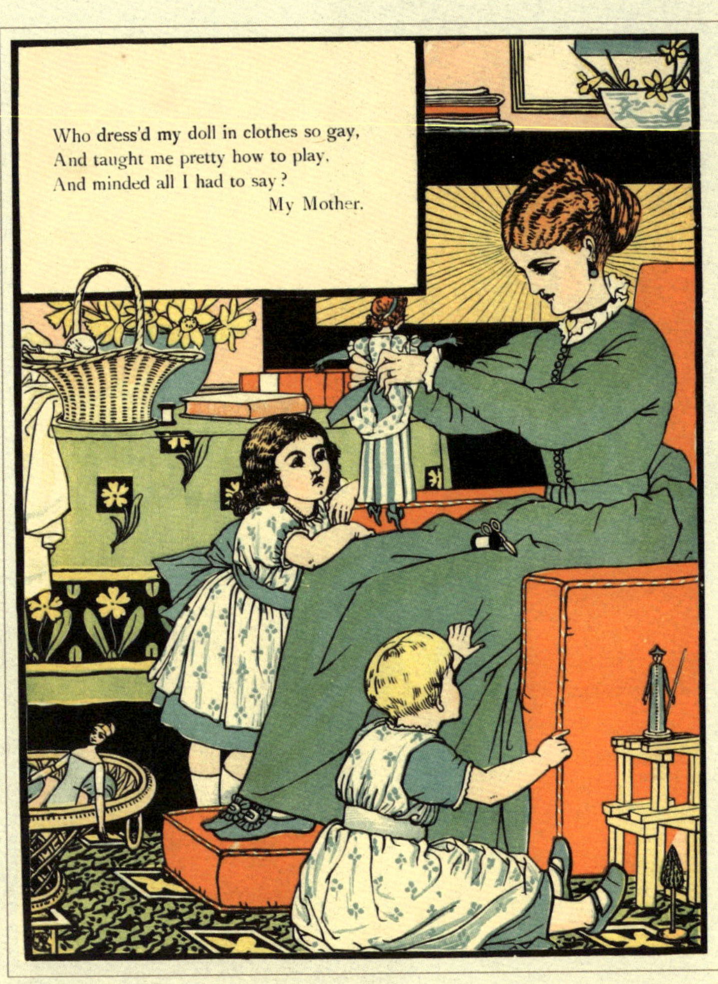

Who dress'd my doll in clothes so gay,
And taught me pretty how to play,
And minded all I had to say?
My Mother.

维多利亚时代家庭生活插画，由维多利亚时期著名插画师沃尔特·克兰（Walter Crane，1845—1915）绘制。

MY MOTHER.
WHO fed me from her gentle breast,
And hush'd me in her arms to rest,
And on my cheek sweet kisses prest?
My Mother.
When sleep forsook my open eye,
Who was it sung sweet hushaby,
And rock'd me that I should not cry?
My Mother.

维多利亚时期常见仙子与儿童形象，由沃尔特·克兰绘制。

《伦敦镇》（*London Town*）中的玩具娃娃商铺。

“法国儿童文学之父”
夏尔·佩罗
（Charles Perrault，1629—1703）

佩罗创作了脍炙人口、影响至今的经典童话，比如《鹅妈妈的故事》《灰姑娘》《小红帽》《睡美人》和《穿靴子的猫》等。

灰姑娘和仙子教母形象之一，绘制者不详。

They dressed themselves so fine in silks, and pearls, and flowers, and lace,
Poor Cinderella hadn't time to wash her pretty face.
When they started for the ball, full of haughtiness and pride,
Poor Cinderella felt quite sad, and sat her down and cried.
She had not cried much longer than a quarter of an hour,
When a wonderful bright creature appeared upon the floor,
Looked compassionately on her, and said in accents mild,
"I am your Fairy Godmother, so cry no more, my child:
I know that you are sad, and that your sisters are unkind:
Now go and fetch for me the largest pumpkin you can find."
She went and fetched the pumpkin, and the Fairy shook her wand,
And changed it to a splendid coach, with cushions rich and grand.

《灰姑娘》(“Cinderella”)，内文页插图由沃尔特·克兰绘制。

Next day was proclamation made : "Whereas, a crystal shoe
Has been discovered at the ball, who is the owner—who?
All ladies now must try it on ; the Prince will marry her,
Whoe'er it be, who easily the crystal shoe can wear."
No foot was found to fit the shoe ; they tried throughout the town ;
At last they came unto this house, and called the ladies down.
The sisters try to get it on, and pull, and push, and squeeze,
When Cinderella calmly said, "Allow me, if you please."
The sisters scorned her for the thought, and much surprise they knew,
When Cinderella from her pocket pulled the fellow shoe.
She tried them on—they fit—and she, no longer kitchen-maid,
Stands up to meet the Prince in all her beauty fair arrayed.
VR

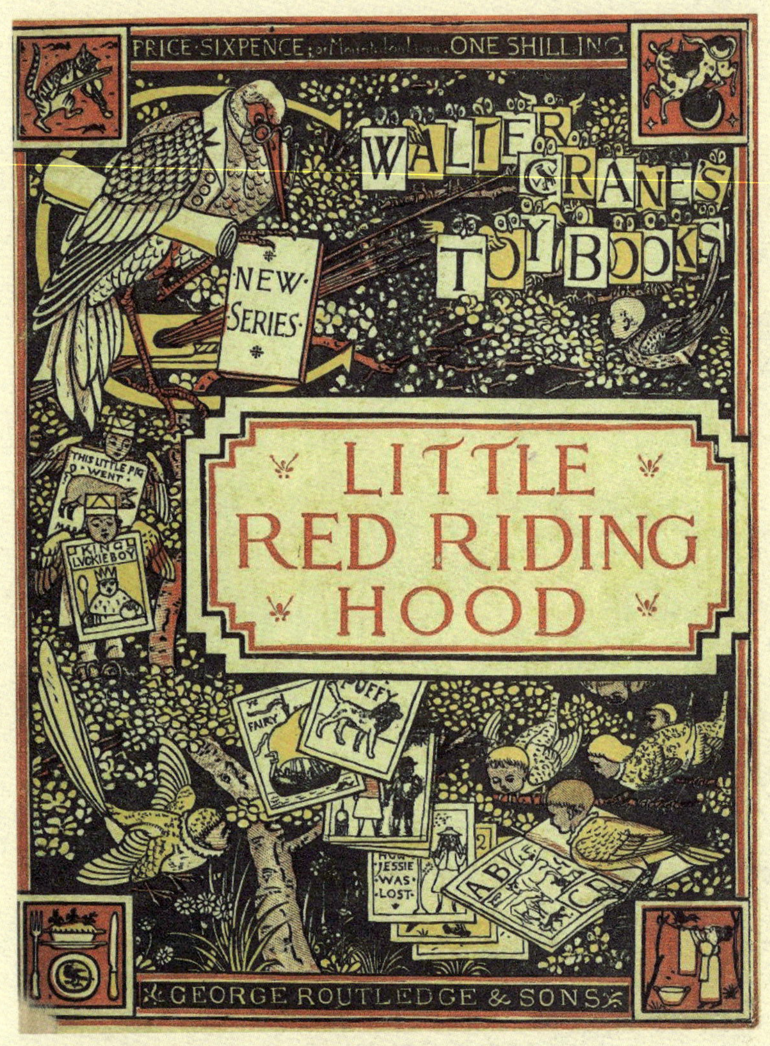

《小红帽》（“Little Red Riding Hood”）封面，绘制者不详。

《小红帽》本是一个意喻性与贞操的古老成人故事。

《睡美人》，内文页插图由沃尔特·克兰绘制。

THE SLEEPING BEAUTY.
LONG, long ago, in ancient times, there lived a King and Queen,
And for the blessing of a child their longing sore had been;
At last, a little daughter fair, to their great joy, was given,
And to the christening feast they made, they bade the Fairies seven—

《美女与野兽》装饰画，由沃尔特·克兰绘制。

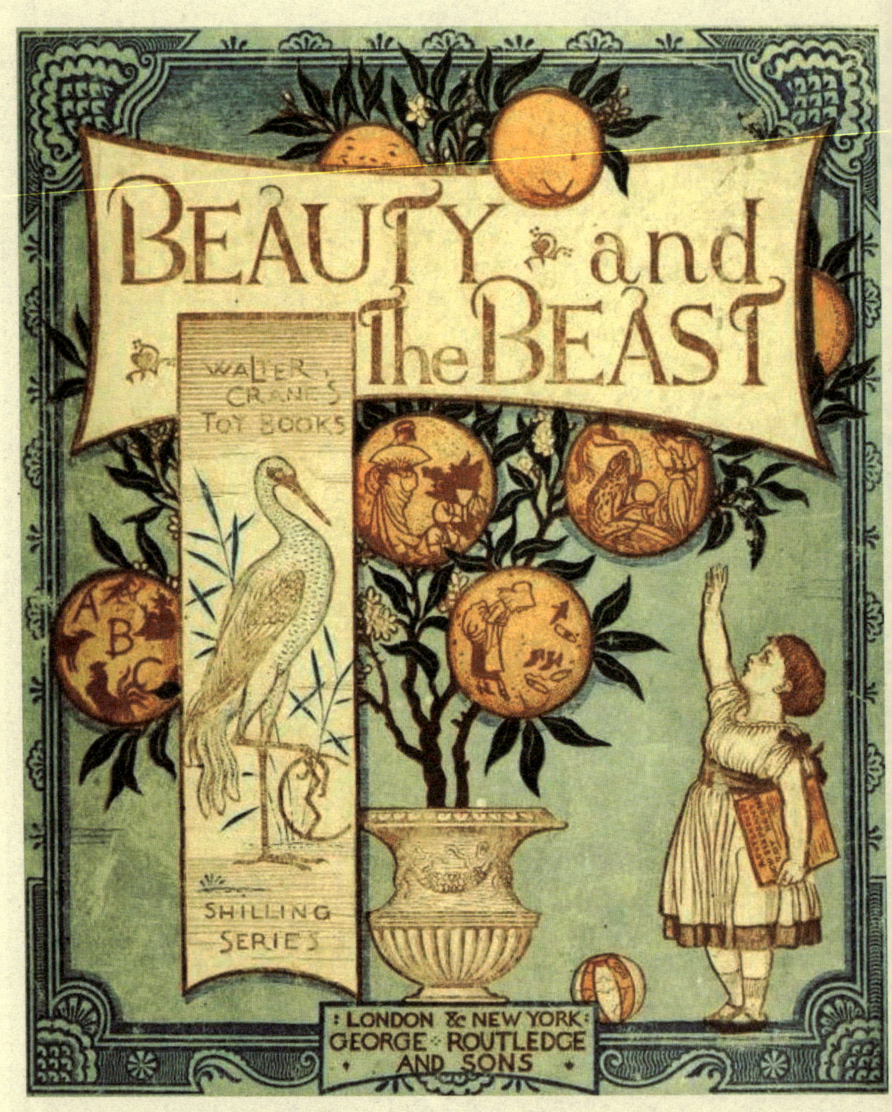

《美女与野兽》（“Beauty and the Beast”）玩具书（六便士系列），封面由沃尔特·克兰绘制。

《穿靴子的猫》（*Puss in Boots*），封面由沃尔特·克兰绘制、乔治·劳特利奇父子出版社（George Routledge and Sons）于1873年在伦敦出版。

"No, Master," said Puss, "give me boots to my feet –
A pair of top-boots—and please leave me alive,
And you shall just see how we'll flourish and thrive."

《穿靴子的猫》内文页插图。

目 录

CONTENTS

第二章

第三章

第四章

透过玻璃看自然：维多利亚的灰姑娘、魔法和变形

第五章

暴露的天性:《小红帽》与探索自身的野性

第六章

天性与自然：玛丽·路易莎·莫尔斯沃思的《圣诞树园地》

致谢

踏入图卢兹自然历史博物馆，如果想要参观地球各个地质时期的展厅，你会发现开头的几个房间十分昏暗，人在其中仿佛置身洞穴，星星点点的荧光散布于伸手不见五指的圆形空间中，它们来自厅内展出的矿物，其中一些颜色诡异且相当明亮。房间右手边的墙上有内嵌式的展览橱窗，展品被安置在透明的玻璃板内。如果仔细往里瞧，第一眼看到的只有石头，说不上有什么稀奇。但是很快你们注意到，有一个“小家伙”在不起眼的角落里，起初只有那一个，然后越来越多，直至数以十计。通常是孩子们最先发现这些“小家伙”，而家长们的目光总是会被那些锁着矿物和宝石的大橱窗吸引。这些人形的

“小家伙”本不应该出现在地质学展厅的橱窗内，但是孩子们并不这么想，他们总是欢呼雀跃，恨不能跟橱窗里的“小家伙”手牵着手，共同踏上一场奇妙的博物学冒险之旅。让博物学展览同民间传说或者童话里的角色进行联动（地质学展厅的氛围和布置使这些角色看上去犹如冥府的鬼神），是馆方众多别出心裁的精巧设计之一。

我以图卢兹自然博物馆作为全书的开头是有原因的。2008年，这家博物馆迎来了一个全新的项目——EXPLORA，旨在与图卢兹大学的英语研究中心［机构编号：（CAS-EA 801）/ UTM］合作，开展跨学科性的课题研究。由此，在该项目的牵头下，专业背景各异的学者们为探究自然与人文两大研究领域之间的关联，多次共赴盛会：从研究19世纪儿童文学中的博物学科普以及达尔文与文学的主题研讨会，到各种国际会议，议题涉及昆虫学（“Insects and Texts: Spinning Webs of Wonder”即“昆虫与写作：编织奇迹之网”，2010年5月4日至5日）、古生物学（“Lost and Found: In Search of Extinct Species”即“失而复得：搜寻灭绝的物种”，2011年3月31日至4月2日）和海洋学（“Into the Deep: Monstrous Creatures, Alien Worlds”即“大洋深处：骇人的巨兽，陌生的世界”，2012年6月14日至15日）。EXPLORA不仅证明了自然科学和人文学科之间存在成果丰硕的交叉地带，还展现了以多学科视角看待同一个事物和研究同一个议题的重要性。

身为负责人，我亲眼见证了EXPLORA这个研究项目如何从零开始一步一步发展到惊人的规模，并在此过程中吸引了越来越多来自世界各地的学者。EXPLORA项目的活动让我邂逅了许许多多的人，他们中不仅有科研工作者和策展人，也有像标本剥制师这样鲜为人知的幕后工作者，每一个人都让我获益良多。所以请允许我借此机会，在这里向所有直接或者间接参与过EXPLORA项目的人表达感谢。

本书是我与图卢兹自然博物馆合作五年的成果，更是我本人学习博物学交出的答卷。在这五年的时间里，我学习了诸多有关博物学的知识，包括博物学所研究的对象和它们的陈列方式，博物学的普及及它的受众。作为一名研究维多利亚时代的学者，我的研究其实是在英吉利海峡对岸的图书馆里完成的，但我依然要感谢图卢兹自然博物馆，因为在长达数年的时间里，我总能在博物馆里发现叫不上名字的标本。它们为我打开了一道道通往未知新领域的大门，起初我还觉得它们名字的发音十分拗口，日积月累之后，最初的陌生终于蜕变成了写这本书的灵感之源。

本书第一章、第二章和第七章的部分内容，原本是我在图卢兹自然博物馆的活动中发表的一系列论文，它们分别是：《从玛格丽特·盖提到阿拉贝拉·巴克利：维多利亚时期科学与进化论的女性科普者》（“From Margaret Gatty to Arabella Buckley: Victorian Women Popularisers of Science and Evolutionary Theory”，达尔文主题研讨会，“多重形态”，2009年3月24日）；《维多利亚时期科学和生态学的女性普及者》（“Victorian Women Popularisers of Science and Ecology”，“儿童文学与环境史”，2009年4月2日）；《内斯比特小说中的灭绝生物》（“Extinct Creatures in Nesbit’s Fiction”，“失而复得：搜寻灭绝的物种”，2011年3月31日至4月2日）；《当城市遇上海洋：英国维多利亚时期的水族箱热潮与海洋生物学的流行》

（“Bringing the Sea to the City: The Craze for Aquaria and the Popularisation of Marine Life in Victorian England”，“大洋深处：骇人的巨兽，陌生的世界”，2012年6月14日至15日）。《从自然的奇观到进化的奇迹：查尔斯·金斯莱和阿拉贝拉·巴克利童话中的妖精角色》（“From the Wonders of Nature to the Wonders of Evolution: Charles Kingsley's and Arabella Buckley's Nursery Fairies”，（收录于由笔者主编的文集，《儿童故事中的科学：英国与法国的科学普及史，1761—1901》[1]）。

在英国举办的数次会议上，上述论文的缩略版本曾多次以参会报告的形式出现，这些会议基本围绕女性与科学或者儿童文学与生态学的主题。报告的题目和会议的信息如下：《“我们要如何进入科学的仙境？”阿拉贝拉·巴克利儿童科普作品中的自然奇观》（“'How are we to enter the fairy-land of science?' The Wonders of the Natural World in Arabella Buckley's Popular Science Works for Children”，“19世纪的女性与科学：科幻小说与科学教育”，利兹三一大学与诸圣学院，2011年6月27日至28日）；《维多利亚时期的儿童文学与自然世界：寓言、童话与“道德生态观”的建构》（“Victorian Children’s Literature and the Natural World: Parables, Fairy Tales and the Construction of ‘Moral Ecology’”）[2]；《深入自然：生态学、环境与儿童文学》[“Deep into Nature: Ecology, Environment and Children’s Literature”，罗汉普顿大学，2008年11月15日，收录于由詹尼佛·哈丁（Jennifer Harding）、伊丽莎白·泰尔（Elizabeth Thiel）和艾莉森·沃勒（Alison Waller）主编的同名文集《深入自然：生态学、环境与儿童文学》[3]]。

第六章是由一篇较早且较短的论文扩写而来的，原文的标题为《〈小红帽〉新说：维多利亚时期的童话以及大众视觉文化》（“Rewriting Little Red Riding-Hood: Victorian Fairy Tales and Mass Visual Culture”），发表在学术期刊《狮子与独角兽》[4]上。Pied Piper出版社、剑桥学术出版社以及《狮子与独角兽》的编辑们允许本书引用相应的内容，在此向他们表达我的感激之情。

如果没有EXPLORA项目，所有这些研究维多利亚时期博物学的学术成果——有关博物学的呈现形式和它在大众中的普及——都将无从谈

起。因此，我要向图卢兹自然博物馆的馆长弗朗西斯·杜兰顿（Francis Duranthon）表达最深的谢意，他不仅从一开始就对该项目抱有信心，还积极参与所有的活动，并一直鼓励我拓展更多的研究项目。此外，多亏他的帮助，我才在博物馆的库房里有了许多新发现。譬如在寻找写作灵感的过程中，我找到了许多早已被遗忘的标本，这些都对我思考博物学、文学和文化大有助益。我同样要感谢所有参与会议和活动的学者，他们贡献了许多有关科学和文学的讨论且成果斐然，由此促进了对科学与文化议题更广泛的思考和探讨。

不消多说，许多同事和朋友都曾在本书的写作过程中对我施以援手，有人在EXPLORA项目成长壮大的过程中协助过我，也有人在我萌生写这本书的念头后为我指点过一二。我尤其要感谢其中二位：杰克·齐佩斯（Jack Zipes）和约翰·皮克斯通（John Pickstone），前者一直不遗余力地鼓励我研究维多利亚时期的童话，并且总能给我绝妙的建议；后者对科学和文学交叉领域的兴趣感染了我，让我对科学有了十分不同的观感。他们二位学识渊博、精明睿智、幽默风趣，一直影响着我的思考和

对文字材料的选择，若不曾与二位相识，本书恐怕会是完全不同的另一副模样。尤其要称谢的是，他们都能在我最需要帮助和鼓励的时候挺身而出。

本书的创作耗时五年，在此期间，与许多人文硕士研究生的课堂讨论也影响了我的写作。有的学生因为课堂讨论而重新回顾了早已淡忘的童话故事，其中不乏温故而知新者，他们的求知欲反过来又促进了我的思考。一本书的出版少不了孜孜不倦的试读者，同以往一样，借本书付梓之际，我要在这里感谢其中几位，他们是艾伦·里维（Ellen Levy）、梅格·杜卡瑟（Meg Ducassé）和卡洛琳·马尔登（Carolyn Malden），感谢他们能持续跟进和耐心阅读各个章节，并总会反馈有用的评价与建议。与帕尔格雷夫·麦克米伦出版社（Palgrave Macmillan）的职员共事确是一件乐事，我要感谢丛书主编乔·布里斯托（Joe Bristow），感谢他对书稿提出的修改意见。

最后，我想说我何其幸运，能有一群时常提醒我学术之外的生活也很精彩的好朋友，我指的正是与我共处一个办公室的同事。我可能因为工作太忙而怠慢过他们，但那并非出于我的本意，在此我衷心感谢他们——我们不仅在同一个办公室做研究，也一起度过了许多美好的夜晚，共进晚餐，同捧书卷，欢声笑语，永留心间。

谨以此书献给我的女儿，她热爱博物馆、博物学和童话故事，她是我此生最宝贵的礼物。

注 释

[1] Science in the Nursery: The Popularisation of Science in Britain and France, 1761–1901, Newcastle: Cambridge Scholars Publishers, 2011, pp. 108–39.

[2] IBBY（International Board of Books for Young People，青年书刊国际委员会）/NCRCL（National Centre for Research in Children's Literature，国际儿童文学研究中心）国际会议。

[3] Deep into Nature: Ecology, Environment and Children's Literature, Lich. eld: Pied Piper Publishing, 2009, pp. 222–47.

[4] The Lion and the Unicorn, 33. 3, 2009, pp. 258–81.

导　论

众所周知，维多利亚时代的人们酷爱博物学。与博物学相关的活动曾风靡一时，在中产阶级行为规范的构建中发挥过重要作用：在当时的人看来，博物学实践是健康的户外运动与智力活动的有机结合。

在一定程度上，维多利亚时代推崇博物学的风气直接引发了一些短暂的社会热潮，人们热衷于收集虫子、海藻或者贝壳，中产阶级家庭的客厅里不光得放几样有分量的家具，水族箱和蝴蝶标本箱也成了必不可少的物件，书柜里还要摆上几套菲利普·亨利·戈斯（Philip Henry Gosse）的大作，这样才算是体面。[1]

同样受到人们追捧的还有仙子和妖精，卡罗尔·西尔弗（Carole G. Silver）和妮可拉·鲍温（Nicola Bown）分别在她们影响深远的著作

《奇怪而神秘的人：妖精与维多利亚时代的社会意识》（*Strange and Secret Peoples: Fairies and Victorian Consciousness*，1999）以及《19世纪艺术和文学中的妖精》（*Fairies in Nineteenth-Century Art and Literature*，2001）里提出，妖精是维多利亚文化不可或缺的组成部分，当时的民众对妖精和妖精故事都非常熟悉，无论是维多利亚时代之前还是之后的人都无法望其项背。两人的研究都强调，妖精的形象填补了维多利亚时代的社会在祛魅后留下的认知空洞，让“无法被现代化进程所容的神奇现象与神秘事物”再次有了立足之地。[2]

此外，她们论述了维多利亚时代的民众如何借助妖精的形象，发表社会观点和政治见解，尤其是在关乎女性的天性以及法律地位的议题上；她们还论证了为何梳理维多利亚时代的民众与妖精之间的关联是理解“他们对自己所生活的世界抱有何种情感”的关键。[3]

另外，西尔弗和鲍温指出，维多利亚时期的人们钟情于描写和展览新奇的生物并乐此不疲，从巨人到侏儒，再到怪胎和常年生活在地下世界的怪物，抑或是肉眼无法看见的微小生物——还有什么比这些超越常识的生物更能代

表大自然那不可思议的无穷潜质呢？自然界的生物就像妖精一样，它们是地球未解之谜的一部分，等待着有朝一日被博物学家发现并制成标本供大众参观，成为人类对自然认识的一部分。

本书旨在阐释博物学为何会与妖精的世界产生关联，所选的历史时期正是妖精的形象发生明显转变的维多利亚时代，有的妖精调皮地换上了好几副面具。事实上，本书的目标是在西尔弗和鲍温的研究基础上更进一步：起初，自然世界在维多利亚人的眼中既引人入胜又蛊惑人心，但随着博物学的发展，对于大自然的全新定义和认识恰恰是在19世纪的下半叶接踵而至，文学界开始大量试验一种妖精角色可有可无的童话文学体裁，本书将尝试对这三者之间存在着怎样的关联进行探讨。

19世纪60年代，随着妖精的形象融入维多利亚文化的方方面面，它们开始出现在艺术作品、科学论文，甚至是商业广告里，童话故事的出版量随即一飞冲天。这个时期的童话故事出现了许许多多的改编版本，最终，要对它们进行归类变得异常困难，同时代的人类学家们面临的窘境正是如此：他们四处搜罗民间的传说和童话，却发现难以对其分门别类。民俗学家安德鲁·朗格（Andrew Lang，1844—1912）就曾在他最后一本故事汇编里抱怨道：以儿童为目标读者的妖精故事越来越多，以至于为了照顾受众，这些作品中的主人公形象跟民俗传说里的妖精（有的是妖怪）渐行渐远，并逐渐分道扬镳。[4] 乔治·麦克唐纳（George MacDonald，1824—1905）、玛丽·奥古斯都·德·摩根（Mary Augusta de Morgan，1850—1907）、黛娜·马洛克·克蕾克（Dinah Mulock Craik，1818—1887）、安妮·伊莎贝拉·萨克雷·里奇（Anne Isabella Thackeray Ritchie，1837—1919）、朱莉安娜·霍雷蒂亚·尤因（Juliana Horatia Ewing，1841—1885）、玛丽·路易莎·莫尔斯沃思（Mary Louisa Molesworth，1839—1921），以及伊迪斯·内斯比特（Edith Nesbit，1858—1924），这些作家的作品因大量采用魔法和仙女教母等元素，而逐渐成为童话和奇幻这两种文学体裁的代表。但是，如果要论其中最登峰造极的作品，很可能非刘易斯·卡罗尔（Lewis Carroll）的“爱丽丝系列”（*Alice*）莫属，它可算得上是维多利亚时代童话故事的扛鼎之作。

时至今日，任何一部维多利亚童话故事汇编，都会系统性地收录里奇、尤因、莫尔斯沃思和内斯比特的作品，尤其是当书的编者试图凸显

童话改编中所承载的女性话语时，便更是如此了。[5]这些作家塑造的角色与人们能在维多利亚时代的广告里看到的温良可人的妖精形象大相径庭，后者如玩具和天使一样精致，这完全是为了迎合中产阶级的口味。我们还能从维多利亚时代的童话文学里看出，虽然新兴的童话题材是为了帮助人们逃离祛魅的世界，但是它们却与现代性的诸多方面有着错综复杂的纠葛，譬如技术进步、科学思想，乃至于社会和政治议题。[6]只可惜，这类汇编很少关注童话文学里充满博物学知识的事实——作为一种与博物学密切相关的文学体裁，童话在“自然”这个词备受争议的时代，通过参与其中起到了调和张力的作用。

因此，本书的主旨正是想要说明童话故事涵盖了许多不同的话语和讨论，它们可以互不相干，也可以偶尔产生交集，尤其当妖精的形象或者童话的情节触及有关自然的议题时，就更是如此了。换句话说——让我们借用约翰·皮克斯通的说法，当时流行“用博物学的方法来认识”世界，其本质即尽可能地“记录多样性与变化”[7]①。而与此同时，文坛涌现出了许许多多

① 博物学的英语为“natural history”，其中“history”的拉丁语词根有“记录”的意思。*（*为译者注，下同）

妖精形象的变体和童话故事的改编版本，这些作品往往紧跟新兴的生命科学理论，而创作的意图则是为了彰显支配自然世界与人类社会运行的法则其实是相同的。

皮克斯通对19世纪“用博物学的方法来认识”的强调和他对同时代的科学研究方法及其意义、价值体系的关注，同样也是本书研究维多利亚童话的出发点。无论是用于传播博物学、描绘自然界，还是为了探讨某些社会议题，比如女性的天性，妖精和妖精的故事都承载着人们对于大自然全新的思考方式，促进了富有时代特色的知识结构的传播和发展。琳恩·巴柏（Lynn Barber）的《博物学的黄金时代：1820—1870》（*The Heyday of Natural History: 1820—1870*，1980）和琳·梅里尔（Lynn L. Merrill）的《维多利亚博物学的浪漫》（*The Romance of Victorian Natural History*，1989）都着重强调了博物学在维多利亚时期的发展，也导致人们很难给“自然”这个词下一个确切的定义。“自然”既可代表上帝的造物，又可指英国的乡村田野，它是普通人家花园里赏心悦目的风景，是浪漫派诗歌里的风花雪月，而当这个词出现在与地球和物种起源有关的新兴科学理论中时，它又有了完全不同的含义。[8]

其他人，比如芭芭拉·盖茨（Barbara T. Gates），其代表作《亲爱的自然：维多利亚与爱德华时代的女性书写生命世界》（*Kindred Nature: Victorian and Edwardian Women Embrace the Living World*，1998）则把重点放在了女性对博物学发展做出的贡献，以及她们因为受制于维多利亚时代的性别观念而表现出的局限性上。盖茨认为，实际上，“女性对自然的看法……一定程度上由男性对自然的看法以及男性对女性的看法决定；女性对自然怀有怎样的见解，从当时的社会把她们想象成了自然本身这一点上，也可见一斑”[9]。

女性与自然或博物学的关系都非常密切，这在维多利亚时代的童话文学和科普作品里体现得淋漓尽致：当时的女性经常在这两种文学体裁的创作和出版中扮演着重要的角色。其最明显的体现是，许多女性身兼童话故事作家和博物学家的双重身份，同时活跃在文学和科学领域，朱莉安娜·霍雷蒂亚·尤因是其中代表人物之一。这也正是本书以科学和文学的互动作为切入点的原因，本书希望透过两者的关联，一窥维多利亚文化塑造和传播博物学知识的方式。

没错，本书将展现妖精和妖精的故事帮博物学家和科学家描绘的自然世界的新图景。不仅如此，随着人们对博物学的理解发生转变，它们本身也跟着发生了变化，这种变化深刻地影响了妖精故事的创作和维多利亚时代对童话文学的新尝试，尤其是在1859年之后。类似的现象在维多利亚时代的艺术中有明显的体现，正如鲍温和西尔弗提出的观点：维多利亚时代的艺术借用妖精和童话仙境的目的，是为看客们营造一个个能够暂时逃离现实的浪漫自然世界。

这个时期的绘画充分彰显了维多利亚式的浪漫主义色彩：画布上的妖精们躲藏在树丛里、蘑菇后，与大自然和谐地融为一体。当时的画作并不追求玄幻，恰恰相反，以约翰·安斯特·菲茨杰拉德（John Anster Fitzgerald，1819—1906）、约瑟夫·诺埃尔·佩顿（Joseph Noel Paton，1821—1901）、约翰·乔治·奈什（John George Naish，1824—1905）和理查德·达德（Richard Dadd，1817—1886）为代表的画家，他们创作的突出特点是精细地展现妖精在大自然中的姿态，兼顾幻想与写实，尽可能让妖精这种角色回归“忠于自然”[10]的绘画风格。有鉴于此，维多利亚时代的艺术作品是当时的人们试图在童话仙境与自然奇观之间建立联系的绝佳例证。在绘画作品里，尺寸的缩放经常能带来奇妙的感官体验，尤其是当妖精与其他动物或者昆虫同框的时候，比如鸟儿和松鼠，又如蜗牛、甲虫和蝴蝶。

如果说维多利亚时代的艺术作品在深受博物学发展影响的同时，也促进了博物学的传播，那童话文学呢？从某种程度上来说，本书长篇大论的探讨正是为了回答这个问题，相关内容在关于维多利亚妖精和博物学的开创性研究基础上，力求拓展，以剖析“有关自然的新知及其呈现形式是如何通过特定的文化实践才在社会大众间得到普及”这个问题。想要达到这个目的，就不能局限在特定的文学体裁里，甚至不能拘泥于特定的学科。

为此，本书将广泛涉及各种与博物学有关的文本，特别是那些以（女性和）儿童为目标读者的科普作品和童话文学作品。西尔弗和鲍温的研究侧重面向成人的作品，维多利亚时代盛行博物学与文学的对话，我将在她们的基础上，深入探讨这种对话所取得的丰硕成果，向读者展示当时的科普作品如何学习并借鉴童话故事的修辞，正如维多利亚时代的童话故事也会通过借鉴博物学来描绘现代社会的奇观并探讨自然。

我想强调的是，科学与文学和艺术领域互相渗透，想要把握这种关系，可以通过追踪特定的形象和比喻在这些领域之间的流动来实现。诚然，在19世纪后半叶，博物学不仅重新定义了“自然”这个概念，也渗透到了文化生活的方方面面，但这种影响并不是单方面的：博物学家为表述关于自然的新兴理论，从文学领域进行了大量的借鉴，这才形成了一套能够满足研究需要的语言体系。这些用于定义或者重新定义自然的通用形象、比喻和母题赋予了知识全新的形式和面貌。我认为，评估这种流动的最佳方式是追溯妖精形象以及妖精故事母题的起源和典故。本书着重研究了其中虚构和非虚构叙事手法的结合，对它的剖析应当能够反映19世纪后半叶的人们对自然的认识。此外，本书还详细论述了博物学是如何通过对自然的探究，凸显了与性别相关的议题，乃至更一般意义上的人类自身的身份问题——这是许多维多利亚时代的童话故事都涉及的议题。我希望通过分析不同类型的文本和不同论述之间的交织，并从文学的角度研究博物学和文学这两类文字，可以说明它们其实拥有相同的文化背景。

我选择的文本材料都是面向中产阶级创作的，而且绝大多数文本的目标读者都是儿童。[11]其中有一些作家的作品曾受到热烈的追捧，比如专注科普写作的查尔斯·金斯莱（Charles Kingsley，1819—1875）。此外，有一些在童话文学界赫赫有名的大作家，比如玛丽·奥古斯都·德·摩根、安妮·伊莎贝拉·萨克雷·里奇、玛丽·路易莎·莫尔斯沃思以及伊迪斯·内斯比特，她们都凭借自己创作的童话故事集而广为人知，这也是本书探讨这一众作家作品的原因所在。还有一些作家的名气较小，今天知道他们的人相对较少，比如哈莉特·路易莎·柴尔德-彭伯顿（Harriet Louisa Childe-Pemberton，1852—1922），之所以要提到这些作家，是因为他们创作的童话都有一个非常鲜明的特点，即把经典的童话改编成发生在现代社会里的故事。其他知名的儿童文学作家将简略带过，比如玛格丽特·盖提（Margaret Gatty，1809—1873），她创办了《朱蒂阿姨》（*Aunt Judy's Magazine*），这份少女杂志是维多利亚时代最知名的中产阶级儿童读物之一。此外，盖提也因博物学科普而为人所知，她最具代表性的作品是（反达尔文主义的）《自然的寓言》

（*Parables from Nature*，里面的小故事先后发表于1855年至1871年之间）。最后这类作家与将经典童话改编成现代故事的德·摩根、里奇或者莫尔斯沃思没有太多共同点，后者代表了维多利亚时代的作家在童话文学领域的全新尝试。除了上面这几类作家之外，还有许多维多利亚时代的博物学科普作家以及儿童文学作家会出现在本书中，读者可以借此对维多利亚时代的老老少少能读到哪些文学作品，以及那个时代的人们在探讨哪些有关自然世界的话题有个大致的了解。

另外，你将在本书中看到维多利亚时代的妖精形象和童话创作与进化论之间有千丝万缕的关系。妖精形象在19世纪末的销声匿迹——或者说是在世纪之交弥漫于妖精故事中的一种怀旧情绪——给妖精和童话故事蒙上了一层越来越浓的“灭绝物种”的意味。彼时的妖精，多以大规模工业化和自然生态系统遭到破坏的受害者形象示人，反映了人们越来越把世界当成一个生态系统，在达尔文的构想中，这个系统的环境是残酷的，弱者必将在竞争中落败。因此，妖精可以说是维多利亚时代最核心的文化符号：妖精和童话故事在关于地球和人类起源的争论中占据了一席之地，在整个维多利亚时代，妖精的

形象和童话故事不断被改编，它们有助于我们理解维多利亚人对朝不保夕的大自然究竟抱有怎样的看法。

我将向读者展现，随着英国社会面貌乃至更一般意义上的世界观的改变，“自然”这个词的内涵也一直在发生变化，直到1859年，查尔斯·达尔文（Charles Darwin）出版《物种起源》（*On the Origin of Species by Means of Natural Selection, or the Preservation of Favoured Races in the Struggle for Life*），“自然”的内涵迎来了空前巨大的转变。身为博物学家和收藏家的达尔文用这本书赋予了大自然全新的意义，维多利亚人竭尽全力理解并试图挪用这些新意义。除此之外，进化论同妖精栖身的童话世界一样，二者都是无形无实的存在，这背离了实证科学的范畴，把科学的研究方法推向了与过去完全不同的方向。

虽然，达尔文的自然观堪称唯物主义科学的代表性思想，但吉莉安·比尔（Gillian Beer）和乔治·莱文（George Levine）却一直强调，它“彻底地重新赋魅了自然世界”[12]。“重新”赋魅是这个评价的关键所在，因为它反映了达尔文是如何在其他思想家——比如查尔斯·莱伊尔（Charles Lyell）——的影响和启发下，提出了一种新的科学研究手段，给看不见和不可思议的事物留下了些许遐想的空间。这让自然世界变得美妙无比，仿佛真有可能如博物学科普者口中的那些仙境一般，有妖精生活在其中。因此，尽管“自然亟待被客观化”[13]，而且当时的维多利亚人正在与浪漫主义的自然观渐行渐远，但科学却在向人们展现自然界的奇迹。

不仅如此，在19世纪，小到博物学、大到整个自然科学无不影响着当时社会对人性的定义以及试图理解人性的努力。达尔文的学说暗示人类也是大自然的一部分。有鉴于此，出于理解和掌控的需要，维多利亚人对他们所认为的自然（无论这个“自然”是指大自然还是人类的天性）进行分类、描绘和定义，在这个过程中，他们也重新认识了自身。实际上，进化论引发了人类对于自己应当在生态系统中居于何种地位的焦虑。因此，鲍温认为，“研究大自然也就不可避免地要审视其中的人类”[14]。

“自然”这个概念应当有新的内涵，它要足够暧昧，对人性的设想不能脱离我们属于动物界这个事实。如此一来，不仅“人类是万物之灵”的世俗观念略有折损，而且从那以后，我们甚至

可以被当成科学研究和分析的对象了。本书认为，妖精和童话故事尤其能够凸显当时的社会对于大自然的全新认识：妖精的形象大多是缩小版的人类，而童话故事又多以深入探讨人类（特别是女人）天性的构建为目的。

本书将以介绍一系列博物学领域的科普作品作为开篇，剖析关于自然和自然世界的观念如何能与不可思议以及奇幻的事物交织在一起。第一章的主题是，博物学作为科学的一个分支站在了科学和文学的十字路口——虽然它的研究对象是客观的事实，但它的表述和行文却充斥着主观的感受，博物学科普作品的内容和语气常常表现出这样的“兼而有之”[15]，它们辞藻华丽，从封面开始就让人联想到妖精以及奇幻的事物，比如《海岸奇观》（*Wonders of the Sea-Shore*，1847），或者《池塘秘境》（*Marvels of Pond-Life*，1861），都是很好的例子。[16]这种标志性的修辞手法当然是为博物学科普作品的目标读者们量身定制的，他们主要是儿童和女性，与当时童话故事的目标读者几乎相同。对妖精和奇观的暗示能增加文字的吸引力，起到说理和娱乐的双重效果，这与维多利亚时代寓教于乐的教育理念也一脉相承。不过，妖精的作用不只是为了调和超自然与自然、平衡有形与无形的内容，它们还有其他的作用，本书的前两章将针对这一点展开具体的探讨。

本书将首先介绍查尔斯·金斯莱牧师，他是著名的自然科普与儿童文学作家，这样的安排是有用意的：金斯莱的作品代表了自然观从浪漫主义到更具“维多利亚”特色的转变。在福音派复兴的历史背景下，维多利亚人对自然的兴趣和痴迷体现出了一种新的伦理规范——强调道德和威廉·佩利（William Paley，1743—1805）[17]提出的自然神学观。值得一提的是（或许也可以说出人意料的是），在达尔文发表《物种起源》后，这种带有强烈宗教色彩的自然观却最常出现在当时的科普作品里。事实上，妖精和妖精的神秘力量在唯物主义科学的新发现与福音派的宗教信条之间，的确起到了一定的斡旋和调解作用。

以此为前提，第一章将以查尔斯·金斯莱的创作为代表，展现博物学的普及者在进化论问世之前和之后所面临的困境。该章节将探讨金斯莱最知名的一些科普作品，以及他那部家喻户晓的童话《水孩子：一个陆地孩子的童话之旅》（*The Water-Babies: A Fairy Tale for a Land*

Baby, 1863）。博物学的发展如何渗透文学创作？这部作品为研究这个问题提供了绝佳参照。金斯莱在描绘大自然时运用图像和比喻手法，这种方法也是刻画妖精形象的常用手段，在19世纪60年代的许多童话故事中都可以看到，我会在后续的章节里继续展开说明。

第二章的主题是维多利亚时代的科普作品如何对大自然进行美学和艺术化的处理，本章将介绍比金斯莱稍晚一些的维多利亚儿童科普作品，重点是阿拉贝拉·巴克利（Arabella Buckley）对妖精和妖精故事的运用。阿拉贝拉·巴克利尤其强调想象力的作用，她在自己的科普作品里反复利用妖精传达科学内容，并明确提出了"科学也需要注重叙事"的观点［她的代表作譬如《科学的仙境》（*The Fairy-Land of Science*, 1879）、《生命母亲与她的孩子们》（*Life and Her Children*, 1880）和《生命赛跑的赢家们：伟大的脊椎动物》（*Winners in Life's Race, or the Great Backboned Family*, 1883）。[18]巴克利用视觉性元素传播进化论的做法，反映了当时盛行的科学研究方法。

在进化论于19世纪中叶问世之后，面对被赋予了全新内涵和意义的自然，巴克利同金斯莱一样，需要尽力调和科学与宗教的张力。两人的做法稍有区别，金斯莱描绘自然奇观，激发孩子对神圣秩序的想象；相比之下，巴克利则秉持着自然神学的科学方法，并将其作为对进化论的诠释。在金斯莱和巴克利两人的作品里，大自然中到处都是未知的神奇生物。我想强调的是，从两人使用的视觉元素和比喻手法中可以看出，他们都认为奇迹和宗教不但能与科学相兼容，而且是科学研究不可或缺的一部分。

尽管前两章的内容会让人刻板地联想到维多利亚时代的妖精栖身在田园牧歌式的自然环境中，但这两章同时想要强调的是，在浪漫的表象之下，因世界万物瞬息万变，人们对大自然的认识不断变化，妖精和童话实则反映了这种变化给人们带来的深深恐惧和焦虑。前文已经提到过，维多利亚时代的妖精更多地生活和出没于城市，他们同工业力量和科学进步的关系变得非常紧密。所以，在之后的三章里，让我们把注意力放到现代都市，妖精的形象被用于体现工业技术的突飞猛进和视觉修辞所传达的科学新方法。

在维多利亚时代的艺术作品中，妖精的确与自然融为一体，他们坐在花朵上、躺在鸟巢

里。不仅如此，仙境和现代化的都市仿佛相去万里，后者沸反盈天、肮脏不堪、人来人往。但文学领域的情况与艺术大相径庭，虽然有时还是能看到水精灵临泽而居、花仙子在仙女环①上翩翩起舞的描写[19]，但众多维多利亚中后期的童话文学作品却是根植于现代社会的，这样的设置更方便针砭时弊，无论是社会、政治还是文化，均在被批判之列。

尽管维多利亚时代的作家对经典童话的改编经常是为了寄托自己对于美好世界的憧憬[20]，但是从约翰·拉斯金（John Ruskin）的《金河王》（*The King of the Golden River, or the Black Brothers: Alegend of Stiria*，1841）到奥斯卡·王尔德（Oscar Wilde）发表于19世纪末的《快乐王子》（“The Happy Prince”，1888），这些作品无不充斥着对工业化、功利主义和物质主义的批判。事实上，虽然工业化的英格兰只是若隐若现地出现在个别妖精绘画的背景中[21]，但它却常常是维多利亚童话故事的主舞台，成为社会和政治议题的故事背景。

---

① 山林野地中经常可以见到的圆环，是菌类按照一定规律生长排列成的天然结构，在西方民俗中，这种现象的所在之处被认为是妖精出没之地。

不仅如此，许多为儿童创作的童话故事都明确带有科学唯物主义，以及科学家认识自然和人类的新方式会使人与自然产生隔阂的观点。维多利亚时代，社会盛行对现实世界进行探索、归类和分析的思维方式，当时的人们对人类和动物的划分（物种的分类）就表现出了强烈的痴迷和偏好，这个时期的童话作品深受这方面的影响，你将在接下来的几个章节里看到相关的解释。

因此，我接下来要探讨的三个维多利亚时期的童话都与博物学有关，故事的女主人公都试图认识、探索或者驾驭自然。她们要直面自然科学对身体的定义，有人把人体视作一台登峰造极的机器，也有人认为它是需要管束的动物，乃至于女主人公本身就被作者塑造成了博物学的爱好者。无论是维多利亚公主、灰姑娘，还是小红帽，改编版的女主人公都反映了博物学对童话文学的影响。这三个童话故事不仅有助于人们重新认识自然世界，还冲击了性别观念的构建：它们尤其强调女性似乎是自然力量的化身，让故事的女性角色显得与卑微且禁欲的“家庭天使”格格不入，而后者正是维多利亚文化颂扬和推崇的女性形象。

第三章、第四章和第五章将大自然及人类

借助科学技术强化对自然与女性天性的控制相提并论。对经典童话的改编常常是为了凸显女性与自然的紧密联系，再次借用芭芭拉·盖茨的说法，二者的这种关联致使“女性即自然”的观点在19世纪得到越来越多的强化。童话故事的基本套路是女主人公踏上人生的首次冒险之旅，并逐渐从天真烂漫的少女成长为能够独当一面的女人，这个过程寓意着从自然到文化的转变，而它恰恰是这个时期的作者们质疑的对象。

第三、第四和第五章想要强调的是，改编经典的童话故事成了维多利亚时代一些女性作家研究自然的新方式。在第三章里，玛丽·奥古斯塔·德·摩根利用童话故事审视了大自然与人造环境之间的冲突。她在《玩具公主》（“A Toy Princess”）里创造了一个不可思议、如梦似幻的世界，那里充满真情实意、欢声笑语，一切梦想都能成真；与此同时，故事里还有一个建立在现代化之上的文明世界，这两个地方的风格大相径庭。故事中的文明世界是一片极度压抑的土地，繁文缛节导致女性抑郁而终。在仙子教母的帮助下，公主成功逃到了海边的一个渔村，从此在那里过上了隐姓埋名的生活。人造的玩具公主取代了公主的位置，结果却是整个朝廷都对这个循规蹈矩的机器替身毕恭毕敬、赞赏有加。

摩根塑造机械公主的形象，可不只是为了讽刺维多利亚时代社会眼中的理想化女性形象。这个童话引入机械科学，用机器人替代公主的情节隐喻了人类企图驾驭大自然的做法最终将把自己变成只会循规蹈矩和照章办事的机械傀儡，借此指出科学和技术进步可能隐含的风险。为了更好地说明这一点，公主的故事搬出了“女性与自然”这个老生常谈的话题，凸显了人类和大自然之间日益扩大的隔阂。19世纪下半叶的人们普遍相信女性与大自然的力量之间存在某种神秘的关联，正是出于这一点，摩根才会选择用女性来探讨人类与自然及其力量之间不断变化的关系。

在此之上，人们认为玻璃象征着纯洁、开诚布公，特别是它还代表了理想的女性气质。[22]如果说玻璃的普及在中产阶级身份意识的构建中发挥了重要的作用，那么，我们也可以认为它对维多利亚时代社会与自然的关系产生了深远的影响。最为突出的一点是，当时的都市生活使中产阶级逐渐失去了直接接触自然的机会，而玻璃的普及则让他们有了将大自然带进自己家中的可能。接下来的一章，我们将看到妖精和童话文学如何同时展现自然和工业世界的奇迹。

第四章的童话都与水晶宫有关，它是一座巨大的温室，而少不更事的女主角则是在这座温室中由人工培养的产物，这个章节将进一步探讨女性气质与自然观念的话语交织。事实上，如果说水晶宫激发了人们对于博物学的好奇心，那这座建筑的设计本身就与自然以及自然的蜕变有着颇深的渊源：水晶宫是英国工程师兼园艺师约瑟夫·帕克斯顿（Joseph Paxton）的杰作，他为培育“温室睡莲”［学名是王莲（*Victoria regia*）］特意修建了一座温室，并从王莲巨型叶片背面突起的叶脉纹路上获得了水晶宫的设计灵感。

1868年，安妮·伊莎贝拉·萨克雷·里奇改编了查尔斯·佩罗（Charles Perrault）的经典童话，她不仅把灰姑娘设定成一个爱好博物学的女孩，还在故事中将现代女性比作在温室培养的异国花卉，用玻璃展现了女性从自然到文化的转变过程。我们将在第四章中看到，类似的改编意在模糊某些界线，无论是生物与非生物，还是植物、动物与人类，将温室栽培与神秘的力量联系起来，以此表现当时的社会把女性建构成了一种潜在的危险物种。

同样的主题在汉斯·克里斯蒂安·安徒生（Hans Christian Andersen）的童话作品里也表现得很明显：他的《树精》（“The Dryad”[1]）与里奇的《灰姑娘》属于同一时期出版的作品，而且他也选择用玻璃作为故事的关键母题，把女性与自然标本进行比拟，相关内容将在第四章有详细的论述，这里暂时按下不表。

第五章同样探讨了维多利亚人如何痴迷于操控自然。人们耳熟能详的童话《小红帽》塑造了一个遵从自己的天性、沉湎于感官享受的小女孩形象，这个故事高度概括了女性与自然的关系。

佩罗的原版故事强调人需要约束自己的天性和本能，小红帽正是由于沉迷感官上的享乐才付出了惨痛的代价，所以她必须学会克制自己，压抑自己的天性。安妮·伊莎贝拉·萨克雷·里奇的《小红帽》（“Little Red Riding Hood”, 1868）和哈莉特·路易莎·柴尔德-彭伯顿的《小红帽续》（“All My Doing; or Red Riding-Hood Over Again”, 1882）则改写了佩罗的故事，她们改编的目的是表现经典童话中自然以及

---

① 希腊神话中的树木女神，“Dryad”也可作“树灵”。*

人类操纵自然这两个主题与维多利亚时代社会的现代化之间的关系。柴尔德-彭伯顿的版本把森林旅行换成了火车旅行，大概没有任何机械比火车更能彰显维多利亚时代的环境变迁。

火车的问世引起了自然环境的彻底改变，隐喻了从小女孩到成熟女性的转变如同飞驰的火车一样迅速。不仅如此，柴尔德-彭伯顿的版本还将火车作为人类征服自然的象征，这更契合故事中大灰狼的形象：文雅的举止和光鲜的衣着掩盖了他的兽性。这些标准的绅士派头，让人完全无法从外表判断他的本性。我认为，“自然”的这种消失和淡出不仅体现了“兽性”的定义在19世纪下半叶的英国社会发生了改变，也反映了人类想要操控自然力量的企图。

最后两章探讨的主题是人类天性中的残忍，以及人类可能对自然构成的威胁，时间来到维多利亚时代晚期与爱德华时代早期，这两章的主题与呼吁保护自然有关。

第六章将介绍一个创作于维多利亚时代晚期的幻想故事，它借用了博物学书籍和插图的传统，将妖精放在一个前工业化的世界里。玛丽·路易莎·莫尔斯沃思的幻想故事《圣诞树园地》（*Christmas-Tree Land*, 1884）一方面着重展现了故事讲述者与大自然的渊源，另一方面则延续了经典童话（比如格林兄弟的作品）中常见的女性与自然的主题。莫尔斯沃思截然区分了文明且残忍的人类社会与自然世界，呼吁孩子们为保护大自然而努力。不仅如此，莫尔斯沃思在探讨同时代的自然观时，还结合了生理学对女人天性的定义，这比第三、第四和第五章所探讨的女权主义视角又加深了一步。事实上，莫尔斯沃思的故事想通过强调女性与“自然”的密切联系，来教导孩子们应对他们自己的“天性”——在整个故事中，孩子们狂野不羁的想象力就是对这种天性的隐喻。

本书的大多数章节都在阐明同一个观点：整个19世纪，从落后的乡村到工厂和钢铁建筑林立的城市，技术的发展可以解释为什么身为自然力量象征的妖精会逐渐步上濒临灭绝的末路，并最终销声匿迹。地质学家兼民俗学家休·米勒（Hugh Miller）在地质学科普书《老红砂岩》（*The Old Red Sandstone*，1841）里提出，19世纪的技术进步似乎要为妖精的消失负责。[23]在妮可拉·鲍温看来，童话仙境之所以被视为“工业时代的世外桃源”[24]，缘于英国当时大规模的城市化和乡村风貌的剧烈变化。工业革命引发了人对自然资源的疯狂开采和对环境的严重破坏，这彻底改变了人与自然的关系。恰逢此时，小说和科普作品里又不断涌现妖精灭绝或者离开英格兰的情节。可以看出，维多利亚人是在借妖精的形象，展现和表达人类对生态与环境的漠视。[25]

第七章将围绕伊迪斯·内斯比特的《五个孩子和沙地精》（*Five Children and It*，1902），对维多利亚时代末期妖精、童话和自然之间的关系作最后的探讨。内斯比特童话故事的核心是一个特殊的妖精角色，它是一种自然界的生物，轻而易举就落入孩子们之手，而他们并不知道它究竟是何物。内斯比特创造的这种妖精名为普萨米德（Psammead），或者俗称“沙地精”，是孩子们从采石场里挖出来的。内斯比特的这部作品让人想起博物学爱好者和收集者，这些人为搜集贝壳、蕨类植物或者其他有价值的事物而踏上旅途。与此同时，故事的字里行间还暗示了地球的进化与变化以及物种灭绝。事实上，《五个孩子和沙地精》通过描述“他者性”和帝国的扩张，指出当时的人们害怕收集标本这项活动，因为他们认为采集的对象是野蛮而原始的。凭借这样的设定，内斯比特让孩子们与自然界的怪物和原始人面对面，并且暗示沙地精是来自远古的幸存者。我们将在第七章看到，内斯比特笔下的沙地精是拥有超自然能力的原始生物，它堪称后达尔文时代文学的典型，展现了如何利用魔法和变形来探讨有关自然世界的新观点。

通过分析妖精、童话和博物学之间的关联，本书将向读者展现妖精和童话都曾为我们看待自然物，以及自然世界提供了全新的思考方式。本书研究的所有文本，无论虚构与否，都是在借用妖精的形象寻找一种能够描述全新世界的语言。在许多维多利亚人眼里，现代社会常常比小说更离奇、更陌生。本书希望跨越文学类型研究的藩篱，揭示这种语言的前世今生，进而追溯19世纪后半叶关于自然的新知如何得到调和的那段历史，这种调和以及新的知识结构的传播又如何最终促进了维多利亚时代环境意识的觉醒。

注释

[1] 参考Lynn Barber, *The Heyday of Natural History: 1820–1870* (Garden City, NY: Doubleday and Company, 1980), pp. 13– 14.

[2] Nicola Bown, *Fairies in Nineteenth-Century Art and Literature* (Cambridge: Cambridge University Press, 2001), p. 1.

[3] Bown, *Fairies in Nineteenth-Century Art and Literature*, p. 2.

[4] Andrew Lang, 'Introduction', *The Lilac Fairy Book* (1910), qtd in Carole G. Silver, *Strange and Secret Peoples: Fairies and Victorian Consciousness* (Oxford: Oxford University Press, 1999), p. 186.

[5] 维多利亚童话的选集主要有三本：Jack Zipes (ed.), *Victorian Fairy Tales: The Revolt of the Fairies and Elves* (London: Routledge, 1987); Michael Patrick Hearn (ed.), *The Victorian Fairy Tale Book* (New York: Pantheon Books, 1988); and Nina Auerbach and U. C. Knoepflmacher (eds), *Forbidden Journeys: Fairy Tales and Fantasies by Victorian Women Writers* (Chicago and London: University of Chicago Press, 1992)。

[6] 作家经常用童话的形式批评工业化和机械时代。典型的例子譬如托马斯·卡莱尔的文章（Thomas Carlyle, 'Signs of the Times', *Edinburgh Review* 49 (1829), pp. 439–459），查尔斯·狄更斯的文章和小说，以及许多在19世纪60年代发表于《家常话》杂志（*Household Words*）上的文章，比如威尔斯（W. H.Wills）与乔治·萨拉（George A. Sala）['Fairyland in'fifty−four', *Household Words* 193 (3 Dec. 1853), pp. 313–317]。鲍温还认为长翅膀的妖精与某些现代发明有关，比如航空气球(Bown, *Fairies in Nineteenth-Century Art and Literature*, p. 48.)。

[7] John V. Pickstone, *Ways of Knowing: A New History of Science, Technology and Medicine* (Chicago: University of Chicago Press, 2001), p. 11.

[8] Lynn L. Merrill, *The Romance of Victorian Natural History* (Oxford, NY: Oxford University Press, 1989), p. 6.

[9] Barbara T. Gates, *Kindred Nature: Victorian and Edwardian Women Embrace the Living World* (Chicago and London: University of Chicago Press, 1998), p. 3.

[10] 尽管维多利亚时代的妖精绘画没有发展壮大成艺术运动，但是大约在1840年到1870年之间，它也曾有过一段黄金期。在此期间，妖精的形象主要出现在面向儿童的文学和插画作品里，典型的代表人物如亚瑟·拉克姆（Arthur Rackham）和埃德蒙德·杜拉克（Edmund Dulac）。Christopher Wood, *Fairies in Victorian Art* (Woodbridge: Antique Collectors' Club, 2000), p. 11。

[11] 如我在第一章所说，绝大多数科普作品的目标读者都是女性和儿童。但也不绝对，比如《康希尔》（*Cornhill Magazine*）和《岸滨》（*Strand Magazine*）这两本杂志的童话和幻想故事，根据我的分析，它们的读者组成要复杂得多。

[12] George Levine, *Darwin Loves You: Natural Selection and the Re-Enchantment of the World* (Princeton: Princeton University Press, 2006), p. 22; Gillian Beer, *Darwin's Plots: Evolutionary Narrative in Darwin, George Eliot and Nineteenth-Century Fiction* [Cambridge: Cambridge University Press, (1983) 2000]; George Levine, *Darwin and the Novelists: Patterns of Science in Victorian Fiction* [Chicago: University of Chicago Press, (1988) 1991].

[13] U. C. Knoepflmacher and G. B. Tennyson (eds), *Nature and the Victorian Imagination* (Berkeley: University of California Press,1977), p. xix. 努埃普夫马赫和坦尼森也认为，在维多利亚时代，艺术家和从事科学工作的男性的想象力并未真正达到过统一。艺术家虽也探讨科学，但他们是想用科学表达世事的模棱两可和反复无常，尤其是涉及达尔文的进化论时，他们的作品几乎不会用博物学的眼光看待大自然。努埃普夫马赫和坦尼森还提到了阿尔弗雷德·坦尼森［Alfred Tannyson，他曾在《缅怀》（*In Memoriam A.H.H*, 1850）中对查尔斯·莱尔的地质学大加赞誉，但却在1868年对进化论的内涵提出了质疑，因为后者与基督教的教义发生了冲突］和乔治·艾略特在《米德尔马契》（*Middlemarch*, 1871–1872）中塑造的利德盖特。

[14] Bown, *Fairies in Nineteenth-Century Art and Literature*, p. 135.

[15] Merrill, *Romance of Victorian Natural History*, p. 95.

[16] Barber, *Heyday of Natural History*, p. 19.

[17] David Elliston Allen, *The Naturalist in Britain: A Social History* (Princeton: Princeton University Press, (1976) 1994), p. 65.

[18] Bernard Lightman, '"The Voices of Nature": Popularizing Victorian Science', in Bernard Lightman (ed.), *Victorian Science in Context* (Chicago and London: University of Chicago Press, 1997), pp. 187–211 (198).

[19] 这方面的例子可以参考朱莉安娜·霍雷蒂亚·尤因的"老派"童话故事，比如《脖子》（"The Neck"）、《好心的威廉与水精灵》（"Kind William and the Water Sprite"）或者《小提琴手与仙女环》（"The Fiddler and the Fairy Ring"）。Juliana Horatia Ewing, *Old-Fashioned Fairy Tales* (London: Society for Promoting Christian Knowledge, 1882–1894)。我将在后文阐述，尤因的童话与民俗传说的关系更近，所以她的故事才总是发生在大自然里。

[20] 参考杰克·齐佩斯（Jack Zipes）*Victorian Fairy Tales*所作的导论。

[21] 参考妮可拉·鲍温对爱德华·霍普利（Edward Hopley）的《迫克与飞蛾（拉斐尔前派版）》[*Puck and a Moth* (*Pre-Raffaelite Version*), 1854] 的相关分析；Bown, *Fairies in Nineteenth-Century Art and Literature*, pp. 41–43。

[22] Isobel Armstrong, *Victorian Glassworlds: Glass Culture and the Imagination, 1830–1880* (Oxford and New York: Oxford University Press, 2008).

[23] Hugh Miller, *The Old Red Sandstone; or, New Walks in an Old Field* (Edinburgh: John Johnston, 1841), pp. 222–223, qtd in Silver, *Strange and Secret Peoples*, p. 34.

[24] Bown, *Fairies in Nineteenth-Century Art and Literature*, p. 85.

[25] Silver, *Strange and Secret Peoples*, p. 209.

第一章

从自然奇观到进化奇迹：

查尔斯·金斯莱的童话故事

From the Wonders of Nature to the Wonders of Evolution: Charles Kingsley's Nursery Fairies

博物学的浪漫

“未知”正是它的魅力之所在：对人迹未至之境的向往，对美丽和有趣事物的无尽遐想……若没有了这份期盼，博物学就失去了最大的乐趣，谁还能忍受那风餐露宿的艰苦生活？博物学家研究的对象实在太过丰富和多彩，任何时间，任何地点，除了永远悬悬而望的心情，没有什么东西是定数。他踏上旅途，却无从得知能在路上遇见什么；即便结果不及出发前的预期，他也十分确定这一趟不会空手而归，因为总有一些有趣的事物会出乎他的意料。

异国他乡，可谓未知的代名词，也是博物学标本采集者的风水宝地。[1]

正如菲利普·亨利·戈斯（Philip Henry Gosse）所强调的——意外、惊奇和期待，这些都是维多利亚时代的博物学家发现未知地区和新物种时的心情——哪怕只是在英国本土也一样。博物学家极富骑士阶级的浪漫主义精神，两者追寻的事物都与现实世界格格不入，倒像是来自某个魔法漫天飞舞的幻想世界。

戈斯在《博物学的浪漫》（*The Romance of Natural History*，1860）中记述了许许多多从前未知的物种是如何被发现的，它们有的来自英国本土，有的来自海外，甚至还有借助显微镜发现的新物种。这部科普作品描绘的大自然充满了不可思议和美丽动人的事物，充分展现了博物学家和博物学作品如何凸显大自然蕴含的无限可能性与千奇百怪的自然形态。耐人寻味的是，博物学家和科学家发现的东西越多，大自然在人们眼里反倒越是神奇和神秘。本书想要强调的主题是，维多利亚博物学作品的修辞和它描绘的图景渗透了维多利亚文化的方方面面，关于当时的博物学科普作家在为读者们创作怎样的故事，戈斯的《博物学的浪漫》一书是我们探讨这个问题的绝佳范例和切入点。

博物学被认为是充满想象力的学科，这一点在戈斯的书名里就体现得淋漓尽致，或者用琳·梅里尔的话说，大自然看上去“就像一位中世纪浪漫主义作家那充满幻想的思绪之海”[2]。我认为，这种以丰富的想象力看待和定义自然的视角，为博物学与童话故事在19世纪下半叶的珠联璧合埋下了伏笔，因为尽管长久以来博物学作品和童话故事多以自然为主题，且在19世纪上半叶就已经被科普作家和儿童教育家广泛使用，但彼时二者之间还没有建立起密切的联系。

在《博物学的浪漫》一书的序言中，戈斯对数种研究博物学的方法进行了比较：首先是讲求事实派，他们像“干巴巴博士”①一样，“在博物馆里做研究，得到的数据如博物馆陈

---

① Dr. Dryasdust，是苏格兰历史小说家沃尔特·司各特爵士（Sir Walter Scott，1771—1832）虚构出来的人物，出现在他的历史小说《艾凡赫》（*Ivanhoe*，1819）等著作中。*

列的皮毛和骨骼般干瘪和生硬”；再是观察自然派，他们到野外做研究，“朝露未干，就开始在森林和草地上收集、记录，得到的数据如周遭的环境一样鲜活而明媚”；还有诗意派，他们更愿意从审美的角度出发，看待自然的眼光“充满了人类的感性思维——惊讶、好奇、恐惧、厌恶、赞美、爱慕、渴求等”。[3]

戈斯在创作该书时选择了审美的视角，他在书的开头用华兹华斯①笔下的一曲诗歌为读者开启了一趟浪漫的旅程。[4]自然生机勃勃，活力四射，充满了某种神秘的力量。戈斯对自然的描绘是人格化的：蝾螈“换上了他们的春装，华丽的荷叶边衬衫配猩红色马甲，活脱脱的假日情郎”；自然界的生物“热情”“开朗”[5]，又“可爱”，比如石蚕叶婆婆纳②，它“长着一双蓝色的笑眼”[6]。

戈斯那引人入胜的文字风格，成为科普作家努力让大自然显得更有趣的典型例子。他的叙述方式将一堂枯燥的博物学课变成了一次寻访未知世界的冒险，书的内容紧跟知名人士的脚步，比如昆虫学家威廉·柯比（William Kirby，1759—1850）、旅行作家托马斯·维特拉姆·阿特金森（Thomas Witlam Atkinson，1799—1861）、博物学家阿尔弗雷德·拉塞尔·华莱士（Alfred Russel Wallace，1823—1913）和查尔斯·达尔文（Charles Darwin，1809—1882），当然也少不了探险家，比如大卫·利文斯顿（David Livingstone，1813—

① 威廉·华兹华斯（William Wordsworth），英国浪漫主义诗人。*

② 车前草料，婆婆纳属植物，花朵为蓝色。*

1873）。神秘的大自然和稀有的物种给熟悉得不能再熟悉的故乡，平添了别样的异域风情，一个土生土长的英格兰博物学爱好者只因为新奇的发现——比如捕捉到一只燕尾蛾——民族自豪感便可油然而生：

> 让我们把目光从美丽神奇的异域秘境收回，回到恬静而平平无奇的英格兰。对痴迷昆虫幼虫的在校学童来说，一个六月的“捕蛾之夜”是多么惬意而愉快的时光。距离日落还有一个小时，他就偷偷摸摸地离开家门，随身携带一个杯子，里面装着混了啤酒的糖浆。他一路朝树林的边缘地带进发，用油漆刷把杯中之物涂到几棵大树的树干上。路过的护林员和他的狗满头雾水，面面相觑。太阳渐渐落山，像一颗红彤彤的煤球。我们年轻的学者寻觅着下一个挥洒汗水的地方，这一次，他全副武装，带着捕虫网、几个药片盒子和一盏巡夜提灯。他在树篱高耸的乡间小路上停下脚步，显而易见，蝙蝠们今晚的狩猎十分成功，成群结队的小灰蛾扑腾着翅膀，在树篱间进进出出。他严阵以待，紧紧抓住手中的捕虫网，那儿，那只蛾子的颜色非常少见。唰！抓到了！他把它放进棉布袋里，举到眼前。透过西下夕阳的微光，他看到自己抓到了一种非常漂亮的小蛾子——“翡翠蝴蝶”。离篱笆不远的地方有一片空地，一只白色的蛾子正翩翩起舞，忽而近，忽而远。那肯定是“鬼蛾”，绝对错不了！现在又来了一个大家伙，远远地就能看到它身体泛白。它冒冒失失，一路俯冲。预备！出手！又中大奖了——一只“燕尾蛾”，它全

身淡黄，是英国最高贵和美丽的本土品种。[7]

戈斯巧妙运用停顿、惊叹和命令语气，提升了文字的紧张感，让读者始终悬着一颗心。我们循着博物学家深入自然秘境的脚步，对他的兴奋之情感同身受，他记录的每一种动植物，都像活生生出现在我们眼前一般。每只外形古怪的昆虫都会被西方的科学爱好者收服，变成充满异域风情的标本。例如，华莱士在马来群岛东部的某座小岛上，与一种全新的鸟翼凤蝶（*Ornithoptera*）不期而遇，读者将和他一起体验“高兴”和“血液（正在）涌上（他的）脑门”的感受。[8]

戈斯会时不时地冒出几笔血腥和哥特式的描写，但都非常有助于烘托“氛围”[9]。譬如，当叙述者与一只鬣狗狭路相逢时，黑暗的文风达到了极致：一头“肮脏可恶的怪物”，发出“恶魔（般的）狞笑”——“这声音仿佛是地狱才有的”——缓缓从“一堆荒凉的乱石后面”现身。第二只也很快赶了过来，嘴里叼着人的脑袋，锋利的牙齿把骨头磨得吱嘎作响。[10]

相比之下，萨里郡①动物园的饲鸟员托马斯先生，他的故事简直如童话般浪漫又美好：

日落之际，托马斯先生发现自己身处荒郊野外，这地方距离伦敦还有数英里。他站在田里，脚边是几堆新收的干草，估计很快就会被人运走。周围一个人也没有，于是他把两捆干草拎到树林的边上，叠成一堆，然后“像只

① 位于伦敦西南方、英格兰东南方，是伦敦周边历史悠久的郡之一。*

> 鼹鼠一般钻进了干草堆心”，只露出脑袋呼吸新鲜的空气。明月高悬，万里无云，借着月光，托马斯先生能观察到周围的一切。这张床又软又暖，还带着干草的芳香。睡意很快袭来，他随即沉入梦乡。等迷迷糊糊的托马斯先生醒来之时，错以为各种各样的精灵、幽灵、妖精和小鬼正围在他身边，兴高采烈地举办着午夜舞会。

托马斯先生并没有真的看到“小人”跳舞，他只是被周遭寂静浪漫的乡村风光所感染。一只欧洲夜鹰的出现又进一步增加了这个故事的童话色彩——“（它）突然出现在（他的）身旁，仿佛用了某种魔法，只一刹那，便又迅速消失，犹如划过夜空的彗星，转瞬即逝”：

> 这群鸟儿酷似猫头鹰，犹如鬼魅一般掠过天际，悄无声息。此情此景，几乎要叫人相信这不是现实世界，而是某片魔幻之地。我出神地看着这种鸟在夜空中诡异地嬉戏，只要再加上捣蛋鬼迫克①、他的精灵伙伴以及仙子侍从，对于我来说，就完完全全是“仲夏夜之梦”了，尤其是当我还半梦半醒、迷迷糊糊之时。我很高兴自己在大自然中度过了一个美妙的夜晚，我多希望那些在博物馆里闭门不出的博物学家当时也能在场，让他们看看大自然的美景，便可与之分享我那份喜悦的心情。[11]

---

① 莎士比亚在《仲夏夜之梦》中创作的妖精角色，喜欢恶作剧。*

这位博物学家很善于描绘自然；“大自然的美丽”在他的描写下变成了一幅“活画”（tableau vivant）①，全身感官都被调动起来的他，俨然一名聚精会神的观众，没有谁可以在对自然和生物的描写上比一位感性的博物学家倾注的感情更多。提到莎士比亚和他创作的精灵，无疑为文字增添了浪漫的色彩，人们会不由自主地联想到以仙子和精灵作为主题的绘画，从约翰·富塞利（Henry Fuseli）的《提泰妮娅与波顿②》（*Titania and Bottom*，约1790）和威廉·布莱克（William Blake）的《奥布朗③、提泰妮娅、迫克和跳舞的妖精》（*Oberon*，*Titania and Puck with Fairies Dancing*，约1786）到维多利亚时代的画作，如约翰·安斯特·菲茨杰拉德（John Anster Fitzgerald）的《提泰妮娅与波顿》（*Titania and Bottom*）和丹尼尔·麦克利斯（Daniel Maclise）的《普里西拉·霍顿④饰演艾莉儿》（*Priscilla Horton as Ariel*，1838—1839）。[12]

不仅如此，戈斯也试图在自然景色与人类情感之间建立联系，比如万物枯萎的秋季令人感到悲伤，“年老色衰，青春不再……趋于死亡”[13]，而春天则象征了希望。这种对大自然的浪漫化建构，灵感来源是布莱克、珀西·比希·雪莱（Percy Bysshe Shelley）以及塞缪尔·泰勒·柯勒律治（Samuel Taylor Coleridge），戈斯深受三人所创作的麦布女

① 一种静态场景，包含一个或多个演员或模特。*
② 均出自《仲夏夜之梦》，提泰妮娅是仙后，波顿是木匠。*
③ 出自《仲夏夜之梦》，奥布朗为仙王。*
④ 霍顿（1818—1895）是英国歌手、演员，因1818年饰演了莎剧《暴风雨》中的精灵而闻名。*

王（Queen Mab）等仙子和妖精形象的影响。[14]

但我们应当看到，这种视角并非一成不变。在进化论问世之后，对大自然的浪漫主义建构渐渐发生了改变，妖精不再只是为了展现自然的奇妙，更是科普作家用来缓和新知识对旧观念带来的冲击、普及科学研究方法的工具。维多利亚时代的画家和诗人用画作和诗歌刻画的那个微观妖精世界[15]，同时也是戈斯用浪漫文笔重新勾勒的自然世界，越来越难以再凭肉眼看见，对它的全新认知考验着世人的想象力。这个时期的博物学作品虽然字里行间依旧充满了主观的感情和华丽的辞藻，经常美化自然，有时甚至夸大其词，但妖精这个形象已然分化出了多重的内涵，我们将在后面的内容中看到这一点。

事实上，维多利亚时代的妖精和童话不仅经常展现自然和科学的奇妙，也对科学知识可能造成的影响表达了怀疑和忧虑。在查尔斯·达尔文出版《物种起源》之前，科普作品有时也会涉及物种灭绝的话题，但对科普者来说，要在不挑战“天启宗教”的前提下探讨这种博物学现象显然是不容易的。1859年，在《物种起源》出版之后，人们发现进化论讨论的演变过程是无法完全用眼睛看见的，它是一种需要想象力、而非实证手段才能理解的理论，这下子，科普者发现他们的任务变得比从前更艰巨了。

19世纪下半叶，当科普作家想向读者介绍最新的科学进展和自然观念时，他们往往会借助妖精，用妮可拉·鲍温的话来形容，妖精同时意味着“科学的奇妙与困难”[16]。这是因为当时最新的科学发现触动了宗教信仰的基础，当然，刚刚问世的进化论尤甚。它们的影响渗透维多利亚时代社会文化的方方面面，并且反映在这些科普作品中。如果说从表面上看，科学可以导致世界的祛魅，而科学家则不断地破除着自然现象的神秘感。[17]可就是在这样的情况下，大自然却仍然能以神秘和引人入胜的姿态示人，维多利亚时代的科普作家在其中扮演了关键的角色：即便神奇如科学，能揭开自然界的许多秘密，大自然却依旧是一片仙境，而且科学解释的力量恰恰如魔法一般神奇，以进化论为例，它表明生物无论发生怎样的变化都是有可能的。因此，从对妖精和仙境矛盾的构建里，我们不仅可以看出维多利亚人对科学怀有的矛盾情绪，似乎也可以看到科学对世界的“亵渎”，它夺走了宗教的光环，甚至更严重——它削弱了宗教信仰本身的影响力。

本章和本书的剩余章节都在强调，科普作品里的妖精其实是上帝的替代品，尤其是到了19世纪下半叶。[18]妖精的存在时刻提醒着读者，虽然科学家的目标是揭示自然的奥秘，但大自然总有一些未解之谜。事实上，在整个19世纪，妖精最常见于面向女性和儿童的科普作品（他们也是科学入门读物的主要受众）。绝大多数这类作品都是用仙境的魔法和自然的奇迹替换了“上帝造物”的说辞，早期的儿童科普书籍就已经把关注点放在自然界的奇观上了，并着力刻画大自然的魔幻与神奇。

塞缪尔·古德里奇（Samuel G. Goodrich，其笔名为彼得·帕克）的《彼得·帕利与海陆空的奇观》（*Peter Parley's Wonders of the Earth, Sea, and Sky*，1837）以及A. L. O. E.（本名塔克夫人，C. M. Tucker）的《仙子小精灵，知识小宝库》（*Fairy Know-A-Bit, or a Nutshell of Knowledge*，1866）都是很有代表性的例子。其中，《彼得·帕利与海陆空的奇观》中

不时穿插自然界的奇观和神奇的自然科学原理，它还利用妖精和不可思议的事物，给自然界的造物蒙上了一层神圣的色彩。不过，对神秘过程和现象的理性解释让故事的幻想成分黯然失色，比如书中介绍了北极光、鬼火、布罗肯奇景（也称山中鬼影）和复杂蜃景（也称摩根勒菲的幻象）的原理。[19]在这几个例子中，只有在提到最后一个现象时，叙述者才把自然现象与童话相提并论："那场面肯定能与你在童话故事里读到的任何东西相媲美。"[20]

在书的其他部分，彼得·帕利都只介绍和探讨事实本身，我们可以明确看到科学与超自然现象、不可思议的事物以及幻想世界是截然不同的。他在介绍玛丽·安宁（Mary Anning，1799—1846）①最新的考古学发现时，建议读者去大英博物馆参观这些标本：

> 我将展示一幅图片，让你瞧瞧在多塞特郡莱姆雷吉斯镇②的土地上，曾经生活着怎样的生物，然后讲讲它们的身体结构和生活习性。听到这里，你或许已经开始犯嘀咕了，并且做好了无论听到什么都只当听故事的准备。但我向你保证，下面这些东西不是猜测和臆想，我会努力说服你，这不是无稽之谈。[21]

事实上，我们将在本书中反复看到一个观点，当人类学开

① 英国化石收集家、考古学家。*
② 塞特郡位于英格兰西南部，莱姆雷吉斯镇是英国重要的化石发掘地。*

始从进化论的角度看待民间传说时，妖精和仙境便有了不同的含义：科学论述日益借助妖精元素，而这种论述的内容愈发暖昧不清。[22]以约翰·乔治·伍德牧师（Rev. J. G. Wood）的《乡间小生灵》（*Common Objects of the Country*，1858）、柯比姐妹（Kirby Sisters）的作品以及安妮·卡利（Annie Carey）的《平凡事物见神奇》（*The Wonders of Common Things*，1880）为代表的书籍，都将大自然和仙境相提并论："飞蛾（是）如妖精一般脆弱而柔美的生物，它更适合童话世界，出现在一个以'很久很久以前'作为开头的故事里，而不是19世纪的今天。"[23]不过，这类作品利用通篇的浪漫语言弥合科学与宗教的裂缝，表明"科学和救赎相辅相成"[24]，逐渐让新的比喻体系成为可能。

事实上，在达尔文出版《物种起源》后的几十年里，"不可思议"是人们对当时科学研究方法的第一印象。这种趋势在儿童科普读物中尤为明显，比如约翰·嘉吉·布劳（John Cargill Brough）的《科学童话：讲给青少年的故事》（*The Fairy Tales of Science*：*A Book for Youth*，1859），还有亨利·内维尔·哈钦森牧师（Rev. H. N. Hutchinson）的《地球的自传》（*The Autobiography of the Earth*，1890）和《远古野兽轶闻录》（*Extinct Mosters: A Popular Account of Some of the Larger Forms of Ancient Animal History*，1892），它们都很注重将神话传说与科学相结合，激发读者的想象力，培养他们理性思考的能力。

查尔斯·金斯莱，以及比他晚一些的阿拉贝拉·巴克利，两人都是维多利亚时期的科普作家，为读者认识自然提供了极富美感的视角。他们笔下的自然世界很容易让人联想到戈斯的《博物学的浪漫》一书，二人强调自然不可思议，旨在唤醒读者的审美体验。当然，你可以认为，这两位活跃于19世纪中叶的作家之所以在创作中使用童话的母题和温顺的妖精等元素，是因为他们有意把故事的人物和背景设置得比较迷你，毕竟儿童的天地只在方寸之间，童年时代的生活也并不复杂。有意思的是，金斯莱把妖精置于微型世界的做法符合苏珊·斯图尔特（Susan Stewart）对“微缩物”的分析。斯图尔特认为从15世纪开始，袖珍书天生就是儿童读物，而且“微缩物”在儿童文学中反复出现，因为：

> 儿童在特定的物理意义上是微型成年人，不仅如此，儿童的世界虽在物理层面上受限，但在精神层面上却不然，童年是人生的缩影，是充满奇思妙想的篇章……在我们的想象中，童年仿佛在隧道的另一头——遥不可及，小巧玲珑，一目了然。[25]

不过，我应当在此说明：金斯莱和后来的巴克利之所以爱用童话文学的母题和角色，并不只是为了缩小故事的尺度。戈斯在《博物学的浪漫》中只是把妖精和童话的母题作为认识自然的手段，而金斯莱和巴克利则是用它们凸显自然世界的美丽和奇妙。我认为，他们想借此缓和二者的紧张关系——尤其考虑到达尔文在出版《物种起源》后引发的信仰危机。正如约翰·嘉吉·布劳在《科学童话》中所写的那样，他创作这本书的意图是“让书中探讨的话题尽量不带任何枯燥难懂的技术性细节，并给它们裹上一层引人入胜的童话外衣——这话说起来容易，做起来绝不简单”[26]。

我们会看到，布劳描绘的仙境里到处是能变形的、隐形的或者已经灭绝的物种，显得十分神奇。这与其说是布劳把介绍科学现象的文章写成了童话，不如说是他用童话这种体裁有效地调和了魔法和进化这两个主题，从而凸显了达尔文进化论问世之后出现的全新的科学研究方法。

“只为自然奇观代言”[27]：童话与维多利亚儿童教育

有一位作家曾睿智地赞扬蜜蜂，称它们是名副其实的几何学家。蜂巢的小室造得非常考究，蜜蜂可以在不偷工减料的条件下用最少的材料围出最大的活动空间。鼹鼠是气象学家。有“屠夫鸟”之称的灰伯劳则是算术家，乌鸦、野火鸡和其他几种鸟也配得上这个头衔。电鳐、魟和电鳗是电工。鹦鹉螺是航海家，他扬帆落帆，起锚下锚，乘风破浪。所有鸟类都是天生的音乐家。河狸身兼设计师、建筑师和伐木工，他砍倒树木，建起房子和水坝。土拨鼠是土木工程师，不仅造房子、建水渠，为了保持房子干燥，他还会挖排水沟。蚂蚁养了一支常备军队。黄蜂是造纸匠。毛毛虫是纺织工。松鼠是摆渡人，一截木条或者一块树皮就是船，尾巴就是帆，有了这些他就可以横渡小溪。狗、狼、豺，以及许多其他动物都是出色的猎人。黑熊和鹭是渔夫。蚂蚁是日结短工。猴子是走钢丝的演员。

那么，我们能不能说，一个聚日月之辉、集万物之灵，拥有自由意志却整天只知吃、喝、睡、玩的男孩，他还没有这些可怜而卑微的飞禽、走兽、游鱼和爬虫有用呢？不！不能！就让“年轻的英格兰人”好好享受人世间的娱乐和消遣吧，只要他没有忘记，自己与接受过良好教育的人——无论是他的英国同胞还是外国友人——终归要以文化和精神上的成就论高低；让他培养出对获取“科学知识”的渴望吧，不只是把它当作学校里的课程内容，而是当成宝藏，是终有一天能在“人生的战斗”①中多少助他一臂之力的盟友。[28]

> 亲爱的男孩和女孩，在我同你们一般大的时候，市面上可没有现在这样的童书。我们这代人读的童书种类不多，内容乏味，配图简陋。而今天的你们有数不胜数的书本，它们的内容充满智慧，文笔幽默风趣，设计精致又漂亮，更重要的是富有教育意义。这些书探讨的主题在五十年前只是少数饱学之士的谈资，而且就连那些人，有时也只是知道一些皮毛。[29]

在维多利亚时代，博物学和广义上的科学不是学校的授课内容，它们属于以女性教育者为主力的家庭教育的范畴。[30]温馨的家庭空间，大家围坐在炉边，我们只需要想象一下这样的学习氛围，就会明白为什么博物学会与童话故事紧密相连了。可是在19世纪前，英国人并不觉得妖精故事有什么意义，

① 意指狄更斯的小说《人生的战斗》。*

对儿童来说尤其如此。

与当时的法国和德国不同，英国社会盛行强调理性和道德的清教主义，因为它深入人心，所以童话文学在家庭教育里没有立锥之地。在当时的英国人看来，幻想与教化犹如娱乐与教育，完全是风马牛不相及的。在18世纪以前，能被英国家庭教育接受的虚构类作品通常只有一类，那就是类似《伊索寓言》（*Aesop's Fables*，于1484年首次被翻译成英语）的故事。[31]

整个18世纪，儿童文学创作的基本意图是传递宗教观念，符合主流道德观的童书在出版业内一枝独秀。虽然越来越多的廉价小册子（一种篇幅不长、页数不多、主题鲜明、面向大众发行的出版物）开始寓教于乐，用事实证明儿童读物也可以兼顾娱乐性，但是以艾萨克·瓦茨（Isaac Watts）的《圣诗：儿童简易读本》（*Divine Songs*，*Attempted in Easie Language for the Use of Children*，1715）为代表的说教读物依然占据着儿童读物书架的半壁江山。[32]举例而言，玛丽亚·埃奇沃斯（Maria Edgeworth）[33]的作品富于说教，孩子们听着类似的故事长大就不容易胡思乱想，而是成长为勤勤恳恳、兢兢业业的公民。即使中产阶级的家庭给孩子念妖精的故事，也是当作教育的手段，而不是培养孩子的想象力。不过，妖精故事往往出现在廉价印刷品中，这些是下层阶级的读物，并不适合上流社会的孩子阅读。

出版商约翰·纽伯里（John Newbery）将儿童读物的娱乐性和教育性相融合，此举无疑奠定了儿童文学的市场。他出版的许多书籍都卖得非常好，从中不难看出当时的儿童文学市场已然相当蓬勃。[35]当然，纽伯里也不是一帆风顺，他对《小人国杂志》（*Lilliputian Magazine*，发行于1751—1752年）的投资就以失败告终，该杂志的商业成绩不及让娜-玛丽·勒普兰斯·德·博蒙（Jcanne-Marie Leprince de Beaumont）的《年轻淑女》（*The Young Misses Magazine*），后者是博蒙夫人1757年的法语作品《孩子们的杂志》（*Magasin des Enfents*）的英译版，原文采用对话体的形式，记述了一位女家庭教师和她的学生之间的谈话。这种叙事结构是博蒙夫人从莎拉·菲尔丁（Sarah Fielding）发表于1749年的《女家庭教师》（*The Governess*，*or*，*the Little Female Academy*）中借鉴而来的。[34]

到18世纪末，消遣读物越来越常见，逐渐能够与说教故事分庭抗礼。安娜·拉埃蒂提亚·巴鲍德（Anna Laetitia Barbauld）提升了儿童文学中趣味的重要性，把民俗传说和妖精故事融入她的创作，能够彰显这一点的代表作是她与弟弟约翰·艾金（John Aikin）合著的六卷故事集《夜晚团聚时刻，少年故事分享会》（*Evenings at Home*；*or the Juvenile Budget Opened*，1792—1796）。虽然巴鲍德的这套故事集依旧有浓浓的说教意味，幻想成分也并不多，但它却遭到莎拉·特里莫（Sarah Trimmer）的诟病，后者不仅对描绘妖精的故事持严厉的批评态度，而且她本人也在写作中将科学和“天启宗教”紧密地联系在一起，尽可能少地调动孩子的理性思维能力。[36]

直到19世纪初，当书商本杰明·塔巴特（Benjamin Tabart）和约翰·哈里斯（John Harris，纽伯里的继任者）开始出版佩罗创作的童话之后，以儿童为目标读者的童话文学才算正式诞生。哈里斯出版的书籍包括莎拉·凯瑟琳·马丁（Sarah Catherine Martin）的《哈伯德老妈与狗狗的奇妙探险》（*The Comic Adventures of Old Mother Hubbard and Her Dog*，1805）、威廉·罗斯科（William Roscoe）的《蝴蝶的舞会》（*The Butterfly's Ball*，1807）和凯瑟琳·多塞特（Catherine Dorset）的《孔雀"在家"》（*Peacock 'At Home'*，1807），它们都是以动物为主角的童话故事，避免说教，代表了当时人们对儿童文学的新看法：要插图，要有趣，不要说教。这些故事的主角是动物、鸟类和昆虫，作者对它们进行了幽默的拟人化，充沛的想象力与从前那些干巴巴的说教有着云泥之别。

要论维多利亚时期最重要的儿童博物学科普作家，查尔斯·金斯莱、阿拉贝拉·巴克利、玛格丽特·盖提和夏洛特·杨格（Charlotte Yonge，1823—1901）应当榜上有名。金斯莱在《如何太太与为何女士》[37]（*Madam How and Lady Why*，1870）的序言中，赞扬了约翰·艾金和安娜·拉埃蒂提亚·巴鲍德合著的《夜晚团聚时刻》，认为它把博物学及"更科学"的话题（比如化学和天文学）同诗歌和说教故事结合得天衣无缝。金斯莱特别称赞了一篇题为《学会观察》（"Eyes and No Eyes"）的故事——阿拉贝拉·巴克利在1903出版过同名作品，作为致敬——而金斯莱想借这个题目表达，他的创作将不会完全基于过往的经验和肉眼可见的现实世界。

实际上，金斯莱曾在一场题为《如何学习博物学》（"How to Study Natural History"）[38]的演讲中盛赞想象力，称它是一种必不可少的能力，必须从小培养。虽然当年在富兰克林和埃奇沃斯教育学派的影响下，想象力“不值一提”，但是如今，人们对想象力已经“赞不绝口”，金斯莱甚至宣称，只要作品富有想象力，读者就可以“谅解（作者）糟糕的品位、蹩脚的英语、粗心大意的过错，乃至粗鄙不堪、亵渎神明、缺乏基本的道德”。金斯莱明确区分了想象力和“幻想”（不受控制且未经斟酌的想法），他的演讲旨在表明，儿童必须通过学习博物学来培养想象力，但与此同时，又不能让他们“过于头脑发热、激情澎湃”：

> 青少年时期永远是充满想象力的时期，这是无可辩驳的事实；而所谓的良好教育，必不可叫他们把想象力指向内心，胡思乱想……想象力不可朝内，而应朝外；要让他们接触恰当的事物，使他们好奇，激发他们的敬畏之心，让他们爱上新鲜的事物，爱上发现的乐趣，但又不可令他们头脑发热或者激情澎湃，这是教育最难解决的问题之一；而根据我的个人经验，我认为学习博物学能在很大程度上解决教育的这种困境。[39]

“恰当的（自然）事物”——也就是博物学——在儿童的教育和思维能力的培养中扮演了重要角色，童话亦然。在金斯莱看来，无论蜜蜂、花朵、鹅卵石，还是泥潭，抑或是一株石楠花，“它们全都是自然之书里的童话故事，虽然（我）只能辨认出大地的只言片语，但是其中的乐趣远远胜过阅读任何关于自然的文字之书”[40]。自然童话的奇妙源于自然世界的神秘，它激发了博物学家和博物学爱好者的调查热情，“各种各样的植物、贝壳和微生物，单把任何一个挑出来，都足够写一本厚厚的专著”[41]。尤其是在“最微小”的细节之处，往往隐藏着最令博物学家们“浮想联翩的仙境”。[42]金斯莱将自然转译成文字，尤其是转译成童话形式的做法，体现了博物学写作在美化大自然时所采用的手段，而这样做的目的是激发读者的情感共鸣。

金斯莱强调想象力在儿童教育中的重要性，也反映了妖精和童话在科学教育中被赋予了说教的功能：在他看来，想象力是人“从粗鄙野蛮到文明开化的分水岭”[43]——他把想象力当成了人类进化的标志。[44]因此，与约翰·洛克（John Locke）在《人类理解论》（*Essay Concerning Human Understanding*，1689）中的观点不同，金斯莱认为人的理性和想象力是同等重要的，科学研究的方法里必须包含人的想象力，永远不能把艺术拒之门外。

在金斯莱出版《海滨奇观》（*Glaucus*; *or*, *the Wonders of the Shore*，1855）一书时，英国的儿童博物学教育正受到诸多有利因素的推动。19世纪50年代，凯-沙特尔沃思①改革促进了英国公共教育系统的发展，政府对学校的资金投入大大增加。[45]与此同时，随着印刷和分销成本的降低，儿童周刊和月刊的数量迎来爆炸式增长，进一步扩大了英国国内的青少年文学市场。当时的代表性刊物包括塞缪尔·比顿（Samuel Beeton）创办的《男孩专属杂志》（*Boy's Own Magazine*，

① 詹姆斯·凯-沙特尔沃思（James Kay-Shuttleworth，1804~1877），英国政治家、教育家，于19世纪40年代开始致力于英国教育的改革。*

1855年创刊）、威廉·亨利·吉尔斯·金斯顿（W. H. G. Kingston）创办的《男孩子杂志》（*Magazine for Boys*，1859年创刊）和《男孩专属报纸》（*Boy's Own Paper*，1879年创刊），以及玛格丽特·盖提（Margaret Gatty）创办的、目标读者更偏向于女孩的《朱蒂阿姨》（*Aunt Judy's Magazine*，1866年创刊），这些杂志有意淡化宗教的说教内容，注重娱乐性，以宣扬世俗价值观的虚构类作品为主，时不时介绍关于自然的研究，刊登以探险家和科学家为主角的故事，以此兼顾教育性和娱乐性。[46]它们还运用了大量的插图，反映出图画在各式各样的科普作品中所占的比重越来越大。视觉元素在杂志和书籍里被广泛应用，即将改变信息的呈现形式。伴随着科学向唯物主义和实证主义方向的靠拢，如何使其易见、易感、易知，便成了科普工作中亟待解决的问题，而这些插图与文字共同构建出生动可感的形象。19世纪的科学写作大多文采斐然，善用修辞，形成一种介于科学与文学之间、写实与幻想并存的叙事风格。

除了出版行业的欣欣向荣之外，当时盛行的火车旅行也促进了阅读。火车站开设了许多书报亭，博物学出版物十分畅销，约翰·乔治·伍德牧师的《乡间小生灵》就是个很好的例子，它曾在一周内售出了100000册。[47]在金斯莱的《海滨奇观》开头，叙述者想象此书的读者正坐在火车上，沿着海岸线前往海边度假，他没有闲着，而是贪婪地看着窗外，大自然的画卷在眼前徐徐展开。金斯莱在他的科普作品中反复提及火车旅行，譬如在《如何夫人与为何女士》中，金斯莱把火车车窗外的风景比作了书中的插图。[48]由于修建铁路时开挖地面，许多灭绝生物的化石得以重见天日，乘客透过火车车窗，看到了过去和当下的奇妙并置：

> 再长的铁路旅行我都不觉得枯燥，只觉得像在翻看一本有趣的书，火车隆隆向前，不啻为一页一页翻过书页，又像是在欣赏精妙的画卷，画中描绘的旧世界在千万年前一次次毁灭、一次次新生。我紧盯车窗外，看着铁路的路堑，旧世界的遗骸暴露在光天化日之下；我还看那大地，看一望无际的平原、蜿蜒曲折的河岸、连绵起伏的丘陵、巍然屹立的高山。一边看，一边问身边的如何夫人，是什么造就了它们。而我很快就会告诉你，如何才能像我一样观察、提问。[49]

在《海滨奇观》中，铁路这个母题不仅把自然建构成了一本可以阅读的书，更重要的是，它还是一本童话书。上面引用的段落让人联想到因为铁路扩张，人们才能发现新景观（还有从前未知的地域，犹如英国探险家发现新的土地）。随之而来的是人们热衷的海岸研究，从收集贝壳到栽培蕨类植物。铁路的修建，恰似一封邀请人们到沿海地带探险（以及掠夺）的邀请函。

《海滨奇观》原本是一篇关于海洋生物研究新著作的综述，介绍了菲利普·亨利·戈斯的《博物学家在德文郡海岸的漫步》（*A Naturalist's Rambles on the Devonshire Coast*, 1853）和《水族箱》（*The Aquarium*, 1854）。《海滨奇观》最初于1854年发表在《北不列颠评论》（*North British*

Review）上，并在第二年被扩写成书。这本书销量喜人，初版上市后，四年内就发行了四个版本，并在1873年推出了第五版。[50]金斯莱有意将自己的这本书与常见的“低俗”文学作品相区别：“（这本书）要为（儿童的）想象力提供健康的食粮”，让有心的孩子不至于同“那些自甘堕落，整天只会到山崖、沙滩和码头游手好闲的人”为伍。金斯莱还批评“法国小说，与过去那些充满男子气概、理性的童话故事和叙事长诗相比，它们只会卖弄卖弄多愁善感的诗意”[51]。

《海滨奇观》分为三个主要部分：第一部分界定了博物学以及博物学家的典范，着重强调了道德在科学活动中的地位；第二部分向读者介绍了许多海洋生物；而第三部分则介绍了水族箱的原理，提到伦敦动物园和水晶宫的水族箱，并为制作水族箱提供了意见和指导。

《海滨奇观》是海洋博物学科普的代表作，它的创作灵感源自约翰·埃利斯（John Ellis）从1751年开始的海藻标本收集工作。罗伯特·凯伊·格雷维尔（Robert Kaye Greville）的《大不列颠藻类》（*Algae Britannicae*，1830）、玛丽·怀亚特夫人（Mrs Mary Wyatt）的《德文郡海藻》（*Algae Danmonienses*，1833）、伊莎贝拉·吉福德（Isabella Gifford）的《海洋植物学家》（*The Marine Botanist*，1840）以及威廉·亨利·哈维（W. H. Harvey）的《英国海藻手册》（*Manual of British Algae*，1841）等这么多的例子，足见19世纪初的人们对海洋生物抱有莫大的兴趣。

有意思的是，海洋博物学专著在19世纪20年代的井喷式出现与复合显微镜的发明有关，我们将在下文中看到，金斯莱引导读者进入海洋世界，对那里的小生灵惊叹不已。[52]显微镜展现了一个前所未见的美丽世界：在这种光学设备的镜头之下，博物学爱好者突然看到了许多独特的颜色和怪异的形状，犹如在魔法的作用下出现了一个酷似仙境的世界。

19世纪40—70年代，博物学书籍依旧充满说教的口吻和伦理道德的观念，其中绝大多数都以儿童为目标读者，金斯莱的科普故事也不例外。[53]他的自然神学将大自然的奇迹视作造物主的神迹：《海滨奇观》教导它的年轻读者，要“从每一只昆虫身上寻找奇迹，从每一座树篱上体会崇高，每颗鹅卵石都见证了过去的世界，每片贫瘠的海滩上都蕴藏着无尽的生机”[54]。因此，自然奇观被赋予了宗教意味，金斯莱建议每位读者都把目光放到微小之物上，不断探索更小的世界，谨记“世上所有神奇的事物只因它们与你心中某种同样神奇乃至更加神奇的东西产生了呼应”[55]。因此，金斯莱坚持认为光学设备是引导人们进入从前未知的微观世界、见证造物者神力的重要工具：“一定要用显微镜看，因为它真的很神奇。”[56]

同许多博物学书籍一样，金斯莱的科普作品也会反复强调肉眼不可见的迷你事物，建议读者把目光投向微观世界，“拓展人类对宏观和微观自然的认知”[57]。金斯莱将微小的海洋生物同水晶宫公园里已经灭绝的史前巨兽放在一起进行比较，通过鲜明的尺度对比，突显了他的微观视角。[58]他探究微观，认为地下和海洋的幽深处隐藏着未知的世界，但这都是为了把大自然的神秘与上帝的神秘联系在一起。依博物学家看，大自然中那些“外形奇特、模样古怪的生物”[59]正是造物主神力的体现，那数不胜数、有待发现的生命形式，无不彰显了上帝的神秘。于是，我们才在《如何夫人与为何女士》中看到，年轻的博物学家在使用人造显微镜或进行细致的观察时，会因为目睹自然的启示而产生一种惊奇的感觉：

> 尽情惊奇吧！再惊奇都不为过。或许你一辈子都将生活在惊奇中，因为上帝不仅让你诞生在了一个充满惊奇的世界里，还赋予了你惊奇的能力，一种他没有赋予野兽的能力；这种能力孕育了科学，并且许诺了一种在比现实更加奇妙的世界里的不朽。但是你要惊奇于正确的事物，而不是错误的；要为真正的奇迹和奇才而惊奇，不要被假象动摇心神；不要赞叹俗世，不要浪费你的崇拜之情、一腔热忱和美好的希冀，不要沉迷于漂亮的玩具、艳丽的装扮、精致的衣服、奢靡的生活、无聊的娱乐。要惊叹于上帝的创造……昨晚的剧院只是凡人布置的仙境，而大自然，它是上帝亲手缔造的仙境。[60]

金斯莱借博物学给读者上宗教课的做法，是在将奇迹等同于基督教信仰。其实，他的神学视角经常强调科学无力揭示自然的本质。金斯莱盛赞宗教信仰，认为这是人类接近真相的唯一途径：自然母亲永远不会回答我们问的“如何”和“为何”。[61]这一切，都让他与同时代用唯物主义概念认识自然世界的方式渐行渐远。唯物主义科学无法参透大自然的秘密，《如何夫人与为何女士》中也强调了这样的观点。譬如书中有这样一个情节，如何夫人有一个名叫“分析”（Analysis）的科学家孙子，由于没有信仰又能力有限，他对生命的研究仅限于分析“死物”，无法揭示有关物质的真相：

“分析”只能对石头之类的死物——或者所谓的无机物——解释一二，而对生物——所谓的有机体——则一点门道也摸不着……因为如果要研究一只鹅，他就得先杀掉这只鹅，换成花和昆虫也是一样，总之，不杀掉就不能分析：那他研究的还是鹅吗？不是，那只是鹅的尸体；他研究的花也不是花，只是残花败叶。[62]

因为事物本身所能提供的信息既不全面也不完善，所以信仰和博物学必须携手共进。金斯莱对博物学的定义带有极强的道德色彩——博物学家行事旨在培养美德。金斯莱从欧洲中世纪的传奇故事里借用母题和形象凸显上述观点。他认为博物学家是中世纪骑士阶级的化身，彬彬有礼，勇气过人，充满男子气概，为了他人的利益而致力于增长知识：

在过去那些充满侠义精神的作家笔下，完美的中世纪游侠需要许许多多崇高的品质，而完美的博物学家需要的品格也不遑多让……完美的博物学家应当身体强健……他应当善游泳，能划桨，会开船，无论良驹或野马都可轻松驾驭……倘若有朝一日远渡重洋，遇上生死关头，他必须有本事化险为夷，绝处逢生。

在道德情操上，他必须像昔日的骑士，谦和礼貌地待人接物为首要，任何时候都应体恤忍让，无论对方是穷苦之人、无知之辈，抑或是野蛮之徒……

> 最后，但也同样重要的是，完美的博物学家应该具备真正的骑士精神，也就是奉献自我的觉悟；他应当以知识和全人类的进步为己任，而不计较个人的贵贱和名利的得失。[63]

金斯莱笔下身强力健的博物学家形象地反映了当时社会的某种不安情绪，特别是大量工人在周末蜂拥而至不列颠的海边度假地，他们穿着暴露（乃至一丝不挂），经常让中产阶级瞠目结舌，不知如何自处。[64]

金斯莱的科普作品对“强身派基督教”推崇备至，并呼吁人们采取一种积极的生活方式，他明确指出，必须通过学习博物学锻炼身体和锤炼心志。由此可见，金斯莱不仅强调了博物学写作中的叙事成分——科普作家在作品中加入浪漫的场景、不可思议的事物和仙境元素，把科学和宗教融合在一起——还借助中世纪骑士精神，传播了维多利亚时代英国流行的道德论述。[65]这是因为金斯莱倡导的骑士精神证明，博物学和基督教信仰可以相互兼容：博物学强化了实践者对权威的遵从和信服，这正是信仰宗教所需要的能力。因此，金斯莱认为博物学家相信公认的事实，并且“博物学通过强调信仰科学权威之于博物学的必要性培养人们信仰的能力”[66]。

除此之外，虽然金斯莱的作品与大量面向中产阶级读者的科普作品一样，反对散漫，致力于锻炼读者的观察能力，避免他们“漫不经心地看天、看地、看大海”，[67]但是金斯莱十分重视那些看上去过于渺小或者不可见的事物。一方面，博物学家接受过恰当的训练，拥有“救赎之眼”，能看到“事物的意义、万物的和谐、自然的法则和无穷无尽的因果链”[68]：在金斯莱后期的作品中可以看到，“看见之道”（*The Art of Seeing*）是“至高的才能”。[69]但是另一方面，看起来矛盾的是，这种“看见之道”却帮助金斯莱调和了自然神学和进化论的矛盾。

如前文所说，金斯莱在《如何夫人与为何女士》的序言中称赞了约翰·艾金和安娜·拉埃蒂提亚·巴鲍德的故事《学会观察》。金斯莱经常在书中强调“看”的重要性：“两个人从世间走过，一个睁着眼，一个闭着眼；睁眼者博闻强识，闭眼者见识浅薄。”[70]对观察的强调伴随着对阅读的推崇：大自然是上帝精彩的“图画书”[71]。两本书的比喻（一本是《圣经》，另一本则是上帝的作品——自然之书）表述经常出现在自然神学中，这让金斯莱描绘自然的叙事手法进一步小说化。如何夫人就是他创作的仙女，她“生活在这里的荒野，但如果善于观察，会发现她其实无处不在”[72]。金斯莱也用如何夫人象征自然界中不可见的事物，强调自然的知识唯有通过想象力才能理解，也就是所谓的“心之眼”。与如何夫人不同，为何女士“是另一种仙女……想一睹她的尊容几乎是痴心妄想”。如何夫人是仆从，而为何女士是千金，“但千金小姐之上还有一位主人，你可以猜猜是谁”[73]。围绕可见与不可见的探讨，巩固了金斯莱的自然神学观，加深了科学与宗教的融合：“你必须相信；因为不管是在科学领域，还是在更加崇高的领域，任何人想要稳稳当当地行事，必须凭着信心，不是凭着眼见。”[74]

金斯莱对视觉和想象力的强调，对于我们理解进化论语境下博物学家如何宣扬基督教价值观至关重要。无论在达尔文提出进化论之前还是之后，金斯莱一直是进化论的支持者，这一点在他创作的作品里都有清晰的体现，他反对用字面意义解读创世纪，相信均变论①。比如在《海滨奇观》中，金斯莱认为物种灭绝既是生物演化上的一环，也是上帝造物活动的表现：

> 我们都知道，比现存物种低等的动物，总是在过去的各个时期不断地涌现。由此类推，此时此刻应该有很多低等生物正在出现，这一点在将来也一样：每当有渡渡鸟或者恐鸟这样的物种灭绝，就会有另一种新物种诞生，以维持生物总量的平衡。以下仅是我个人的猜测：或许，有可能，现在，勇敢承认甚至是坚定维护这种可能性才是明智的做法，以免引人遐想，（我）以为很多人不愿意接受这种想法的原因，是其中蕴含着某些一旦被证实就会动摇宗教根基的东西。
>
> 我必须坦言，虽然近来动物学家和植物学家越来越认可那些用“进化”解释万物的理论，但就我本人而言，任何无法被正统基督教徒认可的事物，也越来越难被我所理解和接受了。[75]

传奇故事和童话这两种文学体裁，背离了现实世界和唯物主义，利用了人们对神圣力量和超自然力量的信念。当然，

① 均变论（uniformitarianism）是由查尔斯·莱尔（Charles Lyeu，1797—1875）在《地质学原理》中提出的理论，该理论主张地质作用的强度和方式在地质历史的各个时期都相同。*

如上文所见，金斯莱借用传奇故事和童话，突出基督教思想并指出某些生命形式的不可捉摸，使他得以将自然奇迹与信仰相提并论，从而调和科学与宗教的关系：“热爱奇妙的事物是人的天性”，它能够“引导读者迈向更加庄严和崇高的思想”。[76]

尽管如此，金斯莱的科普创作充分地体现了19世纪下半叶科学研究的状况，彼时的科学转向是从无法被直接感受到的事物和证据中重构现实。[77]达尔文提出的自然选择的理论，所代表的“知识至少部分源于不可见的证据”思想达到了鼎盛。根据乔纳森·史密斯（Jonathan Smith）的说法，达尔文的理论“违背了培根归纳法最基本的原则……它只能算是一种猜想，是个人丰富想象力的产物，没有足够坚实可靠的事实观察，也没有依序渐进的归纳推论”[78]。当时的达尔文也深受查尔斯·莱尔的影响，莱尔曾在他的《地质学原理》（*Principles of Geology*，1830—1833）中呼吁，必须用推理和想象来“构想”大自然，因为地球的地质学演变异常缓慢，无法用肉眼观察——这也正是书中均变论的观点。莱尔在《地质学原理》中是这样形容均变论的：“（均变论）兼具归纳性和想象力——千真万确，相比作为对手的灾变论，均变论更具想象力。”[79]

在莱尔完成《地质学原理》的六年之后，达尔文出版了他搭乘“小猎犬号”（HMS *Beagle*）环游世界期间的见闻，他在船上读完了《地质学原理》。不管是莱尔的均变论，还是后来达尔文的进化论，它们都宣称有些假说无法用肉眼观察证实。这种科学观念彻底改变了人们对现实的看法，正如乔治·亨利·刘易斯（G.H.Lewes）在下面这段话中把现代科学比作幻想：

> 科学本质上是一种理想化的建构，它与表述存在模式的抽象概念相去甚远，后者从来不是、也永远不可能是真实的，而且经常与可感知的经验相悖。科学要处理的证据不仅包括那些不可感知的，也包括公然捏造的……事实上，科学要插上想象的翅膀，才能进入看不见、摸不着的领域，用假想占领这些领域，这些假设与事实的差距比《一千零一夜》中的天方夜谭与伦敦牛津街上的日常琐事的差距还要大。[80]

詹姆斯·克拉斯纳（James Krasner）在分析达尔文的叙述方式时，强调达尔文摒弃了全知视角，转而采用以“误读、错觉和有限视角”为特征的叙事，为了突出“肉眼容易错判或者忽视演化的自然在形式上不稳定”。[81]

不过，达尔文采用这种方式呈现自然，并不是要为不可靠的人类视力辩护。人眼的感知功能有缺陷“正好能够说明自然如我们的想象那样，在不断地演化。人眼一直在演化，但在注视自然的时候却依旧力有不逮，这也是为什么达尔文的设想会让人觉得复杂至极”[82]。因此，除了把不可见的事物变得可见，“科学与幻想的融合”让读者的想象力延伸到了“可以用视觉验证的范畴之外，并且没有牺牲任何的科学权威性……一旦我们可以从侏儒和两栖动物的视角想象自然，那我们就能设想出更精确的科学理论，而不必受制于自身的视觉”。[83]

另外，按照阿曼达·霍奇森（Amanda Hodgson）的说法，后达尔文时期的科学开始重点关注“相似和转化，关注不同的事物是否类似，乃至能否相互转化”[84]。不过，达尔文利用“文学手法和生动的意象”[85]来构想进化论的做法，不仅对维多利亚文化产生了重大影响，也为人们认识自然和自然世界带来了新的视角。基于妮可拉·鲍温在《19世纪艺术和文学中的妖精》中的论点，我将在本书中进一步指出，维多利亚人对妖精和童话有一种奇怪的执着，仿佛它们是唯一一种能够让人理解现实中发生的变化和局势的紧张以及矛盾的生物。本书将进一步深入探讨这个观点。

我认为，妖精和童话渗透进了文化领域，它们在科普作品中的作用是弥合新旧自然观的差异，应对博物学的认知转变。进化论问世后，许多探讨科学研究新方法的文章都反映出这样的观点。下面这段话引自人类学家、民族学家丹尼尔·威尔逊（Daniel Wilson）在1873年发表的论文，威尔逊把想象力称作“幻想”，这两个词有时候可以相互替代，但无论哪种说法，它都是当时争论的焦点：

> 对于无论是真实发生过，还是理论上假想的进化过程，包括它们假设的过渡性的存在状态，为了理解这些概念，我们必须借助幻想的帮助……他的全新学说秉持着一种信念，对科学家想象力的培养提出了新的挑战，他们的思维要达到极好的平衡，在坚守科学真理所展示的事实的前提下，还能异想天开。[86]

霍奇森认为，丹尼尔·威尔逊不仅借用了宗教体验中的语言来定义新的科学方法，他还是非常典型的例子——体现了科学转向“暗示、联想、模糊化和类比等充满想象的方法”[87]其实就是在向虚构写作的方法靠拢。由此可知，维多利亚时代中期科学读物中的自然形象与妖精故事、魔法故事中的一样，是流动的、易变的，充满转化和变形过程。两相对比，可以看出科学和文学在携手共进：文学作品很可能不只是用来描绘和反映最新的科学发现，更重要的是，它们还“在新科学面临没有合适的语言可用的情况时，提供了解决问题的途径”[88]。

有趣的是，维多利亚时代那些最坚定的机械论和唯物主义科学家，比如托马斯·亨利·赫胥黎（T. H. Huxley，1825—1895）和约翰·丁达尔（John Tyndall，1820—1893），都曾驳斥过科学已经与想象力分道扬镳的观点，认为理性和想象必须兼顾。因此，赫胥黎才会把当时对科学的新看法比作“灰姑娘”，而把神学和哲学比成了灰姑娘的两个丑八怪姐姐：

在她栖身的阁楼上，她用仙子般的慧眼看到了那两个泼妇在楼下大声吵架的情景。她从貌似混沌无序的世间看出了井然的秩序，波澜壮阔、风云诡谲的进化过程在她的眼前徐徐展开，令人扼腕痛惜者有之，叫人两股战战者有之，但又不乏如花似锦、绚丽多姿之处。[89]

赫胥黎用灰姑娘打比方的做法非常具有代表性，19世纪下半叶，在科学写作的叙事中使用妖精元素有两个主要的作用：其一是提醒读者想象力的重要性，其二是缓解人们对科学唯物主义的恐惧——你可以很容易地在博物学科普作品里发现这一点。在《如何夫人与为何女士》中，金斯莱笔下神通广大的妖精颠覆了儿童博物学读物中常见的叙事形式，比如“为什么呢？因为……”或者“这就是……的原因”。由于这些作品从不解释事情发生的“原因”，只是单纯地呈现“事情是怎么发生的”，所以金斯莱笔下的妖精一直都显得非常神秘。[90]这些书描绘上帝的造物，帮助孩子想象它们的模样，除此之外，绝不多言。结果，这些妖精故事倒是勾起了听众的好奇心，与它们相比，过去常讲给孩子听的童话故事反而显得味同嚼蜡：

> 所有童话故事能够激发的感受——想象、好奇、敬畏、同情，我相信肯定还有希望和爱——都能在阅读“Märchen allen Märchen”（童话中的童话）时被唤起，而且更为丰富、更为激烈、更为纯粹，以至于你会觉得，只要你能一直翻阅这本伟大的自然之书——每个花蕾都是它的文字，每棵大树都是它的书页——那么其他小说和故事书就再也不值一读了。[91]

我们可以看到，这段文字有意模糊了想象力和童话故事的界线，尤其是这里用了“Märchen（童话故事）”这个德语词汇，它让人联想到了德国的古典童话传统。

童话蕴含着想象的力量：每当科学理论取得新的突破、人们对自然有了新的认识之后，童话总会用来表现对自然的新看法，它总是强调大自然像一本可以阅读的书，只不过这个书的比喻并不是为了主张必须按字面意思解读创世纪。尽管如此，它却依然给科学和宗教的调和留下了斡旋的余地。

不仅如此，金斯莱对自然世界的描绘基于这样的观点，即童话可以生动描绘出现实："美妙的童话……一字一句，绝无虚言。"[92]在金斯莱对自然世界的呈现中，妖精出现在各种各样的地方：他们生活在河滩边、小丘上，有时能听见他们的音乐，就像铃铛的声音。值得注意的是，最美妙的童话是与地球和人类演化有关的故事——（它是）"真正的童话"，何其美妙，"解释了为什么我们的祖先会相信世界上真的存在妖精、山精、精灵、斯魁特灵（scratling）①和其他据说盘踞在山峦和洞穴里的小怪人"。[93]金斯莱区分了人类和猿类，他认为，"人类可以一年比一年文明、富足、惬意、睿智、幸福"——这种进化的过程"非比寻常、超然绝俗、令人叹为观止，比任何童话中的异想天开都更加离奇"。[94]把人类演化和童话故事联系到一起，意味深长。实际上，金斯莱把童话视作原始的人类故事：

> 但是，这一切跟我的童话故事有关系吗？有的。
>
> 假设这些人，原本就是妖精呢？
>
> 我是认真的。当然，我并不是说这些人能隐身，或者拥有某种超自然能力——至少不会比你我多——也不是否认他们是野蛮人。但是我确实认为，你之所以能读到这么多生

---

① 词意不明，有一种说法认为，金斯莱指的是"moss people"，也作"moss folk"，直译为苔藓人，是常见于德国民俗传说中的精灵。*

动有趣的童话故事，是因为里面无处不在的妖精、精灵、山精、斯魁特灵、克鲁拉坎①和食人魔都源于野蛮人的古老传说。[95]

金斯莱这段话深受同一时期人类学对童话故事的研究影响，当时正值自然观念发生转变，加上文化进化论刚刚兴起，相关的争论如火如荼，其中不少就涉及妖精。

卡罗尔·西尔弗（Carole Silver）认为，达尔文主义的兴起推动了对妖精的研究，因为围绕物种起源的争论促进了社会、文化和灵性进化论②的发展。[96]如果把达尔文的理论应用到文化领域，那妖精就被认为是“野蛮落后”社会的象征。托马斯·克罗夫顿·科洛克（Thomas Crofton Croker）的畅销书《爱尔兰南方地区的妖精传说与传统》（*Fairy Legends and Traditions of the South of Ireland*，1825—1926）、格林兄弟的论文《论精灵的天性》（“On the Nature of the Elves”[97]），或者更晚一些的托马斯·凯特利（Thomas Keightley）的《妖精的神话》（*The Fairy Mythology*，1828年首版，1850年修订，1860年重新作序），都反映了这个时期的艺术家和民俗学家热衷研究妖精。[98]这些研究促进了对妖精的语言学分析、分类和系统化整理，是“妖精研究向科学靠拢”的第一步，随

① 也作克鲁里科内（cluricaune），爱尔兰童话中喜欢恶作剧和喝酒的顽皮仙子。*

② 灵性进化论（spiritual evolution，也叫higher evolution），它认为人类的头脑和精神也会像生物体一样进化，从被本能和天性支配逐渐演化到受精神或神性支配。所谓的“higher”是相对生物学（或者说肉体）的“low”而言。*

着人类学和民族学的发展，妖精研究更加科学化。[99]

事实上，在提到19世纪的物理现象研究时，金斯莱暗示了这些研究会把原因归到妖精身上：仙女环（真菌的生长现象）、精灵之箭①、精灵闪电②、妖精烟斗③（经常可以在史前遗迹附近发现的燧石碎片、箭头和小型烟管），乃至仙女换子（用来解释孩子生来就有智力缺陷的情况）。童话中的食人魔描写则运用了夸张的手法，他们的原型是“野蛮人”——更确切地说，是食人族；而现实中的另一些民族，比如爱斯基摩人和拉普人，由于身材矮小，而被后来流传的故事写成他们或许拥有隐身的能力。[100]

妖精和童话非但没有使科普作品偏离主题，反而让原本抽象的大自然以及地球生命的演化过程变得生动形象。金斯莱在科普作品中对科学和宗教的调和努力，似乎非常接近早先威廉·佩利式的自然神学主张。大自然始终是神圣的造物，人类必须通过仔细观察、虚心学习来培养道德、启迪智慧。可是，自然绝不会被用来证明上帝存在。在大量科学家开始支持进化论后，金斯莱的神学自然观表明，自然神学可以另辟蹊径。

---

① 英国神话传说中，一旦精灵向人类发射一种看不见的箭，便会使人类产生剧烈的疼痛。通常认为，这是盎格鲁-撒克逊民俗对于某些急症的通俗化解释。*

② 英国传说中，有的精灵会降下闪电，劈中人或动物后将其掳走。*

③ 英国民俗中对一种黏土烟管状物体的俗称。因过去人们习惯在任何小而精致又说不清来路的东西前加上“妖精（精灵）”，在这种语境下，“妖精（精灵）”基本与“神秘”同义。*

全都泡进酒里：在《水孩子》里收集不可思议的怪物

“现在，我要告诉你一件难以置信的事。我已经活了一百〇一年五个月又一天了。”

“我不相信！”爱丽丝说。

“你不信？”皇后的语气带着些许同情，“要不你再定定神：深吸一口气，把眼睛也闭上。”

爱丽丝笑了。“再怎么定神都没用，”她说，“人怎么会相信不可能的事呢。”

“我敢说你肯定缺乏这方面的锻炼，”皇后说，“我像你这般大的时候，每天要花半个小时锻炼自己相信事物的本领。你为什么不相信呢？有时候我光是在吃早饭之前就已经相信了六件不可能的事了……”[101]

如果说金斯莱的科普作品是用妖精和童话故事来呈现自然现象和解释自然世界，那他的儿童文学则充满了当时的科学话语，尤其是他的《水孩子：一个陆地孩子的童话之旅》（*The Water-Babies*，*a Fairy Tale for a Land Baby*，1863），充分展现了在后达尔文时代，博物学对于童话来说举足轻重，科学和文学并非泾渭分明。这个幻想故事，或者说“童话”，围绕物种及其分类展开，紧扣19世纪中期科学争论的焦点——变化。实际上，书中的故事不仅强调生物可以发生变化，还明确指出如果物种不能进化就必然走向灭绝。故事中，孤崖上的大海雀就是如此，它自视甚高，不愿长出低等生物才有的翅膀，结果却走向了覆灭。

《水孩子》的主角是一个名叫汤姆（Tom）的烟囱清扫工，他从雇主格兰姆斯（Grimes）的手下逃走，途中却落入河里，变成了一个水孩子。变身后，汤姆见识了各种各样的生物，学到了很多道理。金斯莱用自然界中的生物和其他元素来塑造汤姆的道德成长，把幻想故事变成了寓言。虽然书名叫一个陆地孩子的"童话"之旅，但它读起来却更像是一本科普书。汤姆的变身像自然界其他的变形现象一样神奇（"原本生活在陆地上的孩子现在变成了水孩子，如果这都算诡异的话，那他肯定没有听说过沙蚕、双吸盘虫或者水母是怎么变形的"[102]）。

此外，《水孩子》还经常拿汤姆的见闻与枯燥的学校课程相比较，言下之意是书中的故事寓教于乐，契合同时代的教育方法（常用于科普领域）。金斯莱会时不时地穿插一些语源学的内容，解释生僻单词和术语的意义，比如在形容水孩子时用到的"amphibious"（两栖的）："形容词，它的英文单词'amphibious'源于两个希腊语单词，分别是*amphi*（一种鱼）和*bios*（一种兽）。我们的祖先因为知识有限，所以才假想出了这种鱼兽混搭的奇特动物"（p.83）。金斯莱描写汤姆外形的用词相当专业［"从耳廓的后方到咽门，长着一排外鳃裂（我希望这些拗口的词语没有难倒你）"（p.67）］，这又让一个童话故事向博物学课堂的方向靠近了几分。书中的生物都进行了拟人化处理，例如海螺和太阳鱼，当汤姆问它们是从哪儿来的时候，它们都能张嘴说话，这也让人联想到面向儿童的科普读物。

不止于此，这个幻想故事还经常会提到各种普及科学知识的方法，比如讲述者会建议读者阅读托马斯·比威克（Thomas Bewick）的作品[103]，或者去动物园近距离观察水獭，这进一步加强了作品和科普读物的联系。

“水陆两栖”的汤姆成了自然之谜，十分神奇，这本身就很容易引起博物学家的兴趣。而他变成水孩子之后，在旅途中邂逅了许许多多的生物，读者可以跟随他的脚步，接受博物学的教育，认识超乎想象的物种。由此，金斯莱反复强调了大自然的神奇之处：

> 对于你身处的这个神奇世界，你万不可说“不是”或者“不能”……你不可以说这不可能，或者那违背了自然的规律。因为你既不知道大自然的本质，也不清楚她的能耐；不光你不知道，其他人也不知道，即便是罗德里克·莫企逊爵士（Sir Roderick Murchison）、欧文教授（Prof. Owen）、塞奇威克教授（Prof. Sedgwick）、赫胥黎教授（Prof. Huxley）、达尔文先生（Mr. Darwin）、法拉第教授（Prof. Faraday）、格罗夫先生（Mr. Grove）等好孩子无比尊敬的饱学之士也不知道。（pp.69—70）

叙述者提到了当时声名远播的科学家，以便把自然世界的奇观同博物学结合起来。当大象和长颈鹿首次踏上欧洲的土地时，人们纷纷惊呼“这是不可思议的怪物，它们违反了比较解剖学的法则”（p.72），飞行的龙（翼手龙）也让人啧啧称奇。

这个童话要说明的，恰恰是当时的科学并非基于经验，而是建立在科学家相信不可能的事物之上。不仅如此，金斯莱以汤姆天真无邪的视角告诉读者，神奇生物的存在不过是因为知识的匮乏，比如，汤姆相信鹿“是一种怪物……会吃小孩”（p.5）。

如前文所说，这个幻想故事与当时的科学争论密切相关。金斯莱在多处提及围绕人类与猴子的关系的争论，焦点集中在类人猿的解剖以及猿脑和人脑的结构比较上。他提到，1860年，塞缪尔·威尔伯福斯主教（Bishop Samuel Wilberforce，1805—1873）和赫胥黎在英国科学促进协会的一场会议上发生争执。[104]他还提到，赫胥黎与理查德·欧文爵士（Sir Richard Owen，1804—1892）就“小海马”是否是人脑特有的结构针锋相对；还有保罗·杜·夏瑜（Paul Belloni du Chaillu，1835—1903）于1860年公开展示了许多猿类的脑袋，进一步模糊了猿与人的边界，并在随后出版的《深入非洲赤道地带的探索和冒险》（*Explorations and Adventures in Equatorial Africa*，1861）一书中，使用了许多人类专属的名词和术语来标注和说明大猩猩的形态特征。[105]

围绕海马体的争论之所以会变得众人皆知，金斯莱绝对功不可没。他参加了1862年英国科学促进协会在剑桥举办的会议。[106]正是在那场会议上，欧文旗帜鲜明地反对达尔文，并在两篇论文中表明了自己的立场，这两篇论文分别是《论指猴的特征》（“On the Characters of the Aye-Aye”）和《论人类的大脑和脚掌结构在动物学上的重要性》（“On the Zoological Significance of the Cerebral and Pedal Characters of Man”）。这两篇论文引来了赫胥黎的反唇相讥，双方猛烈地攻击对方的观点，两个人都不愿意听对方的说法。[107]会后，金斯莱就这场争论写了一篇文章，题为《最后一天，周五，D分会场，杜恩德雷勋爵①就伟大的海马体发表演讲》（"Speech of Lord Dundreary in Section D，on Friday Last，on the Great Hippocampus Question"）[108]，极尽讽刺之能事。

恰逢此时，他正在文学月刊《麦克米伦》（*Macmillan's Magazine*）上连载《水孩子》，并继续对海马体争论冷嘲热讽。在这两部作品里，金斯莱都故意把"小海马"写成了"大海马"，并且影射了理查德·欧文和赫胥黎。他在文中把"欧文教授"和"理查德教授"塑造成研究自然的权威，经常拿两人进行对比。比如故事的讲述者认为，一旦水孩子被人抓住，他会马上"被切成两半"，一半"……被送到欧文教授那里，另一半则送到赫胥黎教授那儿，看他们二人分别有何高见"（p.69）。

而相当出人意料的是，金斯莱用一个名叫全泡酒教授（Prof. Ptthmllnsprts）的角色把赫胥黎和欧文合二为一。这是一位博物学家，他是新古死灵生物本体水文土壤人类猿类学（Necrobioneopalaeonthydrochthoanthropopithekology）②的首席教授。他和赫胥黎一样，是维多利亚时代科学唯物主义的化身，相信"只有他能看到、听到、尝到和把控的事物，才是真

① 杜恩德雷勋爵（Lord Dundreary）是英国剧作家汤姆·泰勒（Tom Taylor）于1858年搬上舞台的角色。杜恩德雷勋爵是一位善良但蠢笨的贵族，这个名号在当时成了一种流行的代号，总是被用在荒诞和讽刺的语境里。*

② 这是作者杜撰的名词，只为讽刺这个角色的迂腐。*

实的事物”（p.153）。他与赫胥黎的相似之处还不止这些，在英国科学促进协会的会议上，全泡酒教授发出了跟赫胥黎类似的声明，宣称“猿类同人类一样，它们的大脑里也有‘大海马’这个结构”（p.153）。不仅如此，这位教授还在另一场科学协会的会议上发表论文，认为“仙女、萨蒂尔[①]、法翁[②]、伊奴（inui）、矮人、巨魔、精灵、地精、妖精、棕精灵[③]、水女妖、维拉[④]、寇伯[⑤]、拉布列康[⑥]、克鲁拉坎、报丧女妖[⑦]、鬼火、福莱[⑧]、绿当[⑨]、玛荀特（magot）、哥布林[⑩]、伊夫利特[⑪]、马里德[⑫]、镇尼[⑬]、食尸鬼[⑭]、佩莉[⑮]、提婆[⑯]、使徒、大天使、小恶魔[⑰]、波吉[⑱]之流”，全部是“捕风捉影、毫无根据的瞎扯”（p.155）。然而还是这位全泡酒教授，后来却又宣称“大海马问题”（p.154）是区分人类和猿类的关

---

① 古希腊神话中半人半兽的森林之神。*
② 古罗马神话中半羊半人的农牧神。*
③ 苏格兰传说中住在人类住所的小精灵，与人为善。*
④ 斯拉夫神话中亦正亦邪的女妖。*
⑤ Kobold，欧洲民间传说中的邪恶精灵，与哥布林等经典妖精有一定的渊源。*
⑥ Leprechaune，爱尔兰传说中红胡绿帽的矮小精灵，生性贪婪。*
⑦ Banshee，爱尔兰神话中在人死前以各种方式通知其家人死讯的女妖。*
⑧ Follet，法国传说中会发光的精灵，同鬼火类似。*
⑨ Lutin，法国民间传说中住在人们家中的精灵。*
⑩ Goblin，维京神话中的类人生物，由精灵和人类异变而成，性情较邪恶。*
⑪ Afrit，伊斯兰神话中的精灵。*
⑫ Marid，伊斯兰传说中的恶魔。*
⑬ Jinn，阿拉伯传说中的神怪。*
⑭ Ghoul，阿拉伯神话中一种生活在沙漠地区、能够变形的怪物。*
⑮ Peri，波斯神话中的高原精灵，形象为背上长有一对翅膀的女性。*
⑯ Deev，中亚和东南亚宗教文化中的鬼神形象，不同宗教的形象不同。*
⑰ Imp，日耳曼传说中喜欢捣鬼的小精灵。*
⑱ Bogie，英国传说中居住在人类家中的小精灵，喜欢捣蛋。*

键［“你和猿类最重要的不同，是你的大脑里有一个叫‘大海马’的结构，而它们则没有……杜恩德雷勋爵他们都会这么说”（p.154）］。全泡酒教授的说法自相矛盾，让人很难判断他到底更像赫胥黎还是欧文，这也为他思想的转变埋下了伏笔。

全泡酒教授把科学从妖精的小人国世界中剥离，行事往往比照赫胥黎，象征世俗科学。这一点尤其体现在他对收集自然标本的痴迷上。人如其名，“全部泡进酒精里”[①]教授身上最突出也最令人印象深刻的特点，就是他近乎强迫症的收集癖，而自然标本则成了现代科学和科学唯物主义的象征。从汤姆踏上旅程开始，发现自然、获得关于大自然的知识离不开收集和陈列自然标本。当汤姆望向水中，他看见“甲虫、树枝、稻草、蠕虫、臭鸡蛋、木虱、水蛭，各种各样的小玩意儿，稀奇古怪，五花八门”（p.111）。大自然无奇不有，立刻让人联想到博物学家的标本采集活动：这里的东西足够“填满九座博物馆”（p.111）。整部作品里反复出现指涉维多利亚时代收集活动的情节：鸟蛋被人偷走，动物被网捕获，人们把自然界的生物保存在标本箱或标本瓶里，把鸟打死并塞上填充物，“放进……愚蠢的博物馆里”（p.255）。

在这个童话故事的结尾，汤姆遇见了一位年迈的巨人，“心地虽好，奈何求知欲太盛”（p.294）。这位巨人，也象征了痴迷收集自然物的维多利亚科学家：

① 教授的英语名字叫“Ptthmllnsprts”，这是“put them all in spirits”的略读，后者的字面意思是“把它们全部泡进酒精里”。*

> 他的身体主要由鱼骨和羊皮纸构成，以线和加拿大香脂固定；虽然他只喝水，但是浑身酒味：所以酒在他手里肯定有其他的用途。他的鼻子上架着老大一副眼镜，一手拿着捕虫网，一手提着地质锤，全身上下都是口袋，装满了标本收集箱、标本瓶、显微镜、望远镜、气压计、军用地图、解剖刀、镊子、摄影设备，以及一切能够用来探索世间万物的工具。（p.294）

这位巨人带着全套的博物学研究装备，是19世纪“用博物学的方法来认识世界”这种主张的化身：他懂得收集和保存的方法，通过用酒精浸泡标本来定格自然、拍摄照片勾勒出自然的轮廓，他全副武装，在研究自然、获取新知的道路上所向披靡。

对这位巨人来说，水孩子汤姆是一件十分诱人的标本，他很有可能会“撼动现有的（科学）理论”（p.161）。汤姆只得尽量避免被巨人抓到，不然他的下场就只能是被人“按照二名法取名，学名的第一部分是属名，形容一下‘汤姆’，第二部分则是种加词，只和发现者有关”（p.157）。汤姆代表了科学唯物主义所不认可的“大自然的奇迹”（p.159），他的逃出生天充满象征意义，体现了金斯莱对物质和视觉文化的批判。

当然，金斯莱无意声讨博物馆或者其他展馆（比如水晶宫）（p.277），但他的童话故事诙谐地弥合了博物学及其知识构成与代表这种知识的事物之间的鸿沟，这些事物正是博物学家试图采集并装进瓶子的对象。如果说，巨人放大了维多利亚时代的科学方法对世界无穷无尽的分析，那么，水孩子汤姆不会被抓住、不会被当成科学研究的对象、不会被装进满是酒精的标本瓶里供人参观则生动地呈现了那些无法捕捉、无法表征、无法衡量、无法检测、无法分类但大多数人都相信确实存在的事物——这与能够摆在博物馆展柜里的标本截然相反。全泡酒教授不得不学会相信不可能的事物，这正是刘易斯·卡罗尔“爱丽丝系列”中白皇后对主角小女孩的建议。

事实上，我们不妨在这里比较一下金斯莱的“水孩子”和卡罗尔的“爱丽丝”，它们都讽刺了当时的科学争论[109]，都科普了最新的科学理论，都代表了达尔文《物种起源》出版后进化论对童话造成的冲击，都证明了用童话探讨、呈现乃至批评对自然的新看法已然风靡一时、行之有效，这也正是本书的观点。

在刘易斯·卡罗尔的《爱丽丝漫游仙境》（*Alice's Adventures in Wonderland*，1865）和《爱丽丝镜中奇遇记》（*Through the Looking-Glass, and What Alice Found There*，1871）里，爱丽丝先是掉进了兔子洞，后来又穿过镜子闯入了神秘的世界，她的身体一会儿变大、一会儿变小。同汤姆一样，爱丽丝也会经历身体的变形：她变得只有毛毛虫或者花儿那么大，生怕自己会被小狗一口吞掉，或者被大虫子捅个透心凉。不仅如此，爱丽丝在冒险旅途中始终对体形忧心忡忡，反映了这个故事非常关心尺寸的问题。在《爱丽丝漫游仙境》里，掉进兔子洞的爱丽丝起初相信自己正在直穿地球，朝地球的另一端坠落。这个故事总是令人想起那个时代的人们渴望走得更远、看得更远，他们想见识地球上未知的世界，乃至太空中未知的行星——故事中的望远镜正是对此的隐喻。

很容易看出，“爱丽丝”系列诙谐地改写了旅行游记：年轻的博物学家在无意间进入了荒蛮之地，所有的行为准则和文明规范要么变得一文不值，要么违背世俗常理。卡罗尔把《爱丽丝漫游仙境》及其续作界定为“童话”，这两部作品都将读者带进了奇妙的世界，那里生活着会说话的动物和花儿、早已灭绝的物种、神话中的生物和各种各样只存在于想象中的事物。

但是卡罗尔的童话——如果它真的是面向儿童的“童”话——充分体现了维多利亚人关心的问题：在自然的定义发生改变的时候，它概括了人们就展现自然的方式爆发的争论，特别是随着进化论的普及，自然的定义发生剧变；它暗示了科学知识的增长得益于发现不为人知的国家和地区，以及奇异的和闻所未闻、见所未见的物种和人种；它还提及了这些知识的传播方式，不是通过博物馆里展出的标本（如牛津大学博物馆里的渡渡鸟标本），就是通过科普作品。

除此之外，小女孩在仙境中经历了自然选择，险象环生，正如汤姆时刻感到危机四伏，总是从追捕者手下逃出生天，这让人联想到当时博物学读物的作者邀请读者踏上旅途，进入未知的地区，寻找全新的物种，使惊喜和好奇之感常伴心间。另外，金斯莱和卡罗尔的故事与达尔文发表自然选择理论后的儿童科普作品一样，引导读者想象难以想象的事物，并在他们的脑海中勾勒出无法设想的东西，犹如《爱丽丝镜中奇遇记》里的白皇后对爱丽丝的建议。[110]

非常讽刺的是，突然有一天，全泡酒教授开始相信“独角兽、喷火龙、蝎尾狮、蛇尾鸡、双头蛇、狮鹫、巨鹏、半兽人、狗头人、三头犬、革律翁[①]，以及其他有趣的生物”是真实存在的。可是教授跟“爱丽丝系列”里天性疯癫的疯帽客又不同，这下子就只能用脑筋出了问题来解释他的行为了，于是教授的脑子就成了科学研究的对象。就像汤姆因为没有善待自然而受到惩罚，这也是全泡酒教授遭到的报应，他收集了太多的自然标本，不是用瓶子装，就是往它们的肚子里塞填充物。“全部泡进酒里”，代表了没能在博物学的实践中坚守基督教信仰的唯物主义科学家。

这个幻想故事明确指出，即使金斯莱嘲弄解剖学和形态学，他依然把肉体与精神相融合：灭绝只会降临到那些生理和道德都不能进化的人身上，当汤姆学会了克制自己，没有伤害石蛾的蛹时，这个善举不仅让石蛾得以发育成美丽的成虫，也让汤姆蜕变成“天使”。要是“这些水蜥正是傻乎乎、脏兮兮的水孩子，他们永远不会吸取教训，把自己打理得干干净净”（p.328），也难怪《水孩子》的寓意是劝诫年轻的读者保护自然：

> 那么现在，我亲爱的小朋友，我们应该从这个寓言里学到什么呢？
>
> 我们应该能学到三十七件事，也可能是三十九件，我不太确定具体的数目，但是我们至少可以学到一件事，那就是——下次在水塘里看见水蜥的时候，千万不要向它

① 古希腊传说中拥有三个身体的巨人。*

们扔石头，也不要用弯钩把它们钓上来，更不要把它们和刺鱼放到一处，因为刺鱼的尖刺会扎穿它们可怜的小肚子，让它们痛得跳出玻璃槽，落到别人的手里，了此残生。（p.328）

变化是道德进化而非随机（选择）的结果，那些金斯莱劝诫读者保护的生物，若能像他希望的那样“知错就改”，它们或许就能“再度变成高级生物”（p.329）。在保护自然的论述中，人类自身的进化同人类与动物的关系交织在了一起，让这个故事变成了一则关于进化的寓言。可以说，金斯莱将科学和宗教话语相结合的做法清晰地反映了一种焦虑，即儿童文学创作要在普及最新科学理论的同时，兼顾宗教的教诲。无论在金斯莱的科普作品还是虚构写作中，书中的角色和读者走进的仙境都与自然世界别无二致，童话中的母题卓有成效地阐述了进化过程，在潜移默化中培养了道德。金斯莱为读者营造了“爱丽丝进入仙境时所体验的”梦境，试图以此宣扬自然的奇迹。[111]

我们将在下文中看到，阿拉贝拉·巴克利进一步强调了自然的奇迹，她的“自然童话”毫不避讳，旨在教授孩子进化论。巴克利笔下的妖精向那些善于观察的人展现了大自然不朽的奇观，既促进了赋魅，又赞美了神圣造物，与此同时，他们还根植于维多利亚时代的现代科学。

注 释

[1] Philip Henry Gosse, *The Romance of Natural History* (London: James Nisbet & Co., 1860), pp. 271– 2.

[2] Lynn L. Merrill, *The Romance of Victorian Natural History* (Oxford, NY: Oxford University Press, 1989), p. 13. 戈斯的书原名为《博物学之诗》(*The Poetry of Natural History*)。

[3] Gosse, *The Romance of Natural History*, p. v.

[4] Gosse, *The Romance of Natural History*, p. 9.

[5] Gosse, *The Romance of Natural History*, p. 5.

[6] Gosse, *The Romance of Natural History*, p. 6.

[7] *Zoologist*, p. 3650, qtd in Gosse, *The Romance of Natural History*, pp. 24– 5.

[8] *Zoologist*, p. 6621, qtd in Gosse, *The Romance of Natural History*, p. 190.

[9] Merrill, *The Romance of Victorian Natural History*, p. 15.

[10] Gosse, *The Romance of Natural History*, p. 42.

[11] Gosse, *The Romance of Natural History*, p. 187.

[12] 以妖精为主题的绘画大量取材于莎士比亚的《仲夏夜之梦》和《暴风雨》，这两部作品尤其强调妖精与大自然的亲密联系和自然之力［Christopher Wood, *Fairies in Victorian Art* (Woodbridge: Antique Collectors' Club, 2000), p. 13］。除了菲斯利和布莱克，卡罗尔·西尔弗还提到了其他取材于《仲夏夜之梦》的著名妖精画作，包括大卫·斯科特（David Scott）的*Puck Fleeing Before the Dawn*（1837）、理查德·达德（Richard Dadd）的*Puck*、罗伯特·赫斯基森（Robert Huskisson）的*The Midsummer Night's Fairies*、约瑟夫·诺埃尔·佩顿爵士（Sir Joseph Noel Paton）的*Oberon Watching a Mermaid*（1883年）、爱德温·兰塞尔（Edwin Landseer）的*Titania and Bottom*以及约翰·西蒙（John Simmons）以《仲夏夜之梦》为主题、以提泰妮娅为主要妖精角色创作的油画和水彩作品。此外，约翰·斯托德

（John Stothard）、弗朗西斯·丹比（Francis Danby）、亨利·托马森（Henry Thomason）和约瑟夫·塞文（Joseph Severn）也对这类主题的画作贡献良多［Carole G. Silver, *Strange and Secret Peoples: Fairies and Victorian Consciousness* (Oxford: Oxford University Press, 1999), pp. 19–20, 215］。维多利亚时代的妖精绘画从1850年开始出现明显转变，不再受文学的影响。

［13］ Gosse, *The Romance of Natural History*, p. 9.

［14］ 塞缪尔·泰勒·柯勒律治、约翰·济慈（John Keats）和珀西·比希·雪莱的"仙子"诗歌经常用到妖精的形象，相比之下，同样是描写妖精，沃尔特·斯科特爵士（Sir Walter Scott）与詹姆斯·霍格（James Hogg）的故事要更黑暗和超自然，布莱克甚至宣称自己目睹过妖精的葬礼。不过，布莱克的作品基本不是为了探索自然的秘密，而是暗示"妖精、性、肥沃的大地三者之间的传统联系"（Silver, *Strange and Secret Peoples*, p. 26）。

［15］ 在维多利亚时代的妖精绘画中，表现微观妖精世界的最佳代表要数理查德·达德的《樵仙的妙计》（*The Fairy Feller's Master Stroke*, 1855—1864）。这幅画描绘了一片未知之境，画中的妖精身材有大有小，被刻画成了不同的类别。此外，妖精与大自然和谐地融为一体，前景的几根草会让看画的人产生一种印象，以为自己是在通过显微镜观察一个原本看不见的领域：大大小小的仙子、精灵和地精，一只蜻蜓正在吹奏小号，还有一只小虫仿佛是赶车夫。除了各种各样的昆虫外，"小人儿"的种类之丰富，仿佛作者是一个博物学家。很多人会说，维多利亚时代的妖精绘画（比如达德的《樵仙的妙计》，把妖精刻画成了不同的尺寸）营造了一种梦幻的氛围，虽然这种效果有时令人困惑，但它符合当时的观察观念。梅里尔认为，英国维多利亚时代的微观绘画可能是为了制造"碎片式的迷惑感……让整幅画失去整体性……过多的细节象征着意义的失效，整体性的崩坏，希望的破灭"（Merrill, *The Romance of Victorian Natural History*, p. 123）。这是维多利亚社会对微观视角迷恋的阴影面，它弥漫在达德的妖精绘画作品中，或许是暗示了科学发展的张力和它的危险，以及展现了在污染和大规模城镇化、物种灭绝的背景下，对于过去自然的一种怀旧。事实上，这里非常值得注意的一点是，维多利亚妖精展现了更一般意义上的维多

利亚艺术如何调和了科学和科普文化。博物学科普书中的插图与维多利亚绘画之间有非同寻常的呼应，它无疑是这个时期科学与艺术相通的体现：妖精绘画的作者看待自然的眼光不完全是美学的，倒更像是科学的，所以他们对仙境的描绘才是这种微观的写实主义，充满科学的精确性。而博物学家的文章则极其形象，深深吸引了维多利亚艺术家，他们渴望尝试新的视角，将欣赏他们作品的人带入超越人类感官的无形领域。维多利亚绘画通向了某些未知的世界，人们进入画中，看到了某些只有通过画家的画笔才能看到的世界，令人联想到同一时期，科学和技术每天都在向大众揭示的那些无形的世界，以及人们为了将这些世界有形化（现实化）所付出的努力。维多利亚画家精确且微观的写实主义风格［或者说 ‘microscopic optics’ (W. F. Axton, ‘Victorian Landscape Painting: A Change in Outlook’, in U. C. Knoepflmacher and G. B. Tennyson (eds), *Nature and the Victorian Imagination* (Berkeley: University of California Press, 1977), pp. 281– 308 (288)］，直接受到了拉斐尔前派艺术运动的刺激，追求忠实地刻画大自然，将自然风景作为惊奇感的来源之一：他们的妖精与昆虫和动物十分相似，表现了维多利亚人对自然、秘密、奥秘和奇观的寓言化视角。除此之外，随着维多利亚妖精画家对民俗和偏远地带的深刻洞悉，比如菲茨杰拉德描绘的妖精宴会和妖精葬礼，无疑同时反映了当时的科学和人类学研究。许多维多利亚妖精绘画描绘的内容都很残忍（有时是不带指向的），虽然妖精能让艺术家规避审查，让他们在画面上添加更多受施虐和情欲元素，但我们也可以将其解读为它揭示了一种与生存竞争相关的焦虑，甚至是反映了在1859年后，民俗传说中野蛮的元素被视为原始和低等的文化，被认为是低等原始的种族。若想进一步了解这部分内容，可以参考：Nicola Bown, *Fairies in Nineteenth-Century Art and Literature* (Cambridge: Cambridge University Press, 2001)。

［16］ Bown, *Fairies in Nineteenth-Century Art and Literature*, p. 102.

［17］ 典型的例子是迈克尔·艾斯拉比·贝纳姆（Michael Aislabie Benham）的*A Few Fragments of Fairyology, Shewing its Connection with Natural History* (Dunhelm: Will, Duncan and Son, 1859)，它试图用自然界的事物和现象来解释妖精的传说，比如

妖精便鞋、妖精石、黄油（金黄银耳）、烟斗（抽烟的烟斗）、杯子、坩埚、精灵锁、精灵箭（燧石）、仙女换子（被仙女调包的孩子通常指低能儿）。

[18] 根据鲍温的研究，妖精出现在科普作品里的时间可以追溯到休·米勒的*The Old Red Sandstone; or, new walks in an old field* (Edinburgh: John Johnston, 1841); Bown, *Fairies in Nineteenth-Century Art and Literature*, p. 106.

[19] 比如："我现在要告诉你们如何用一个简单的实验很好地解释这些唬人的鬼火究竟是什么。有一种易燃的气体叫氢气，动植物的尸体在腐烂过程中会产生很多这种气体。另一种物质叫磷，动物的身上有很多，在尸体腐烂的时候，磷便飘到空气中。当磷和氢气相遇时，在某些情况下，它们会发生融合，产生一种叫磷化氢的气体。不难推测，沼泽地里往往有很多这种气体。而整个实验将表明，鬼火不过就是磷化氢罢了。" Peter Parley [Samuel G. Goodrich], *Peter Parley's Wonders of the Earth, Sea, and Sky* (London: Darton& Clark, n. d.), pp. 268– 9.

[20] Parley, *Peter Parley's Wonders of the Earth, Sea, and Sky*, p. 302.

[21] Parley, *Peter Parley's Wonders of the Earth, Sea, and Sky*, p. 5.

[22] 参考：Silver，*Strange and Secret Peoples*。随着文化进化论的发展，以及妖精和童话与原始文明的关系越来越紧密，大量文本开始利用妖精的象征意义。关于科学和政治是如何结盟的，参考：Caroline Sumpter, 'Making Socialists or Murdering to Dissect? Natural History and Child Socialization in the *Labour Prophet* and *Labour Leader*', in Louise Henson, Geoffrey Cantor, Gowan Dawson et al. (eds), *Culture and Science in the Nineteenth-Century Media* (Aldershot: Ashgate, 2004), pp. 29– 55。

[23] Rev. J. G. Wood, *Common Objects of the Country* (London: Routledge, 1858), pp. 1–2, qtd in Bernard Lightman, *Victorian Popularizers of Science: Designing Nature for New Audiences* (Chicago and London: University of Chicago Press, 2007), p. 189.

[24] Aileen K. Fyfe, *Science and Salvation: Evanglical Popular Science Publishing in Victorian Britain* (Chicago and London: University of Chicago Press, 2004), p. 2.

[25] Susan Stewart, *On Longing: Narratives of the Miniature, the*

Gigantic, the Souvenir, the Collection (Durham, North Carolina, and London: Duke University Press, 1993), p. 44.

[26] John Cargill Brough, *The Fairy Tales of Science: A Book for Youth* (London: Griffith and Farran, 1859), p. iii.

[27] Charles Kingsley, 'How to Study Natural History', *Scientific Lectures and Essays* (London, Macmillan& Co., 1880), pp. 287– 310 (291).

[28] John Henry Pepper, *The Boys' Playbook of Science* (London: George Routledge& Sons, (1860) 1881), p. 2.

[29] Charles Kingsley, 'Address to Boys and Girls', *The Boys' and Girls' Book of Science* (London: Strahan& Co. Limited, 1881), p. vii.

[30] Lynn Barber, *The Heyday of Natural History: 1820– 1870* (Garden City, NY: Doubleday and Company, 1980), p. 15.

[31] 参考：See Peter Hunt et al. (eds), *Children's Literature: An Illustrated History* (Oxford: Oxford University Press, 1995), p. 13。

[32] Hunt et al. (eds), *Children's Literature*, p. 26.

[33] 玛丽亚·埃奇沃斯（1767—1849）被视为古典儿童读物作家，与教育的关系非常密切。她创作的儿童故事虽非常贴近孩子们的生活，但几乎不给他们任何想象的空间。

[34] 莎拉·菲尔丁的《女家庭教师》（*The Governess, or, the Little Female Academy*, 1749）是一部写给小女孩的、寓教于乐的小说，小说讲述了女家庭教师蒂奇姆夫人（Mrs Teachum）为九个女孩开设学堂的故事。小说里穿插着女孩们讲的故事，蒂奇姆夫人会彻底重塑这些故事，强调它们的寓意和教训。她警告女孩们不要听童话，还批评童话故事里的魔法元素。

[35] Hunt et al. (eds), *Children's Literature*, pp. 35– 7.

[36] 莎拉·特里莫（1741—1810）是儿童文学作家、《家庭》（*Family Magazine*，1788—1789）的创刊人，这本杂志以德育故事和布道为主。她也创作关于教育的作品，她的《教育卫士》（*Guardian of Education*，1802—1806）直接对家长和女家庭教师提出了忠告，让他们警惕新出版的儿童文学作品的质量和危险。类似地，玛丽·舍伍德（Mary Sherwood，1775—1851）也不喜欢童话。舍伍德在1820年重新修订莎拉·菲尔丁的《女家庭教师》时，删去了里面的两个童话。这里最关键的地方在于，如亨特所说，"在这段时期，女性作家不仅是儿童文学市场

的绝对主力，还深度参与教育领域”［Hunt et al. (eds), *Children's Literature*, pp. 54–5］。例如，汉娜·莫尔（Hannah Moore）、安娜·巴鲍德、玛丽·舍伍德、莎拉·特里莫和玛丽·皮尔金顿（Mary Pilkington），这些人要么在学校教书，要么是家庭教师。更多内容还可以参考：Aileen K. Fyfe, 'Reading Children's Books in Late Eighteenth-Century Dissenting Families', *Historical Journal* 43. 2 (2000), pp. 453–73。

［37］ Charles Kingsley, *Madam How and Lady Why; or, First Lessons in Earth Lore for Children* (New York: Macmillan & Co., (1870) 1888), p. viii.。金斯莱也在《男孩和女孩的科学之书》的序言里提到过相同的观点（*The Boys' and Girls' Book of Science*, 'Address to Boys and Girls', p. vii）。这个故事影响了维多利亚时代其他的科普作家，包括约翰·拉斯金（1819—1900）、简·劳登（1807—1858）、吉迪恩·阿尔杰农·曼特尔（Gideon Algernon Mantell，1790—1852）和菲比·兰克斯特（Phebe Lankaster，1825—1900）。参考：See Aileen Fyfe, 'Tracts, Classics and Brands: Science for Children in the Nineteenth Century', in Julia Briggs, Dennis Butts and M. O. Grenby (eds), *Popular Children's Literature in Britain* (Aldershot: Ashgate, 2008), pp. 209– 28 (209)。费夫（Fyfe）还补充说，《夜晚团聚时刻》是为数不多的、只用科学来普及宗教教义的童书。

［38］ Kingsley, 'How to Study Natural History'.

［39］ Kingsley, 'How to Study Natural History', pp. 300– 1.

［40］ Kingsley, 'How to Study Natural History', p. 310.

［41］ Kingsley, 'How to Study Natural History', p. 303.

［42］ Kingsley, 'How to Study Natural History', p. 299.

［43］ Kingsley, 'How to Study Natural History', p. 299.

［44］ 后来，金斯莱认为童话是有关人类和环境的原始知识，应当看到，文中的想法为这个观点埋下了伏笔。

［45］ David Elliston Allen, *The Naturalist in Britain: A Social History* (Princeton: Princeton University Press, (1976) 1994), p. 123.

［46］ Richard Noakes, 'The *Boy's Own Paper* and Late-Victorian Juvenile Magazines', in Geoffrey Canton, Gowan Dawson, Graeme Gooday et al. (eds), *Science in the Nineteenth-Century Periodical: Reading* the *Magazine of Nature* (Cambridge: Cambridge University Press, 2004), pp. 151–71 (155).

[47] Merrill, *The Romance of Victorian Natural History*, p. 10.

[48] 《如何夫人与为何女士》最早于1869年以连载的形式发表在 *Good Words for the Young*上，是金斯莱写给在温顿公学念书的儿子格伦威尔·亚瑟（Grenville Arthur）以及他的同学们的。可以参考：Charles Kingsley, *Words of Advice to School-Boys by Charles Kingsley, Collected from Hitherto Unpublished Notes and Letters of the Late Charles Kingsley*, ed. E. F. Johns (London: Simpkin & Co., 1912)。

[49] Kingsley, *Madam How and Lady Why*, p. 24.

[50] Lightman, *Victorian Popularizers of Science*, p. 75.

[51] Charles Kingsley, *Glaucus; or, the Wonders of the Shore* (London: Macmillan& Co., (1855) 1890), p. 1.

[52] 罗伯特·布朗（Robert Brown）在1831年发现细胞核与显微镜的兴起有关，随后，大量真菌被相继发现（Allen, *Naturalist in Britain*, pp.113–114）。19世纪50年代初，海洋水族箱开始进入中产阶级之家。水族箱的基本原理是由外科医生纳撒尼尔·巴格肖·沃德（Nathaniel Bagshaw Ward, 1791—1868）在19世纪30年代初意外发现的，沃德箱也成了水族箱的代名词。这种装置让人们能够保存自己的海洋生物收藏品，而化学家罗伯特·沃灵顿（Robert Warington）发现加入水草后，植物产生的氧气可以延长水生动物的存活时间。后来，安娜·希恩（Anna Thynne, 1806—1866）发现前后晃动池水也能达到充氧的效果。随后在19世纪50年代，用来饲养蛇以及两栖动物的生态箱开始流行，相当于水族箱的陆生动物版，沃德在1851年万国工业博览会的商品名录里，公开了他的生态箱设计。其他一些与水族箱发明有关的人还包括菲利普·亨利·戈斯，他在《博物学家在德文郡海岸的漫步》（1853）中描绘过海洋水族箱的样子；Allen, *Naturalist in Britain*, pp. 117–21; Barber, *Heyday of Natural History*, pp. 115–116.。

[53] Francis O' Gorman, 'Victorian Natural History and the Discourses of Nature in Charles Kingsley's *Glaucus*', *Worldviews: Environment, Culture*, Religion 2. 1 (April 1998), pp. 21–35 (22).

[54] Kingsley, *Glaucus*, pp. 54–5.

[55] Kingsley, *Madam How and Lady Why*, p. 185.

[56] Kingsley, *Glaucus*, p. 73.

[57] Merrill, *The Romance of Victorian Natural History*, p. 228.

[58] Kingsley, *Glaucus*, p. 32.

[59] Kingsley, *Glaucus*, p. 77.

[60] Kingsley, *Madam How and Lady Why*, p. 134.

[61] Kingsley, *Glaucus*, p. 155.

[62] Kingsley, *Madam How and Lady Why*, pp. 164–5.

[63] Kingsley, *Glaucus*, pp. 43–6.

[64] Jonathan Smith, *Charles Darwin and Victorian Visual Culture* (Cambridge: Cambridge University Press, 2006), p. 61.

[65] O' Gorman, 'Victorian Natural History', p. 24.

[66] O' Gorman, 'Victorian Natural History', p. 24.

[67] Kingsley, *Glaucus*, p. 3.

[68] Kingsley, *Glaucus*, p. 224.

[69] Kingsley, *Glaucus*, p. 238, emphasis in original; this example is cited by O' Gorman, 'Victorian Natural History', p. 24.

[70] Kingsley, *Madam How and Lady Why*, p. x.

[71] Kingsley, *Madam How and Lady Why*, p. xii.

[72] Kingsley, *Madam How and Lady Why*, p. 2.

[73] Kingsley, *Madam How and Lady Why*, p. 3.

[74] Kingsley, *Madam How and Lady Why*, p. 38.

[75] Kingsley, *Glaucus*, pp. 94–5.

[76] Kingsley, *Glaucus*, p. 39.

[77] Carlo Ginsburg, *Clues, Myth, and the Historical Method* (Baltimore: Johns Hopkins University Press, 1992), p. 103.

[78] Jonathan Smith, *Fact and Feeling: Baconian Science and the Nineteenth Century Literary Imagination* (Madison and London: University of Wisconsin Press, 1994), p. 4.

[79] Smith, *Fact and Feeling*, p. 9.

[80] George Henry Lewes, *The Foundations of a Creed, 2 vols* (London: Trübner, 1874–5), vol. 1, sections 14, 61, 62; qtd in Smith, *Fact and Feeling*, p. 20.

[81] James Krasner, *The Entangled Eye: Visual Perception and the Representation of Nature in Post Darwinian Narrative* (New York and Oxford: Oxford University Press, 1992), p. 5.

[82] Krasner, *Entangled Eye*, p. 46.

[83] Krasner, *Entangled Eye*, p. 43.

[84] Amanda Hodgson, 'Defining the Species: Apes, Savages and Humans in Scientific and Literary Writing of the 1860s', *Journal of Victorian Culture* 4. 2 (Autumn 1999), pp. 228–251 (242).

[85] Krasner, *Entangled Eye*, p. 46.

[86] Daniel Wilson, *Caliban: The Missing Link* (London: Macmillan & Co., 1873), p. 8, qtd in Hodgson, 'Defining the Species', p. 242.

[87] Hodgson, 'Defining the Species', p. 243.

[88] Hodgson, 'Defining the Species', p. 245.

[89] T. H. Huxley, 'Science and Morals' (1886), Collected Essays, vol. IX: Evolution and Ethics and other essays (Bristol: Thoemmes, (1886) 2001), p. 146, qtd in Tess Cosslett, The 'Scientific Movement' and Victorian Literature (Brighton: Harvester Press; New York: St. Martin's Press, 1982), p. 32.

[90] Kingsley, *Madam How and Lady Why*, p. 30.

[91] Kingsley, *Madam How and Lady Why*, pp. 133–134.

[92] Kingsley, *Madam How and Lady Why*, p. 93.

[93] Kingsley, *Madam How and Lady Why*, pp. 119–120.

[94] Kingsley, *Madam How and Lady Why*, p. 125.

[95] Kingsley, *Madam How and Lady Why*, p. 129.

[96] Silver, *Strange and Secret Peoples*, p. 32.

[97] 这篇文章被收录在: *Fairy Legends and Traditions of the South of Ireland* (London: John Murray, Thomas Tegg & Son, (1825–6) 1838), 第三卷, 托马斯·克罗夫顿·科洛克。

[98] Silver, *Strange and Secret Peoples*, p. 29.

[99] Silver, *Strange and Secret Peoples*, p. 31.

[100] Kingsley, *Madam How and Lady Why*, pp. 130–131.

[101] Lewis Carroll, *Through the Looking-Glass and What Alice Found There, The Annotated Alice*, ed. Martin Gardner (London: Penguin (1871), 2001), p. 251.

[102] Charles Kingsley, *The Water-Babies, a Fairy Tale for a Land Baby* (London: Penguin, (1863) 1995), p. 74。后文的所有引用都基于这个版本，并会以括注的形式标明。

[103] 英国雕刻师托马斯·比威克（1753—1828）以栩栩如生地刻画英国郊野的动物而闻名于世，他的代表作包括：*A General History of Quadrupeds* (1790) 以及 *A History of British Birds* (1797–1804)。参考：Jenny Uglow, *Nature's Engraver: A Life of Thomas Bewick* (London: Faber and Faber; New York: Farrar, Straus & Giroux, 2006).

[104] 塞缪尔·威尔伯福斯主教问赫胥黎"他的猴子血统究竟是从祖母还是祖父那边传下来的"。

[105] 杂志*The Athenaeum*（pp. 621–623, 11 May. 1851）对这本书进行了评论，参考：Hodgson, 'Defining the Species', p. 231。

[106] 围绕海马体的争论开始于1860年的英国牛津，导火索正是威尔伯福斯主教与赫胥黎那场关于人类和猴子到底是什么关系的辩论。自那以后，越来越多的英国外科医生和解剖学家对猿类的大脑进行了解剖，试图寻找"小海马"。赫胥黎的主要对手其实并不是威尔伯福斯主教，而是欧文：两人纷纷发表针锋相对的檄文，赫胥黎投稿给《博物学综述》(*Natural History Review*)，而欧文则投给了相对更保守的《博物学编年史杂志》(*Annals and Magazine of Natural History*)。在1861年英国科学促进协会的会议上，杜·夏瑜的一篇论文导致两人的争论进一步激化。次年，会议的地点选在了剑桥，两人的恩怨达到了空前的水平。有关这段历史，可以参考：Nicolaas Rupke, *Richard Owen: Biology Without Darwin, a Revised Edition* (Chicago and London: The University of Chicago Press, (1994), 2009), pp. 192– 208。

[107] Rupke, *Richard Owen*, pp. 201–204.

[108] Charles Kingsley, 'Speech of Lord Dundreary in Section D, on Friday Last, on the Great Hippocampus Question', *Charles Kingsley: His Letter and Memories of His Life; Edited by His Wife*, vol. 3, pp. 145–8 (London: Macmillan, 1901), qtd in Rupke, Richard Owen, p. 221.

[109] 就连给《爱丽丝镜中奇遇》绘制插图的约翰·坦尼尔（John Tenniel）也看不下去了，他在自己的某些插图作品里画了猿类

的脑袋，借此讽刺当时围绕进化而展开的争论。

[110] 但是，我们要在这里多说两句，有的评论认为卡罗尔的童话故事不能算是博物学的科普书，并特意警告家长要注意这一点。比如，1866年，《朱蒂阿姨》上刊登了一篇评论文章，作者挖苦这个故事“有精致的荒野、幻想、许多不可思议的事物、最博物的故事”，而后又补充说，“家长和监护人……不能指望‘爱丽丝的奇遇’能教会孩子多少知识”。*Aunt Judy's Magazine*, The Christmas Volume for 1866 (London: Bell and Daldy, 1866), p. 123.

[111] Kingsley, *Madam How and Lady Why*, p. 40.

第二章

如何走进科学仙境：

阿拉贝拉·巴克利的儿童科普作品与自然奇观

“How Are You to Enter the Fairy-Land of Science?”: The Wonders of the Natural World in Arabella Buckley’s Popular Science Works for Children

很久很久以前，在大不列颠岛南岸寂静的海湾里，有五只果冻一般的小怪物，它们摆动着椭圆形身体上的触须，游弋在平静的海洋深处。[1]

“奇异”是彰显博物学浪漫的重要概念。我们这个时代太讲求事实，对奇异不屑一顾、嗤之以鼻，那些抱有这种负面印象的人，虽认为奇异的事物并不真实，却仍然能感觉到它们的存在。想象力丰富的希腊人认为，看不见、听不到的神灵，占据了每一条幽深的峡谷、每一片孤寂的海滩、每一处偏僻的洞穴和每一座庄严的森林。所有的民族都一样，尤其是在文明的半开化阶段，正适合想象力汪洋恣肆：精灵与仙子、仙女和妖精、南瓜灯、鬼火、迫克，还有报丧女妖——它们的原型都是常见的自然现象，只是人们不明就里，于是发挥想象，创造了这些超凡脱俗却又充满七情六欲的形象，不是吗？[2]

我们在上一章看到，19世纪下半叶，童话越来越多地被看成是有关人类的远古故事，地精、精灵和仙子被认为是人们对自然世界不科学和无知的解读。

不仅如此，在19世纪，对民间故事的学术研究逐渐兴起，越来越把童话故事当成一种自然科学的研究对象。当时，收集并分类民间传说以及童话故事蔚然成风——从世纪初托马斯·凯特利的《妖精神话：各国的浪漫与迷信》（*The Fairy Mythology: Illustrative of the Romance and Superstition of Various Countries*, 1828），到后来埃德温·西德尼·哈特兰（Edwin Sidney Hartland）在19世纪末出版的《童话故事学：妖精神话考》（*The Science of Fairy Tales: An Inquiry into Fairy Mythology*, 1891）。将故事搜集完毕、分门别类之后，民俗学家和人类学家就可以仔细研究，犹如拿着放大镜和显微镜观察标本的博物学家。这类研究还强调，童话故事反映了原始的人类对自然世界的信仰和解读，这种对童话的研究和分析也影响了当时的儿童文学。许多发行于19世纪中期的儿童杂志，比如玛格丽特·盖提创办的杂志《朱蒂阿姨》，还有夏洛特·杨格的《童话月报》（*The Monthly Packet*），都很注重童话与自然现象之间的关联。这不仅是为了用理性的方式向孩子解释看似不可思议的自然现象，比如塞缪尔·古德里奇的《彼得·帕利与海陆空的奇观》就是个中典型，还是为了让他们明白从前的人们为什么会创作出这些童话，正如下面这段话所强调的：

> 或许所有这些故事都源于用比喻手法描绘自然现象……最典型的是一类被称作“自然神话”的故事，这里我们不妨以《玫瑰公主》（“Thorn-rose”，这个故事更为人熟知的名字是《睡美人》）为例：王子吻醒公主的情节，寓意春天吻醒大地、万物恢复生机。[3]

这种用寓言解读自然现象的方式在维多利亚时期得到了延续和升级，菲利普·亨利·戈斯在《博物学的浪漫》（1860）里明确指出，科普作品想让读者以浪漫的眼光看待大自然，让他们相信妖精或者水孩子的存在。但是我们又会在下面的内容里看到，无论融入多少与时俱进的现代元素，妖精始终保留着与民间故事的联系，当被用来表现自然世界、博物学和某些维多利亚科学研究领域的神奇时，妖精这种形象则蕴含了许多张力，充满了似是而非、模棱两可之处。

如前一章提出的观点，19世纪下半叶的儿童科普读物更注重故事的趣味性，改变了博物学的科普方式。科学已经变得"戏剧化"[4]，或者说"商业化"[5]，壮观的演出和超大规模的展览接连不断，新的标本从"日不落帝国"的每个角落涌向伦敦动物园和大英博物馆。在这样的背景下，科普作家经常用优美生动的文笔和缤纷多彩的配图吸引读者的眼球，邀请读者像探险家一样观察和感受自然。有意思的是，从事博物学写作的人通常是女性，女性始终积极传播和普及科学。在艾伦·劳赫（Alan Rauch）看来，"在科学史这一重大传统中，女性可不只是无足轻重的配角，她们为科学知识的普及做出了至关重要的贡献"，对"科学知识所做的贡献影响深远，经久不衰"。[6]

18世纪晚期，绝大多数的儿童小说都出自女性作家之手，她们普遍侧重故事的教育性。[7]知名人物包括安娜·拉埃蒂提亚·巴鲍德（Anna Laetitia Barbauld，1743—1825），莎拉·特里莫（Sarah Trimmer，1741—1810）、普里西拉·韦克菲尔德（Priscilla Wakefield，1751—1832）和简·马舍特（Jane

Marcet，1769—1858）。劳赫认为，科学之所以对18世纪晚期和19世纪早期的女性作家有吸引力，是因为它“显然……可以通往精神生活”[8]，虽然这里所说的精神生活并不是指纯粹的科学，而经常混杂了宗教信仰和对宗教的歌颂。

到了19世纪下半叶，科学研究不断专业化、职业化，女性被边缘化，其无法在大学任职或是加入科学团体，进化论甚至认为女性的智力天生不如男性，因此，科普创作成了女性进入科学世界的唯一途径。女性似乎对大自然情有独钟，萨拉·鲍迪奇（Sarah Bowdich，1791—1856）、玛丽·罗伯茨（Mary Roberts，1788—1864）、阿格尼丝·卡特洛（Agnes Catlow，1806—1889）、简·劳登（1807—1858）、菲比·兰克斯特（Phebe Lankester，1825—1900）、伊丽莎白·特温宁（Elizabeth Twining，1805—1889），还有伊丽莎白·柯比（Elizabeth Kirby，1823—1873）和玛丽·柯比（Mary Kirby，1817—1893），这些女性作家创作了无数的作品，就是最好的证明。以博物学家兼童书作家玛格丽特·盖提（1809—1873）的《英国海藻》（*British Sea-Weeds*，1863）为例，书中配有大量色彩丰富的插图，类似的作品体现了视觉文化在科普作品中占据了重要地位。[9]同时，作品也反映了在竞争激烈的科普市场，女性作家拥有极强的适应能力。[10]

我们将看到，阿拉贝拉·巴克利是另一个典型的例子：芭芭拉·盖茨认为，巴克利“力求以视觉上可理解的方式呈现科学”[11]。以巴克利为例，我们可以研究女性如何在兼顾宗教的同时，普及现代科学及其不断变化的对自然的看法。传播科学，但又不驳斥宗教，巴克利通过这种方式从18世纪晚期的女性科普作家手中接过了衣钵。不过，她对进化论的诠释并没有陷入维多利亚时代中期科学与宗教之间的冲突里，反而表明了要理解自然就必须调和科学与宗教的矛盾。

在遥远的从前：描绘看不见的事物

《科学的仙境》（*The Fairy-Land of Science*，1879）使阿拉贝拉·巴克利留名至今，这是一本关于物理学的科普书，将科学的神奇展现得淋漓尽致。巴克利利用妖精，向孩子介绍大自然和自然现象的奇妙，但她并没有止步于简单地呈现自然界的神奇力量。巴克利笔下的妖精继承了科普作品里的基督教传统，它们暗示大自然和自然选择受到了超自然力量的支配，这种力量看不见，孩子们必须学会利用想象才能明白其中的奥妙，这缓和了自然神学与科学自然主义之间的冲突。通过这样的方式，巴克利调和了两种自然观，这表明妖精和童话可以反映19世纪下半叶人们的恐惧和焦虑。

其实，巴克利在《科学的仙境》中的根本目的是说明童话不仅可以吸引读者的注意力，更能邀请他们踏上探索自然世界的幻想之旅：

> 我们在这里先稍微花点时间，想想科学应当讲述什么样的故事，以及这些故事同我们所熟知的经典童话有多大的区别。谁不知道“睡美人”的故事呢？愤怒的仙子施下毒咒，可怜的公主难逃厄运，被纺锤刺伤后，沉睡了一百年……

科学能讲出如此引人入胜的故事吗?

滔滔流水沿河而下，奔腾击石，遇泉则涌，遇瀑则坠。风吹池塘，涟漪荡漾。告诉我，这个世界上还有什么东西，它的波波碌碌，它的生机勃勃，能望这流水的项背?但是水也会遭恶徒施咒，也会陷入静止，动弹不得，难道你从来没见识过吗?

……

昨天还是潺潺流动的溪水、从天而降的雨滴，又或者是飘在空中的无形水汽，今天却突然像中了魔法，一动不动，究竟是谁有如此神通?是冰霜巨人，它用魔法牢牢攥住了流水，一滴都不放过。

不过别着急，救星很快就来。只消几周或几天，也可能只要几小时，英勇的太阳就会洒下光辉，驱尽天空的暗淡和阴霾，铅灰的色调在他面前化作深蓝，犹如童话中的篱障为王子让出前进的道路。阳光的亲吻让冰块得到了解救，重新获得了自由。于是，小溪又开始流动，水波潋滟;雾凇从树上坠落;冰柱从屋檐的边缘脱离;水汽在窗户的玻璃上凝结成细流。在明媚的阳光里，勃勃生机重回大地。

这难道不算是一则自然的童话吗?而科学要讲的正是这样的故事……

所谓仙境，百花争艳，每栋房屋都是阿拉丁的城堡，一夜之间就能拔地而起;大活人被魔杖一碰，须臾之间，便可以出现在几百英里之外。而且……

这样的世界并非远在天边，无人能至。它就在你我的身边。但是我们必须善用双眼，否则只会毫无觉知。[12]

冰霜巨人把水冻成了冰，而勇敢的太阳解救了水，这段话里的拟人描写还不止这一处，类似的手法是当时科普作品惯用的叙事技巧，这一点我们在前面的内容里就已经探讨过了。除此之外，这趟既有巨人又有王子的想象之旅，与维多利亚时期的很多尝试一样，将童话故事和自然现象联系起来，反映了当时的科学语境。

但巴克利不只是想写一个大自然的寓言故事，她的叙事技巧是为了帮助孩子想象她所说的“仙境”。凯特·弗林特（Kate Flint）认为：

> 利用比喻的手法解释无形事物的运作机制，是维多利亚时代许多科学进展得以呈现和普及的关键，尤其是分子运动定律、电流的工作原理、磁现象和波动理论。[13]

当时的科学亟须一套新的语言来形象地描绘看不见的物理现象，而巴克利的妖精和童话则积极地参与其中。下面这段描写充分展现了这种表述方式的特点：

> 你可曾在脑海中想象过，当原子和原子靠得非常近时，是“凝聚力”仙子让它们牢牢地结合在一起吗？是“重力”仙子把雨滴拉向地面吗？是“结晶”仙子把云里的水汽冻成了雪花吗？你能想象来自太阳的光和热，其实是太阳在向地球发射无数微小的太阳光波吗？[14]
>
> 把一块金属钾投入水中，水里发生的化学变化可以用一个简单的化学议程式来表达：$2K+2H_2O \rightarrow 2KHO+H\uparrow$。

如果你知道这个化学式，那固然好，但不妨在脑海中想象一下原子们紧紧相拥、浑然一体组成新物质的过程，体会一下变化多端的大自然和它的美妙之处……没有人会喜欢干巴巴的事实，我们必须赋予它们实实在在的意义，热爱它们背后的真理。只有这样，科学才是一种享受。[15]

强调在脑海中构建画面的重要性，以及读者需要借助活蹦乱跳的妖精来想象物理变化的过程，这非常能够代表巴克利科普作品的风格。她笔下的妖精抛开艰涩枯燥的事实和化学方程式，腾出想象的空间，让抽象的物理现象拥有了有形的实体。当然，用妖精比拟物理学现象的做法在维多利亚时代并不鲜见，这种新观念在儿童读物中尤为常见。

然而，巴克利在各种与儿童文学相关的文学体裁中探索这种比拟手法的可行性，却是为了对抗科学唯物主义。事实上，我们可以从巴克利的叙事方法中看出，她利用妖精代表看不见的力量，不仅把科学和文学有机结合，还翻新了自然神学的内涵：

今天，我保证会告诉你们什么是科学的仙境——做这样的保证可需要胆量，因为我知道，在你们绝大多数人的眼里，科学可能只是一堆枯燥无趣的事实，而仙境是美丽的，充满诗意和想象。但我完全相信自己的本事，也希望向你们证明，科学的世界同样风光无限，同样富有诗意，同样生活着许许多多神奇的妖精。不仅如此，我保证它们是真正意义上的妖精，哪怕你到了白发苍苍的那一天，依然会像青春年少的现在一般喜欢它们。因为不管走到哪里，无论是山间田野还是河岸海滩，草甸抑或森林，无论你泅渡湖川还是翱翔天际，都能随时呼唤它们。虽然它们从来不会在人的面前显露真身，但你依然能从身边的各种现象里感受到它们美妙的诗意。[16]

自然界的风光触动人心，它的“诗意”蕴含着造物主的印记。在这样一个“科学的仙境”里，冰是中了魔咒的水，是自然界的睡美人；在许多微型生物那如宫殿般精巧的外壳面前，就连驴皮公主①用来装三件华美外衣的魔法核桃都相形见绌。如上文所说，巴克利的叙事技巧可不只是为了吸引读者的注意力：她一面借用过去讲给儿童听的自然神学故事，一面又给读者介绍新的科学方法，比如通过想象形成假说和进行推论。正如对童话不屑一顾的人无法看见妖精，那些对大自然的奇妙漠不关心的人也无法看见无形的自然现象。与左手博物学、右手基督教的查尔斯·金斯莱一样，巴克利同样认为科学和信仰应当携手共进：

某天晚上，有一名农夫在树林里睡着了。这时，一根魔杖碰了碰他的眼睛，他睁开眼，看到周围都是矮小的哥布林和小恶魔，有的在绿油油的草地上跳舞，有的坐在

① 驴皮公主（Catskin）是约瑟夫·雅各布（Joseph Jacobs，1854—1916）收集的英国民间童话，讲述了一位领主的女儿因父亲重男轻女而逃婚出走的故事，公主拥有的三件华丽衣服是推动故事发展的重要道具。驴皮公主很有可能是灰姑娘的原型。*

蘑菇或者花朵上，有的端着橡果做的杯子喝水，有的以草为剑，激战正酣，还有的正骑在蚂蚱背上。

再说那一位英勇的骑士，骑着高头大马，正要赶去拯救某位落入坏人之手的姑娘。他一头冲进湍急的奔流，行至河中，就在快要被急流冲走的千钧之际，骑士睁圆了眼睛，他看到一群水仙子，她们一边安抚受惊的马儿，一边温柔地领着骑士，让他平安到达了对岸。这些妖精和精灵，它们远在天边、近在眼前，目不识丁的农夫能看见，英勇善战的骑士能看见，任何受到它们眷顾的人儿都能看见。但是唯独一种人看不见：那些嘲笑它们，不相信它们存在或者根本不在乎它们是否存在的人，这样的人永远看不见它们……

所以，不管是我们童年时代的妖精，还是科学的妖精，只要不相信它们的存在，你就看不见它们。在我们的周围，包括我们的身上，有各种各样神奇的“力量”，请允许我姑且称它们为“妖精”。虽然都叫妖精，但是自然世界的妖精远比老掉牙的童话故事里的妖精奇妙上百倍、神奇上千倍、美丽上万倍。它们和童话里的妖精一样，也是看不见的，而且许多人至死都不曾见过它们，甚至根本不在乎有没有见过它们。这些人东游西荡，却对一切视而不见，这要么是因为他们不愿意睁开自己的双眼，要么是因为没人教过他们如何观察。他们的眼里从来都只有自己那微不足道的工作和不值一提的烦恼，整天提心吊胆、惴惴不安，他们从不让妖精打开自己的眼睛，从未见识过大自然的宁静与恬淡，不知如何休养身体，也不知怎样振作精神。[17]

这一段描写中的妖精，有的在月光下围着仙女环跳舞，有的坐在蘑菇上，还有的骑在昆虫身上，非常符合人们的刻板印象，理查德·道尔（Richard Doyle）的绘画呈现的妖精形象便是如此。[18]另外，这种描绘似乎也很契合妖精在维多利亚时代晚期的形象，它们温驯纯良，通常与人们的童年以及儿童文学密切相关。[19]

巴克利的确是利用了“（儿童的）童年的妖精”来展开叙事，建立关联。但是，如果说妖精的作用是让看不见的物理现象具象化，那么它也反映了科学新方法的特点，即物理观测已经不是建立假说的唯一依据了。事实上，除了想象，根本没有其他方法可以设想和理解热能、粒子凝聚力、引力、化学吸引力或者电流，只有认为许许多多的妖精和仙子住在大自然里，才能想象“如皇帝的新衣一般无法用眼睛看见的事物”[20]：

> 想要学习和认识它们，我们必须且只需有一种才能——想象力。我指的不是单纯的幻想，幻想只会催生不真实的景象、创造不可能存在的怪物。而想象则不同，有了想象，脑海中就能浮现形象和画面，关注事物的本质——哪怕我们无法用肉眼看见它们。[21]

巴克利将想象同幻想（未经验证的胡思乱想）对立，对这种想象的强调和定义是这本书的出发点，其分量不亚于对各种物理现象的描绘。

在《科学的仙境》中，童话话语的使用尤其凸显了童话母题对帮助读者克服人眼的局限所起到的重要作用。巴克利很有可能受到查尔斯·莱尔的影响，后者的作品以大量使用视觉元素见长。[22]不仅如此，巴克利创作的时期正值进化论逐渐普及之时，她强调想象力，认为人类的思维能力“可以弥补人类眼睛的不足，（可见）二者共同塑造了我们对世界的认识”[23]。这很难不让人联想到，达尔文也曾为进化论的呈现挖空心思。真要说的话，正是巴克利拒绝将想象力从科学中剥离出来这一点，最清晰地体现了她对进化论的推崇。事实上，巴克利在《科学的仙境》中使用的幻想元素，恰恰是为了让读者“学会如何思考科学”[24]。从她下面这段话可以看出，“想象的魔杖”将（业余）科学家和童话中的角色相提并论，科学是一种基于“心之眼”的方法：

> 你要如何才能走进科学的仙境？
>
> 只有一种办法：就像童话故事里的骑士和农夫，你必须睁开眼睛。世上从不缺值得观察的事物：只要你用想象的魔杖碰触它们，身边的一切都会主动将自己的故事娓娓道来。[25]

值得一提的是，巴克利的叙事很容易令人联想到约翰·丁达尔在1870年以《科学地使用想象力》（“Scientific Use of the Imagination”）为题的演讲，她利用后者的观点来强调人类的视觉在科学中漏洞百出、力有不逮。

丁达尔（1820—1893）认为，想象力是科学家的必备能力。在“科学地使用想象力”中，丁达尔解释了光和以太与光学现象的机制相关。他认为光的本质和生命的本质一样，“完全超出了人类的感官领域”[26]。因此，必须利用想象的力量，才能“照亮感官世界之外的黑暗”。他强调想象力是“研究物理世界的人最强大的工具”[27]，这符合后达尔文时期的科学所提倡的理念：“今天的科学正将自然的各个部分统一成有机的整体”，而想象力正是这个过程的根本。[28]尽管猜测需要经过理性的检验，但这种能力还是让人类能够想象并发现更小的、未知的世界。以显微镜为例，它或许让人类理解了生命的起源：“生命最初可能以星云的形式存在，随着自然演化不断发展。”[29]丁达尔认为这种观点与基督教并无冲突，因为它“其实并未真正触及（宇宙的）奥秘”[30]，只是把生命的起源往创世纪之前推了几百万年而已。

丁达尔对“宇宙奥秘”的强调让他不必为推动新的自然观而与宗教彻底决裂。虽然科学试图解释生命的机制，但是生命的本质依旧不为人知，在向中产阶级读者介绍现代科学最新发现的维多利亚科普作品中，这种观点随处可见。1862年，在一篇发表于杂志《康希尔》（*Cornhill Magazine*）的文章里，詹姆斯·辛顿（James Hinton）虽对当时的科学大加赞扬，但他在探讨物质世界的事实时引入“力（forces）”的概念，为从宗教视角看待自然世界留下了余地。力、能量、动力，这些科学中的新概念把自然世界塑造成了人类可以直视，但依然深不可测的童话王国：

> 世上存在永恒不变的绝对力量，倘使我们细细品味这种想法，就会发现自己仿佛生活在一个全新的世界，它既玄妙有趣，又叫人莫名敬畏……一切事物都拥有广泛的

> 联系，都具有奇怪而神秘的特质。世界的双重性在我们的面前显现：一面能够被我们感知到，另一面则不行。对于我们身边的事物，如果我们把它们看作是一种形式，以及隐藏在这种形式下的、某种并非表面形式甚至与它毫无瓜葛的东西，那它们的实体就显得不那么重要了；我们或许曾在最天差地别的形式之下见识过同一种东西，并且有可能在其他形式下再次与它们相遇。
>
> 简而言之，大自然就像一座魔法花园，像仙境，在熟悉的表象之下隐藏着未知的事物，每一个物体似乎都蓄势待发，只需有人轻轻地摇一摇魔杖，它就能瞬间完成最奇妙的变形。[31]

丁达尔的演讲和辛顿的文章都着重指出，科学家反复强调“奥秘是多么深邃，远不止我们表面上能学到的那些东西”[32]，大自然常常代表了“更高深的意义”和“更伟大的存在”，令人肃然起敬，“仅仅基于形形色色的表象，并不能理解自然那高深莫测的统一”。因此，要理解看似深不可测的奥秘，我们只能将科学和宗教结合起来，从“一切物质中体会精神”[33]。

我们在这里看到，辛顿并没有强调现代科学的物质层面以及它对自然世界的解读，而是主张调和物质与精神，这是获取知识的唯一手段。因此，他所认为的自然在人类心中唤起的情感，源于现代科学每天都在向未经训练的肉眼展示神性。按照妮可拉·鲍温的解释，在辛顿看来，宇宙的运行是由各种各样的力所驱动的，任凭你如何从物质主义的角度设想这些力，最终显露的依然是神圣的力量——一种人人都可以通过直觉感受到的神力，它“赋予了科学超验的内涵”[34]。在研究自然时重视直觉，不仅削弱了宇宙的物质性，还为现实平添了些许精神以及神圣和魔幻的色彩。

鲍温得出的结论是，辛顿看待科学的态度反映了维多利亚时代中期的焦虑，这尤其体现在他对科学与童话世界的类比之中：科学是神奇的，但它的内涵和启示又令人感到恐惧。鲍温的总结对我们的探讨来说非常重要。[35]有人可能认为，辛顿之所以会思考“生命力”的性质，并且将物质和精神联系起来，是缘于他身为一名生理学家兼物理学家所接受的训练。然而，哪怕是最推崇唯物主义的科学家（比如托马斯·亨利·赫胥黎），思考中也充满了同样的想法。用世俗化的眼光看待自然世界是一件可怕的事，因此，当时的儿童科普书籍才要利用童话来解决这个问题。

实际上，巴克利曾在自己的作品里承认，许多同时代的科普作品让她受益良多，她反复提及约翰·赫歇尔爵士（Sir John Herschel，1792—1871）、查尔斯·莱尔、约翰·丁达尔、路易斯·阿加西（Louis Agassiz，1807—1873）、托马斯·亨利·赫胥黎以及恩斯特·海克尔（Ernst Haeckel，1834—1919）。辛顿的文章曾经也提到，约翰·赫歇尔爵士相信，追寻物质的法则“不断打开了新视野，最终似乎通往这样的图景：物质消散不见，与思想和精神融为一体”[36]，巴克利的《科学的仙境》就受到了这种观点的启发。巴克利在描绘“力”——特别是太阳光线——时，借用了赫歇尔做的光学实验。具体而言，巴克利用一种隐形的妖精信使来描写肉眼看不见的“力”（或者说“波”），使笔下的自然世界充满了迷人的魅力，这不仅对一本科普作品的销量有利，还把科学知识的神奇和迷惑结合在了一起：

> 不过，或许你要问，既然没有人见过这些波，或者产生这些波的以太，那我们有什么权利说它们是真实存在的呢？这话听上去或许很奇怪：虽然我们看不见它们，但我们却能测量它们，而且我们知道它们有多大，以及一英寸的空隙里能穿过多少波……
>
> 我向你保证过，科学的神奇程度绝不亚于童话。这些看不见的小小信使一刻不停地从太阳出发，长途跋涉来到我们身边，难道它们的奇妙还不足以媲美童话里的妖精吗？不光如此……要是没有它们，几乎整个世界都会陷入难以为继的境地。[37]

巴克利的进化论史诗：
从妖精信使到自然生态系统

如上文所说，巴克利之所以强调想象力与现代科学的关系，与她想用中产阶级读者不会反感的方式呈现进化论密切相关。

19世纪下半叶，一种新的叙事形式在科普作家中逐渐流行起来，伯纳德·莱特曼（Bernard Lightman）将其称为“进化论史诗”[38]，这种体裁充分挖掘了博物学的叙事性。其代表作家之一就是阿拉贝拉·巴克利，她从1864年开始担任查尔斯·莱尔的秘书，直至1875年莱尔去世。在此期间，巴克利认识了当时的知名科学家，包括阿尔弗雷德·拉塞尔·华莱士（Alfred Russel Wallace，1823—1913）、达尔文和赫胥黎。她的《生命母亲与她的孩子们》（*Life and Her Children*，1880）和《生命赛跑的赢家》（*Winners in Life's Race*，1883）是向儿童介绍生物演化的科普读物，巴克利在这两本书中对童话母题的运用，符合我们到目前为止所探讨的内容。与童话世界相关的母题让大自然显得格外奇妙：世上到处都是“神奇的小东西”“美丽的事物”“仙子和精灵的痕迹”“空气精灵般的生物——它们的来历宛如童话”和“仙气十足的精灵水母”，以及堪称“海洋哥布林”的海胆、“仙子一样”的昆虫，又或者“仙女一样的虾”，甚至还有蜘蛛的“仙子摇篮”。[39]不过，巴克利作品中令人眼前一亮的地方是她在阐释进化论时，对妖精和童话母题的运用。

事实上，她笔下的生物之所以非常奇妙，正是因为巴克利着力刻画它们的适应能力，它们那“逐渐增强的力量”[40]。海绵“很神奇”，因为它们演化出了“防御性的武器”。“这些神奇而致命的”结构是“绝好的防御性武器”，它是海绵通过不断适应、不断进化而获得的：“生命母亲教导她的孩子如何防御和进攻，这些招数就是很好的例证。”[41]除了生物的进化，巴克利在描写生态系统的时候同样会用修辞渲染自然现象的奇妙，比如对于捕食者如何沦为其他生物的盘中餐：“刀俎沦为鱼肉，生命被吞噬的速度之快，可谓迅雷不及掩耳。”[42]

更早期的科普作品凸显自然的残酷，但巴克利不落窠臼，她的进化论史诗虽也表现了物种在严酷的自然环境中相互争斗，但重点却是宣扬达尔文的进化论。“生存竞争”或者说“生死存亡之战”[43]，迫使自然界的物种长出武器，主动适应它们身处的严酷环境，只有这样才能生存下来：“在许多地方，这种生存之战都很激烈，每个个体都必须冷酷地战斗，既为他自己，也为他的后代。”[44]

当然，认为动物相互捕食是维持物种平衡的必要条件，这个观点或许可以追溯到威廉·佩利的自然神学，他认为自然种群的数量存在上限。不过，巴克利巧妙化用了佩利的老生常谈，既可以倡导自然选择假说，又不必排斥宗教。

事实上，巴克利同其他创作进化论史诗的科普作者一样，更接近于支持进化论的博物学家，而不像支持自然神学的女性科普作家或圣公会①男修士，但是他们并非不假思考地复述、简化科学，或者用它来创作故事。恰恰相反，莱特曼认为，以大卫·佩奇（David Page）和巴克利为代表的作家创作进化论史诗的意图，是“破坏赫胥黎及其盟友想让科学世俗化的努力”[45]。巴克利的文章不仅在描绘物种的外形时细致入微，关注它们的形状、颜色和纹理质感，而且她的比喻也非常生动。她的语言既客观准确，又充满隐喻和象征，几乎到了把生物志写成人物传记的境界。琳·梅里尔认为，巴克利描写感觉的用词暗含审美判断，这反映了她想用感情充沛的文字调动读者情绪的愿望。[46]

---

① Anglicanism，也译作安立甘宗，英格兰教会下辖的分支之一。*

不过我认为，巴克利行文感情充沛，充满主观色彩，这不只是为了激发“深深的宗教敬畏感”[47]，倘若单纯如此，巴克利的作品就和维多利亚时代说教意味浓厚的科普写作大同小异了。事实上，同查尔斯·金斯莱一样，巴克利刻画奇妙的事物以及运用童话式的比喻，超越了纯粹的审美功能，这凸显了巴克利在宣扬进化论的过程中，尝试调和科学与宗教的紧张关系——所以她才会兴高采烈地描绘物种的挣扎和斗争。

为此，巴克利经常让科学和文学或美学的世界交织在一起。比如，她会在创作中穿插文学名句，借浪漫主义诗歌美化世界，用图片和绘画来描绘自然（她说有些生物的身体长得像“画家的画架”，还有些“比花哨的图画”更养眼），而且她的作品插图还将自然风光与文字合二为一。[48]这种兼具科学性和艺术性的视觉统一，是巴克利定义自然的基础，即追求物质和精神的融合。此外，由于丁达尔也曾想证明进化论学说与宗教相容，因此巴克利放心大胆地引用和宣扬他的观点，并借此促进自然选择学说的传播。事实上，巴克利非常强调进化论的精神层面。《生命母亲与她的孩子们》开门见山地提出“灵性进化论”[49]：巴克利将大自然那位看不见的母亲同“伟大的造物主”相提并论，称她的法则正是“所有的生物都要‘滋生繁殖，充满大地’①”。[50]在《生命母亲与她的孩子们》和《生命赛跑的赢家》中，巴克利越来越认为，生命是“自然母亲的无尽繁衍……与生存竞争平衡的产物”[51]。

事实上，巴克利明确提出，物种的进化与“母亲的关怀”

---

① 创世纪1：28。*

和"同情心"的演化是携手共进的。[52]由于脊椎动物拥有"更高级的感情"，因此"生存竞争"的概念能够培育出"母亲对子女、朋友对朋友的崇高的献身精神。这种感情最后化作对每一个生命个体温柔的爱意，因为从这个角度来看，互帮互助和同情心是生命在生存之战中能用到的最强大的武器，也绝对是最高尚的动机"[53]。

虽然巴克利对达尔文生物演化理论的支持符合（玛格丽特·盖提以及许多其他女性科普者称道的）自然神学，但是，它强调宇宙是一个有机的整体，其中的有机体相互联系、相互依靠。在《生命母亲与她的孩子们》中，巴克利用"联结所有生命形式的家庭纽带"来形容和描绘大自然。[54]基于同样的视角，在《生命赛跑的赢家》的结尾，巴克利认为爱已经超越了生存竞争，人与人之间的情谊正是源自演化法则：

> 如果说在生命的铁律中有什么能与力和自私比肩——姑且认为它们的强大不分伯仲——那互帮互助和相互依靠肯定位列其中。我们认为地球上之所以能有种类如此丰富的物种，都要归功于生存的竞争，最适者繁衍生息，最弱者穷途末路。很多善良的人在面对这种优胜劣汰的观点时都畏缩了，因为他们觉得倘若如此，那生命实在太过残酷，整个世界犹如一片战场。这种观点在一定程度上当然没错，只要是生命，哪个又能逃脱受苦受难的命运，谁又不是在为生存而挣扎呢？但是，除了你死我活的争斗，世上也有爱和柔情，有为他人所做的牺牲和奉献，有慈祥的母爱和父爱，有真挚的友谊，还有以他人之乐为乐的情

> 操……毕竟，生命并非总是在与残酷和凶险的命运打交道……生命母亲教导孩子，赢得生存赛跑的秘诀叫‘团结就是力量’。最初，爱和责任起源于父母与孩子的亲子关系，跟家庭生活息息相关，随后逐渐延伸到社会性动物的非家庭成员之间，成了指导我们行事的法则，并在与其他更强烈、更无法无天的本能一次又一次地碰撞中不断得到强化……直至今天，我们在研究自然的过程中学到了最伟大、最重要的一课……那就是，生命或许充满辛劳和痛苦、挣扎和死亡，即便如此，自我献身和爱才是生命的最高法则。[55]

巴克利的整本书（包括所有的插图）都详细描绘了“生命是一片你死我活的修罗场”场景，并用夸张的手法对其赞美不已。但她在故事的结尾处却摒弃了这种观点，引入了爱和奉献，二者居于进化之树的顶端。

巴克利讨论进化论的作品明确体现了她拒绝接受达尔文审视人类自身的唯物主义视角，在她看来，如果当时的科学权威相信进化论把人当成了没有良心的动物、只以看待物质的眼光看人，那只是因为他们误解了达尔文的本意。这种想法在她题为《灵魂与进化论》（“The Soul，and the Theory of Evolution”）的文章中尤为突出，而她宣扬的灵性进化论则在《达尔文进化论与宗教》（“Darwinism and Religion”）一文和《科学的道德教育》（*Moral Teachings of Science*）一书中得到了清晰的阐述，后者痛心于宗教的衰落，提出科学研究或许能够成为培养道德原则的手段。

巴克利是这样解读自然选择假说的：世界是树木交错的河岸，在这样的生态系统中，“生命不止意味着自私的尖牙利爪……互帮互助同样是生存的法则之一，并且……真正能够生存下来的最适者，是那些既能保护好自己，还能给他人带来福祉的个体”[56]。有些植物会为蚂蚁提供庇护和食物，用这种方式保护自己不受它们的攻击，这简直像是在用服务讨好蚂蚁，避免招致它们的伤害。类似的例子在自然界数不胜数，证明“那些最成功的物种……（不仅）自己的需要得到了满足，还为其他物种提供了好处”[57]。于是，我们看到，“在努力求生的过程中，自我保护和互惠互助相辅相成”；“为全体的福祉而奉献和牺牲自我的精神”确保了最适者的生存。[58]

芭芭拉·盖茨认为，巴克利是最早意识到下面这一点的人之一：“达尔文在《人类的由来》（*The Descent of Man, and Selection in Realtion to Sex*）中对‘社会本能’的探讨，开启了他对动物界中道德演化的试探性思考。”[59]在巴克利看来，道德是一种高度进化的意识。正是出于这种认识，她在普及博物学和达尔文进化论的时候试图解决科学和宗教之间的角力，她笔下的妖精成功地调和了科学和宗教的论述。事实上，巴克利本人对通灵学（她甚至相信自己可能就是个灵媒[60]）非常感兴趣，这又强化了以下观点，即她在作品中大量使用妖精和“灵魂”的形象，确实是为了促进科学和宗教的和谐统一。莱特曼认为：

> 她（在《科学的仙境》中）用妖精类比看不见的自然力量，你可以说这是一种很有效的写作手法，既能最大

限度地保留博物学的叙事视角，又能激发孩子们对美丽大自然的兴趣；但是你也可以说，这并非完全出于技巧上的考虑，而是反映了她对通灵学的痴迷。[61]

莱特曼的观点并非无的放矢，在维多利亚时代晚期，针对童话故事的科学研究有时会把它们解读成灵性的原始形式，它反映了人们对灵魂永生不灭的信仰。比如，1891年，埃德温·西德尼·哈特兰给童话下的定义是：一种“较低等的种族……用于解释自然现象，或者他们自己的历史和社会组织形式”[62]的传统故事。他还构想了“灵性论（doctrine of spirits）”，指出在19世纪的最后几十年中，这种针对童话的科学研究如何从唯物主义科学中受益：民俗学家和人类学家纷纷模仿达尔文那种不需要实证、仅凭推测就可以立论的做法，伴随着科学家对光学、空间和以太波动的研究，伪科学又恢复了元气，它依样画葫芦，证明了隐形的灵异世界是存在的。哈特兰对童话故事的看法有十分强烈的进化论色彩：童话故事反映了“（人类发展）不同阶段取得的成果，在故事和歌曲、谚语和迷信，以及社会、宗教和政治制度等方面留下的印记”[63]。他的这种观点本身就是非常典型的归纳思维，在他看来，“归纳推理”[64]是追溯童话故事起源的关键所在，正如它同样是追溯与理解地球生命和人类起源的关键。

哈特兰对于童话的科学建构和定义表明，妖精叙事和童话故事可以用来探讨神秘学和魔法现象，对于研究巴克利对仙境母题的运用，哈特兰的观点非常有启发意义。因为巴克利的妖精以及她对想象力的强调，加上她用丁达尔对科学的看法为自己背书，更多的是反映了她对神秘学的痴迷，这与她对通灵学的兴趣一致。

斯尔詹·斯马伊奇（Srdjan Smajic）提出，如果说丁达尔用神秘学这个词“更多是取它的玄秘莫测之意”，那“‘想象力’这个词也是一样，绝大多数科学家都避免使用这个词，丁达尔对此的评价是‘因为它具有超越科学的内涵’”[65]。由此，巴克利用了一种近乎形而上的视角来描绘物质性的现实，可见她拒绝把人类看成没有灵魂的生物，不愿把人类同动物相提并论，她的这种视角展示了想象力的多面性，以及妖精等看不见的事物的千变万化。

事实上，卡罗尔·西尔弗对“小人儿”①的研究表明，研究进化论的科学家始终相信，妖精是一种实际存在的生命形式，属于物种进化的另一个分支，譬如阿尔弗雷德·拉塞尔·华莱士，他认为世上存在着一类“超越人类的、没有肉身的生物”[66]。于是，妖精有了新的定义，它们是神秘主义者和预知者长久以来坚定相信的自然精灵；至于为什么看不见它们，那是因为妖精的身体处于人类能够感知的色谱之外。[67]所以说，巴克利在利用妖精将物质和精神合二为一的同时，很可能还带有宣扬通灵学的目的，毕竟她是华莱士的好友，而且两人都对通灵学感兴趣。[68]

不过，比创作动机更重要的是巴克利在对自然选择假说的解读中，强调了亲子关系和个体间的互帮互助，这种解读逐渐催生了“道德生态学”，[69]巴克利极富远见地呼吁人们保

---

① 指仙子和精灵等微小的人形生物。*

护环境："我们活在这个世界上，有行为就会有后果，想收获就要先播种，心怀侥幸逃不过因果报应，摇尾乞怜也换不来丰衣足食。"[70]因此，她作品里的妖精或许也是在暗示自然界的奇观可能会消失。在那个年代，科学家与博物学及标本收集爱好者都开始关注濒危动植物、环境污染以及自然栖息地被破坏的现象，譬如埃德蒙·戈斯（Edmund Gosse）就在《赶海的博物学家：菲利普·亨利·戈斯传》（*The Naturalist of the Sea-Shore: The Life of Philip Henry Gosse*，1890）中强调了这些方面。[71]而巴克利对博物学和进化论的科普，很好地向我们展示了当时的科普作家意图提醒孩子：身为有思想、有道德的人类，应当承担起保护地球的责任。

事实上，在巴克利创作的时代，那些面向中产阶级读者的儿童文学和杂志——尤其是像《朱蒂阿姨》这样以女孩为主要读者的刊物——普遍会在虚构作品中添加博物学的内容，借大自然向孩子传达基督教的信仰和价值观。不过后来，这些出版物逐渐把矛头指向了科学和技术，开始关注科技发展导致的自然破坏。市面上的寓言和童话故事，无论是发表在杂志上的，还是这些杂志的主编个人创作的（代表人物如博物学家玛格丽特·盖提，以及她的女儿朱莉安娜·霍雷蒂亚·尤因），都对英国大规模的工业化和城镇化提出了越来越多的批评。[72]我们现在可以看到，许多当时的童话文学作品有在警告儿童和成人读者，提醒他们注意技术进步的危险，鼓励他们反思科学知识给人类带来的影响。

在文学创作领域，当时的作者充分利用了妖精和童话母题的隐喻潜力，使用的意象无不来源于最新的科学理论。由于科学家和科普作家在具象化科学和呈现与自然相关的新定义时，所使用的语言是以文学的意象和技巧为基础的，因此这种语言也被注入维多利亚时代的文学叙事中。尤其是童话，它给作者提供了一面观察维多利亚时代社会现实的镜子。童话的母题和意象双双扎根于文学传统，传达了更为现代地理解自然的方法，它们让维多利亚时代的作家得以审视那个时代对自然的认识和建构，然后借此反对唯物主义科学，因为后者越来越将人视为机器，或是把人定义成一连串视觉加密符号。

接下来，我们将把目光放在19世纪60—70年代的童话上，在这个时期，童话对于受科学话语影响的女性气质定义的声讨变得越来越猛烈。女性既是妖精形象的原型，又是童话故事的读者，无论哪一个身份都对童话故事至关重要；此外，女性的身体也经常被用来传达与自然相关的知识。

注 释

[1] Arabella Burton Buckley, *Life and Her Children* (New York: D. Appleton & Co., (1880) 1881), p. 77.

[2] Philip Henry Gosse, *The Romance of Natural History* (London: James Nisbet& Co., 1860), p. 225.

[3] [Anon], 'Fairy Tales', Monthly Packet 25 (Jan. 1878), pp. 80– 94 (93). See also Rev. S. Goldney, 'Fables and Fairy Tales', *Aunt Judy's Annual Volume* (London: Hatchards, 1885), pp. 20–32.

[4] Bernard Lightman, *Victorian Popularizers of Science: Designing Nature for New Audiences* (Chicago and London: University of Chicago Press, 2007), p. viii.

[5] 西科德创造了术语“商业科学”，形容维多利亚时代的流行科学，因为它是19世纪初标本展览这种商业文化的重要组成部分。参考：James A. Secord, *Victorian Sensation: The Extraordinary Publication, Deception and Secret Authorship of Vestiges of the Natural History of Creation* (Chicago: University of Chicago Press, 2000), p. 437, qtd in Lightman, Victorian Popularizers of Science, p. 10。

[6] Alan Rauch, 'Mentoria: Women, Children, and the Structures of Science', *Nineteenth-Century Contexts* 27. 4 (Dec. 2005), pp. 335–51 (335–6).

[7] Mitzi Myers, 'Impeccable Governesses, Rational Dames, and Moral Mothers: MaryWollstonecraft and the Female Tradition in Georgian Children's Books', *Children's Literature* 14 (1986), pp. 31–59 (33).

[8] Rauch, 'Mentoria: Women, Children, and the Structures of Science', p. 341.

[9] Bernard Lightman, 'Depicting Nature, Defining Roles: The Gender Politics of Victorian Illustration', in Ann B. Shteir and Bernard Lightman (eds), *Figuring It Out: Science, Gender, and Visual Culture* (Hanover and London: University Press of New England, 2006), pp.

214–39 (219).

[10] Lightman, 'Depicting Nature, Defining Roles', p. 219.

[11] Barbara T. Gates, 'Those Who Drew and Those Who Wrote: Women and Victorian Popular Science Illustration', in Shteir and Lightman (eds), *Figuring It Out*, pp. 192–213 (211).

[12] Arabella Burton Buckley, *The Fairy-Land of Science* (Chapel Hill: Yesterday's Classics, (1879) 2006), pp. 1–5.

[13] Kate Flint, *The Victorians and the Visual Imagination* (Cambridge: Cambridge University Press, 2000), pp. 33–4.

[14] Buckley, *The Fairy-Land of Science*, p. 12.

[15] Buckley, *The Fairy-Land of Science*, p. 20.

[16] Buckley, *The Fairy-Land of Science*, p. 1.

[17] Buckley, *The Fairy-Land of Science*, pp. 5–6.

[18] 他的彩色图画［以木雕版画的形式印刷，雕刻者是埃德蒙·埃文斯（Edmund Evans）］配有威廉·阿林厄姆（William Allingham）《在仙境》（*In Fairy Land*，1870）中的诗文，后来，安德鲁·朗格为这个系列的图画创作了新的故事，并以《无名公主》（"The Princess Nobody"）的题目出版。

[19] 并非所有维多利亚时代的儿童文学作家都会这样处理。这里可以举一个反例，盖提夫人的女儿朱莉安娜·霍雷蒂亚·尤因是作家兼博物学家，她的童话文学作品大量取材自民俗传说。可以参考：Juliana Horatia Ewing, *Old-Fashioned Fairy Tales* (London: Society for Promoting Christian Knowledge, (1882) 1894).

[20] Buckley, *The Fairy-Land of Science*, p. 34.

[21] Buckley, *The Fairy-Land of Science*, p. 7.

[22] Barbara T. Gates, *Kindred Nature: Victorian and Edwardian Women Embrace the Living World* (Chicago and London: University of Chicago Press, 1998), p. 53.

[23] Buckley, *The Fairy-Land of Science*, p. 55.

[24] Gates, *Kindred Nature*, p. 52.

[25] Buckley, *The Fairy-Land of Science*, pp. 12–13.

[26] John Tyndall, 'Scientific Use of the Imagination', *Fragments of Science for Unscientific People* (London: Longmans, Green, & Co., 1871), pp. 125–67 (129).

［27］ Tyndall, 'Scientific Use of the Imagination', p. 130.

［28］ Tyndall, 'Scientific Use of the Imagination', p. 131.

［29］ Tyndall, 'Scientific Use of the Imagination', p. 160.

［30］ Tyndall, 'Scientific Use of the Imagination', p. 166.

［31］ [James Hinton], 'The Fairy Land of Science', *Cornhill Magazine* 5 (Jan.– June 1862), pp. 36–42 (37).

［32］ [Hinton], 'The Fairy Land of Science', p. 39.

［33］ [Hinton], 'The Fairy Land of Science', p. 41.

［34］ Nicola Bown, *Fairies in Nineteenth-Century Art and Literature* (Cambridge: Cambridge University Press, 2001), p. 100. 鲍温在这里解释了为什么说辛顿的看法呼应了康德的形而上学，辛顿认为维多利亚时代中期的科学打开了通向更高阶秘密的大门，这个想法很可能是在他读了汉斯·克里斯蒂安·奥斯特（Hans Christian Oersted）的《自然之魂》（*The Soul in Nature*，1852年被翻译成英文）之后产生的。奥斯特的《自然之魂》把世界定义为一个由各种相反的力量互相对抗而形成的整体，以此将宇宙和人类的思想联系起来。

［35］ Bown, *Fairies in Nineteenth-Century Art and Literature*, p. 102.

［36］ 引用自：[Hinton], 'The Fairy Land of Science', p. 41。

［37］ Buckley, *The Fairy-Land of Science*, pp. 36–37.

［38］ Lightman, *Victorian Popularizers of Science*.

［39］ Buckley, *Life and Her Children*, pp. 22, 46, 50, 56, 93, 134, 177, 167.

［40］ Buckley, *Life and Her Children*, p. 134.

［41］ Buckley, *Life and Her Children*, p. 54, 150, 218.

［42］ Buckley, *Life and Her Children*, pp. 49, 54, 150, 218.

［43］ Buckley, *Life and Her Children*, p. 6.

［44］ Buckley, *Life and Her Children*, p. 6.

［45］ Lightman, *Victorian Popularizers of Science*, p. 222.

［46］ Lynn L. Merrill, *The Romance of Victorian Natural History* (Oxford, NY: Oxford University Press, 1989), p. 66.

［47］ Merrill, *The Romance of Victorian Natural History*, p. 66.

［48］ Buckley, *Life and Her Children*, pp. 81, 104.

［49］ Lightman, *Victorian Popularizers of Science*, p. 238.

［50］ Buckley, *Life and Her Children*, p. 4.

［51］ Lightman, *Victorian Popularizers of Science*, p. 247.

［52］ Buckley, *Life and Her Children*, p. 301.

［53］ Buckley, *Life and Her Children*, p. 301.

［54］ Buckley, *Life and Her Children*, p. v.

［55］ Arabella Burton Buckley, *Winners in Life' s Race or the Great Backboned Family* (London: Edward Stanford, (1883) 1892), pp. 351–3.

［56］ Arabella Burton Buckley, *Moral Teachings of Science* (London: Edward Stanford, 1891), p. 46.

［57］ Buckley, *Moral Teachings of Science*, p. 35.

［58］ Buckley, *Moral Teachings of Science*, pp. 35, 64.

［59］ Gates, *Kindred Nature*, p. 61.

［60］ 巴克利在《灵魂与进化论》（"The Soul, and the Theory of Evolution"）中强调了这一点，这篇文章是她在创作《科学的仙境》期间写的，主要内容是从进化论的角度探讨不同的灵学。参见：Arabella Burton Buckley, 'The Soul, and the Theory of Evolution', *University Magazine* 3 (1879), pp. 1– 10.

［61］ Lightman, *Victorian Popularizers of Science*, p. 246.

［62］ Edwin Sidney Hartland, *The Science of Fairy Tales: An Inquiry into Fairy Mythology* (London: Walter Scott, 1891), p. 23.

［63］ Hartland, *The Science of Fairy Tales*, p. 335.

［64］ Hartland, *The Science of Fairy Tales*, p. 347.

［65］ Srdjan Smajic, *Ghost-Seers, Detectives and Spiritualists: Theories of Vision in Victorian Literature and Science* (Cambridge: Cambridge University Press, 2010), p. 175.

［66］ Janet Oppenheim, *The Other World: Spiritualism and Psychical Research in England, 1850–1914* (Cambridge: Cambridge University Press, 1985), p. 326, qtd in Carole G. Silver, *Strange and Secret Peoples: Fairies and Victorian Consciousness* (Oxford: Oxford University Press, 1999), p. 51.

［67］ Silver, *Strange and Secret Peoples*, p. 51.

［68］ Lightman, *Victorian Popularizers of Science*, p. 239.

［69］ Gates, *Kindred Nature*, p. 61. 在历史上，生态学与达尔文主义有

密切的联系：这个词是由德国动物学家恩斯特·海克尔（Ernst Haecke，1834—1919）在他的著作*Generelle Morphologie*里提出的，目的是解释进化论的原因。事实上，海克尔给这门新科学下的定义是，"旨在研究动物与无机环境及有机环境的一切关系；其中最重要的是它们与其他有直接或间接往来的动物和植物的敌友关系"，并强调"这种复杂的关系就是达尔文所说的、物种之间的生存竞争"。Translation by W. C. Allee et al., *Principles of Animal Ecology*, qtd by Robert C. Stauffer, 'Haeckel, Darwin, and Ecology', *Quarterly Review of Biology* 32 (1957), pp. 138–144 (141). 想了解更多有关生态学与达尔文进化论的渊源，可以参考：Karl Kroeber, *Ecological Literary Criticism: Romantic Imaging and the Biology of Mind* (New York: Columbia University Press, 1994), p. 22.

［70］ Buckley, *Moral Teachings of Science*, p. 80.

［71］ Edmund Gosse, *The Naturalist of the Sea-Shore, The Life of Philip Henry Gosse* (London, (1890) 1896), pp. 264–96, qtd in William H. Brock, *Science for All: Studies in the History of Victorian Science and Education* (Aldershot: Varorium, 1996), p. 29.

［72］ 可供参考的例子有：Juliana Horatia Ewing, 'Our Field' (1870), *A Great Emergency and Other Tales* (London: George Bell & Sons, 1877), pp. 225–243; Laurence Talairach–Vielmas, 'Victorian Children's Literature and the Natural World: Parables, Fairy Tales and the Construction of "Moral Ecology"', in Jennifer Harding, Elizabeth Thiel and Alison Waller (eds), *Deep into Nature: Ecology, Environment and Children's Literature* (Lichfield: Pied Piper Publishing, 2009), pp. 222–247.

第二章

机械化的人类情感：

玛丽·德·摩根和《玩具公主》

The Mechanization of Feelings: Mary de Morgan's "A Toy Princess"

这是机械的时代，无论目之所及的外在，还是所思所想的内在，都是机器。[1]

我担心，今天的人们实在太过聪明，妖精已经没有了安身之地，除非它们能偷偷躲藏在我们身边某些神奇的事物和发明背后，既看不见，又不为人所知。谁又说得准呢？[2]

正如导论中所说，“自然（nature）”在古代曾是个多义词，它能同时指代自然界和人类的天性，对两者不做区分。到了19世纪，兴起了——让我们再次借用约翰·皮克斯通的说法——“博物学的认识方式”，当时的博物学家、科学家和医学家为了寻找“规律”[3]，以类似的方式把自然标本和人体拆分成不同的组成部分，不断拿人体与机器进行比较，希望能借此理解事物工作的原理。

另外，由于女性与自然之间那古老而长久的渊源，在科学革命①开始后，机械论世界观与随之而生的机械论自然模型将

① 科学革命是指现代科学在欧洲萌芽的时期，在此期间，天文学、数学、物理学、化学、生物学等学科及其技术取得了空前发展。一般认为，科学革命的开始时间在哥白尼提出“日心说”前后，但具体时间仍有争议。*

女性视为需要受到控制的无序存在，并把女性重构为机器。将世界比作机器，即设想用人类和技术的力量驾驭自然、掌控人类的生活，这重构了世界的秩序，改变了对现实的定义。卡洛琳·麦茜特（Carolyn Merchant）曾提出，“新的机器比喻重新定义了现实本身，它是实现用理性控制自然、社会和自我的基础”[4]。既然人体是用各种零件构成的神奇机器，在科学革命期间，各式各样的自动机①也应运而生、层出不穷，人们经常认为这些机械装置奇妙无比，尤其是其中的许多还来自东方，这更增加了它们的神奇色彩。[5]

自动机不仅是科学技术进步的标志，更是人类模仿和复制自然的代表性成果。自动机介于科学的世界和奇迹的领域之间，18世纪的人会把它们与时钟和数学仪器一起摆在“珍宝柜”里。[6]流动的集市上有它们的广告，杜莎夫人蜡像馆和巴塞洛缪集市②上有它们的展出，在19世纪末的腹语表演里也能看到它们的身影，正是它们仿冒自然的能力把艺术家迷得神魂颠倒。[7]

伴随着维多利亚时代中期的自动机热潮，妖精开始频繁地出没于自然和人工之间。比如，维多利亚文学周刊《一年到头》（*All the Year Round*）在1870年刊登了一篇文章，回顾了过去和当时的几款自动机，乱人耳目的自动机似乎与虚无缥缈的妖精相得益彰：自动机“看不见的女孩”会误导观众，让他们以为悬浮在半空中的小球里有一个看不见的女孩，参观者

---

① 指可以自动完成特定任务的机械装置，通常不依靠电力驱动，而是以发条作为动力，又称自动机械装置。*

② 伦敦最著名的集市之一。*

相信，球里的女孩“很年轻，个子很小，她其实是一个妖精，一位看不见的小姐”[8]。不过，一些维多利亚作家的作品却认为，这种公然宣称人类比自然更优越的论调，预示着人性的毁灭。

玛丽·德·摩根、女性和科学世界

玛丽·奥古斯塔·德·摩根的父亲是伦敦大学学院的数学教授奥古斯都·德·摩根（Augustus de Morgan，1806—1871）。她的母亲索菲娅·伊丽莎白·德·摩根（Sophia Elizabeth de Morgan，1809—1892）求知若渴，尤其对颅相学感兴趣，甚至出版过一本关于通灵学的书，书名叫《从物质到精神》（*From Matter to Spirit*，1863）。索菲娅·伊丽莎白也很热心于社会事务，致力于改善女性的社会地位和提高女性的受教育程度。她曾支持伊丽莎白·弗莱（Elizabeth Fry）发起的监狱和济贫院①改革，推动成立贝德福德女子学院。此外，她还是最早主张女性参政权的人之一。[9]

玛丽的哥哥威廉·德·摩根（William de Morgan）是一名艺术家兼小说家，他因参与工艺美术运动②而为人所知。因为哥哥的缘故，玛丽·德·摩根与许多维多利亚艺术家都很熟悉，比如但丁·加百利·罗塞蒂（Dante Gabriel

---

① 英国的一种社会福利机构，身体健全的人可以在该机构内劳动，换取食宿，但没有薪水。*

② 19世纪下半叶起源于英国的设计改良运动。*

Rossetti，1828—1882）、威廉·莫里斯（William Morris，1834—1896）、爱德华·伯恩-琼斯（Edward Burne-Jones，1833—1898）和鲁德亚德·吉卜林（Rudyard Kipling，1865—1936）。特别是1871年，在他们的父亲去世之后，玛丽和哥哥住到了一起，与艺术家更为亲近：她给许多艺术家的子女讲过故事，其中包括威廉·莫里斯的孩子珍妮·莫里斯和梅·莫里斯姐妹（Jenny and May Morris）、爱德华·伯恩-琼斯的孩子菲尔·伯恩-琼斯和玛格丽特·伯恩-琼斯（Phil and Margaret Burne-Jones）［她的《风精灵传说》（*The Windfairies*，1900）正是写给他们的］，还有吉卜林家的兄妹鲁德亚德和“淘气鬼”爱丽丝。[10]

玛丽·德·摩根一共写过三册童话，分别是《针垫先生讲故事》（*On a Pincushion and Other Fairy Tales*，1877）、《菲奥瑞蒙德公主的项链》（*The Necklace of Princess Fiorimonde*，1880）和《风精灵传说》。后来，德·摩根的身体每况愈下，最终移居埃及。在开罗居住期间，她把主要的精力放到了管理一家青少年劳教所上，直到1907年去世。

很难说德·摩根的童话属于哪一类，其中有一些作品颇具汉斯·克里斯汀·安徒生（Hans Christian Andersen）的神韵，角色们因为自己犯下的罪过而受到严重的惩罚，并且故事总以死亡结尾。但她的童话故事又往往像是对惊悚或者超自然故事的改写，似乎是为了把它们变得老少咸宜。比如，她的作品与恩斯特·西奥多·阿玛迪斯·霍夫曼（E. T. A Hoffmann）的作品有不少相似之处：在《虚荣的拉莫娜的故事》（“The Story of Vain Lamorna”）中，主人公拉莫娜被偷走的倒影会让人联想到霍夫曼的《跨年夜里的冒险》（“A New Year’s Eve Adventure”）；《西格瑞德和汉达》（“Siegried and Handa”）里有一只偷孩子眼睛的猫头鹰，它隐喻的是霍夫曼版的睡魔①，睡魔的巢穴里住着许多嗷嗷待哺的孩子，他们长着弯钩一般的喙——就像猫头鹰的一样，等着睡魔带小孩的眼珠回来喂他们；至于她的《玩具公主》（“A Toy Princess”，1877）[11]，玩具公主与霍夫曼笔下的木头玩偶奥林匹娅（Olimpia）如出一辙，后者美若天仙却愚蠢至极，只会说“啊”和“晚安，亲爱的”。

《玩具公主》反映了她对两个问题的关注：一是社会推崇的理想女性气质让人想到了经典童话里完美家庭主妇的形象，二是现代科学技术对人类天性的阉割。一方面，德·摩根的童话往往展现人物着魔似的爱美，并且痴迷建构女性气质：精灵公主经常表现得过于自恋和虚荣，《虚荣的凯斯塔》（“Vain Kesta”）[12]和《虚荣的拉莫娜的故事》[13]就是很好的例子，这两个故事的主人公都受到了不小的惊吓——作为对她们虚荣的惩罚。在《庄稼汉和地精》（“The Ploughman and the Gnome”）里，地精向一个农夫保证，只要农夫能给她弄到想要的好东西，她就可以满足农夫的任何愿望。到最后，这个又丑又小、皮肤黝黑的女地精为了让自己变得更漂亮，竟然妄图用她的刀子割下农夫妻子的脸。[14]而《头发树》（“The Hair

① 睡魔（Sandman）是欧洲的经典童话形象，传说他们会在晚上往孩子的眼睛里吹沙子，诱使小孩入睡和做美梦。霍夫曼的改编版本非常惊悚，在他的故事中，睡魔往孩子的眼睛里吹沙子会导致眼珠掉落，睡魔收集这些眼珠并带回月亮上的巢穴，把它们喂给自己住在巢里的孩子吃。*

Tree”）则讲述了一个皇后谢顶的故事，她尝试了所有的疗法，只为重新长出一头秀发。[15]

另一方面，从德·摩根创作的故事中也可以看出，她对富有教育意义的儿童文学作品烂熟于胸，比如她的童话集《针垫先生讲故事》，这个题目很容易令人想到更早的一本寓教于乐的儿童读物：玛丽·安·基尔纳（Mary Ann Kilner）的《年轻女士的好帮手——针垫的冒险》（*The Adventures of the Pincushion: Designed Chiefly for the Use of Young Ladies*, 1788）。[16]在德·摩根的这本童话集里，一枚水晶胸针、一根墨黑的披肩针和一根普通的别针围在一起，轮流讲故事，这些故事还会时不时涉及科学现象。在《虚荣的拉莫娜的故事》里，女主人公拉莫娜总喜欢到河边欣赏自己的美貌，于是精灵便偷走了她的倒影，并解释了倒影是如何形成的。[17]《奥帕尔的故事》（“The Story of the Opal”）描绘了阳光和月光，令人联想到那些利用童话母题解释自然现象的科普作品。[18]这个故事给孩子们上了一堂天文课：阳光和月光互相爱慕，却无法同时出现。故事始终没有给出标题中“奥帕尔”的定义，直至讲到阳光和月光在名叫“奥帕尔”的石头里找到了栖身之所，才揭示了“奥帕尔”的真面目，它其实是蛋白石（Opal）①，表面折射着绚烂的金银光泽。对自然现象的解释加强了德·摩根的童话与19世纪说教文学的联系。[19]

类似地，《头发树》中插叙了一个女主人公最后与变成动物的王子结婚的故事，主角特雷维娜（Trevina）被陆龟之

---

① 一种天然的硅酸盐矿物。*

王掳走时，她正像个博物学爱好者一样，在海边的岩石堆里寻找奇异的动物和海藻。[20]《水火奇缘》（“Through the Fire”）也是一个很好的例子，它借水精灵、风精灵和火精灵解释了水可以灭火的物理现象：皮拉（Pyra，希腊语“红焰”之意）公主想和水之王的儿子弗卢万纳（Fluvius，拉丁语“河流”之意）王子结婚，但是两人却害怕碰触对方，因为结果要么是王子蒸发，要么是公主熄灭。[21]不过在《聪明的公主》（“The Wise Princess”）中，公主旺盛的求知欲却给她带来了死亡的结局，德·摩根用这个故事讽刺了当时的儿童教育，《玩具公主》则更进一步，把批评的矛头指向了文明教化。[22]

德·摩根在《玩具公主》里通过一个机器人角色，将女性气质和科学这两个她感兴趣的话题相结合。这个写给孩子的童话宣扬了英国在当时取得的技术成果——象征科技进步的自动机。不过，德·摩根对社会不无嘲讽，还批判了当时的政治。《玩具公主》可以说是一个杂糅了科学和政治的故事，它展现了感情的机械化对人类的影响。我认为德·摩根想说明，一旦特定的知识结构渗透到社会的方方面面，在其他领域的论述中便随处可见：在这个童话故事里，科学家对自然的全新看法最后主导了整个国家的权力结构。

这个故事的主人公是一位公主，她出生在一个社会极度压抑、臣民不得随意表达情绪的王国。眼看天性开朗的公主在这种环境里日渐憔悴，可能命不久矣，仙子教母及时出手，把她带到一个海边的渔村，让一户渔民把公主抚养长大。仙子教母买了一个玩具公主作为公主在宫里的替身，它的外形和公主一模一样，但是只会说四句话："如果可以的话"，"不用了，谢谢"，"当然"和"正是如此"。但是由于国王决定退位，让女儿来统治王国，仙子教母只能用魔杖敲了一下玩具公主的脑袋，在众人面前曝光了假公主的身份：假公主的脑袋在地板上"咕噜噜"地滚过，这下大家都明白了，原来宫里的公主"空有一副空的皮囊"。[23]仙子教母无法挥舞魔杖大显神通，"点石成金"；而王宫里冷酷无情，危机四伏，盛行功利主义哲学。身份曝光后，玩具公主被放进了碗橱里，直到大家得知真公主的下落并把她接回宫里之后，玩具公主才重见天日。有血有肉的真公主此时已经出落成亭亭玉立的少女，但当她回到宫中之后，却因为不受拘束、感情自然流露而遭到放逐，整个王国最终落入玩具公主之手。

用机器人取代女性的身体，不仅说明技术的力量胜过自然一筹，也嘲讽了童话所推崇的维多利亚理想女性。通过颠覆传统观念中的理想女性气质，破除期望，德·摩根凸显了她的性别意识，同时动摇了维多利亚社会对女性的定义。除此之外，德·摩根的另辟蹊径，用机器人这个角色批判了千人一面的公主——她们仅有的品质就是美丽动人、彬彬有礼和克己慎行。德·摩根的故事的确影射了被命运牵着鼻子走、如行尸走肉一般的公主，从关在水晶棺里的白雪公主，到为真命天子"超长待机"的睡美人。它还让人联想到格林兄弟的许多童话，其塑造的女主角不是哑巴就是沉默寡言，但是她们恰恰因为闷声不响而取悦了国王，成了皇后。[24]《玩具公主》明确指出，经典童话里的公主和维多利亚时代推崇的理想女性一样，都是精心打造的形象——洋娃娃般的女性符合中产阶级的规范。改变童话的母题和颠覆定型的角色，让德·摩根得以探索童话在多大程度上可以令现实陌生化，进而揭示家庭意识形态。

习俗和规范会扼杀想象力和生命力，故事里的人性不仅体现在贵族女性的死亡中，也反映在作者把造物变成了仿制品这个设定里：故事中仙子教母没有魔力，也无法凭空创造生命，为了给小公主找一个替身，她去找了一位手工匠人，从后者手里买了一个公主的机械复制品。因此，仿制品是机械物，没有人性，它不能生儿育女，而且危害不浅。

在经典的童话里，如果公主的母亲在开场就死亡，那她的去世通常预示着公主转变的时机已然成熟，该轮到小女孩蜕变并成为女人了。所以，死亡昭示重生，这凸显了女性命运的周而复始、循环往复。但在德·摩根的故事里，死亡却不再是新生的预兆。

礼貌和克制是“修养”（civilité）的表现，而不是进化和重生的标志：“无论是谁，表达自己的喜好和厌恶、爱与恨、幸福与痛苦，都被认为是这个世界上最粗鲁、最没有教养的行为（p.165）。”由此，公主的母亲就显得不合时宜：她和她祖国的人们都喜怒形于色，高兴就笑、伤心就哭。不止如此，随着小公主变得越来越沉默，她的脸庞日益消瘦，脸上也逐渐没了血色，她变得越来越像维多利亚时代那些拒绝吃东西、虚弱不堪的女性①。[25]故事里的这个国家压抑和禁锢的不仅是人的精神，“囚禁”也是字面意义上的：公主乌苏拉（Ursula）不仅不能哭、不能叹气、不能说话，还必须乖乖待

① 她们相信自己和基督教传说中的圣人一样，就算不吃东西也能活着。*

在自己的房间里，每天只能在窗前（后来，她正是通过这扇窗跟着仙子教母逃走了）张望外面的世界。窗外翱翔天际的小鸟与因为翅膀被剪掉而被困在屋内的理想女性，形成了鲜明的对比。

乌苏拉接受的教育进一步揭露了意识形态对人的控制，以及文明教化的过程对人的压抑。乌苏拉的房间里没有任何玩具（包括洋娃娃），而且她不得参与任何形式的娱乐活动，这么做都是为了最大限度地压抑她的想象力。在这样一个“如非必要”（p.165）就尽量不说话的国家里，功利主义拥有至高无上的地位。

显然，德·摩根想用童话的形式强调文明及其相关的技术进步与人类之间的割裂。童话成了一种质疑人类是否应当切断自身与人性以及大自然之间联系的手段。事实上，德·摩根笔下的两个世界泾渭分明：一个是自然的世界，充满梦想、可以实现的愿望、平实的快乐和真挚的情感；另一个则是高度文明的宫廷世界。在仙子教母寄养公主的海边，人人都靠打鱼为生，而它就是这个童话故事里的仙境，人类在大自然里过着幸福的生活。用玩具（机器）公主取代真正的公主，不啻为一种表达抗议的手段。

世俗观念认为好女人就应当保持沉默，因为谨言慎行是文明教化的突出标志，为了反抗这种观念，仙子教母塔布蕾特（Taboret）试图展现理想与现实之间天差地别，人根本不可能符合社会的期望。身为机器人的玩具公主，不仅体现了社会的行为规范和生活模式，还象征着人类对自然的控制，揭露了自然与文明、生物与机械之间的冲突。如此一来，玩具公主就站到了当时社会看法的对立面，后者认为科学像妖精一样不可思议。

《玩具公主》对文明教化的批评主要针对文明生活里的非自然性，这与霍夫曼的《睡魔》有惊人的相似之处。事实上，《睡魔》的故事中有一个美丽的娃娃，名叫奥林匹娅，她没有灵魂，似乎不上发条就不能动。她能像活生生的人一样说几个单词、嬉戏玩耍、唱歌跳舞，实际上却只是一个用木头做的机器娃娃，因为举止得体，她在别人的牵线搭桥下进入了上流社会的圈子。当奥林匹娅的真实身份被曝光后，她那人为设置、毫无灵魂的得体举止反而导致人们质疑理想女性这一设定。于是，打哈欠和打喷嚏这种展示生理需要的行为，反倒成了女性避免自己被误认为是机器人的关键所在。

科学进步与重塑大自然[26]：奇妙的自动机

在大卫·布鲁斯特（David Brewster）创作《就自然与魔法的话题与沃尔特·斯科特爵士的通信》（*Letters on Natural Magic Addressed to Sir Walter Scott Bart*，1832）的时期，科学和魔法的界线还不甚明了，要区分一件新发明究竟是科技进步的结晶还是骗人的戏法，十分不容易。在布鲁斯特看来，机器玩具既体现了科学的神奇之处，又象征着进步和文明：

> 在一个世纪，神奇的机器只能让使用它的魔术师财源滚滚，而在另一个世纪，它们却能让国家变得富强。那

> 些原本只是供粗人娱乐的机器玩具，如今被用于提升我们这个物种的力量，促进人类文明的发展。[27]

尽管布鲁斯特是第一个怀疑匈牙利发明家沃尔夫冈·冯·肯佩伦（Wolfgang von Kempelen）①的人，认为后者在下棋机器人[28]里藏了一个侏儒[29]，但理性如他，也会把自动机比作魔法和奇迹。由此可见，在当时，科学和技术的世界与童话领域依然关系密切。[30]但没过几十年，在德·摩根的《玩具公主》里，仙子教母就已经不再创造魔法道具了，而只能从仙境的商店里购买。符咒成了商品，玩具公主也不例外。德·摩根在这里似乎暗示了自动机是仙境的魔法产品，而机械化的生产方式让读者联想到英国的工业发展和技术进步。但是这样一来，仙境就祛魅了。

德·摩根给仁慈的仙子教母设计了一身经典的巫婆装扮（她身穿红色的斗篷，乌黑的眼睛炯炯有神，长着鹰钩鼻和长下巴），她将教母和巫婆这两种形象糅合在了一起。然而，两者的合并反而更加凸显了这个女性角色失去力量的事实。尽管公主的教母塔布蕾特能隐身、会飞行，结局还用魔杖把玩具公主掉落的脑袋安了回去，但她实际上必须按部就班地去仙境的商店里购买魔法道具——她可是那里的“老主顾”（pp.166—167）。

售卖道具的商店把仙境变成了童话版的维多利亚资本主

① 肯佩伦曾发明了一台名叫“土耳其人（The Turk）”的下棋机器人，它棋艺高超，横扫当时的欧洲和北美洲，曾一度成为传奇。后被证实是一场骗局。*

义社会：它为顾客提供“任何想要的符咒”（p.166），出售的其实是幻想，譬如玩具公主。事实上，塔布蕾特在商店里物色的“公主”就是消费社会的商品：塔布蕾特可以从“库存”（p.167）里挑选想要的尺寸，还能讨价还价，价钱可能“太高了”，也可能“非常划算”（p.167）。塔布蕾特跟店家砍价的情节凸显了神奇事物与市场经济的格格不入：“‘太贵了’……她其实并不觉得贵，但她每次都要跟做生意的人杀价，毕竟便宜一分是一分……‘我觉得这个价太高了’（p.167）。”塔布蕾特担心机器娃娃有瑕疵，仔细检查“这件玩具”，这个情节进一步批评了工业化，巧妙地把蓬勃发展的工业社会和大规模生产的世界与对魔法的压制相结合。更有意思的是，货币交易退到了幕后：塔布蕾特必须支付“四声猫的脚步声、两声鱼的尖叫和两首天鹅的歌”（p.167）。淡化金钱的存在感和物质性与故事想要表达的主旨有关，即理想女性是缺少人性的：完美女性的形象，和故事里的钱一样虚无——正如社会推测的那样，女性是资本主义的产物，是假象，是可以在商店买卖的商品。

此外，玩具公主和“真”公主一模一样：“一个长得非常像乌苏拉公主的小女孩，像到没人能分出谁是谁”（p.167）。可见机器人是本尊的机械复制品，故事用这种方式暗示，理想的女性气质是由社会的习俗和规范人为建构的，就像玩偶是机器打造的。玩具公主几乎不开口说话，“是整个国家行为举止最优雅”的人（p.169），虽然它其实“只是个假货”（p.172）。玩具公主令人联想到查尔斯·狄更斯（Charles

Dickens）的作品《远大前程》（*Great Expectations*，1861）[①]里幽灵一般的郝薇香小姐（Miss Havisham），我们在下文中会看到，产生这种联想的主要原因是这个总是穿着一袭白色婚纱的无情女人也和机械有关系，她让庄园里所有的钟表都停在了当年她得知未婚夫弃自己而去的那个时刻，由于她整天面如死灰，像一具行尸走肉，狄更斯便把她比作了集市上的蜡像。

除此之外，在德·摩根的故事里，王宫是一个用文明教化把人变成麻木不仁的机器之地。与之形成鲜明对比的是，塔布蕾特寄养公主的地方则更像仙境。乌苏拉曾幻想到月亮上生活，最后却在海边找到了自己的归宿。月亮和海都代表大自然，它们就这样成了女性特质的象征：生活在自然世界中的人可以自由表达他们的需求和感受。在塔布蕾特提议要带乌苏拉走时，小公主边听边“嘬大拇指”（p.168），这个不经意的动作也是情感的表达，它预示公主的重生。德·摩根对童年的描写极富浪漫色彩，天真无邪、不受拘束是孩子的天性，这样的设定让人想起一类童话故事——叛逆的公主离开祖国，踏上冒险的旅途，历经艰险，等她重新回到故乡时，已然长成一名规规矩矩的淑女、一位有教养的家庭主妇。

在德·摩根的故事开头，公主非常“顽皮”（p.168），她不肯吃饭、不愿睡觉，甚至任凭眼泪在眼眶里打转。乌苏拉也要踏上一段艰难的旅途，只是对她来说，这是一趟无法回头的旅程。正如仙子教母在故事的末尾明确指出的那样，需要改变的不是公主，而是宫廷。公主在宫内和宫外的成长经

① 也译作《孤星血泪》。*

历，暗示了教育和教化影响了女性与大自然的关系。公主的母亲在和国王成亲后，“（变得）越来越消瘦”（p.165），身形日渐枯槁。她的女儿几乎步上她的后尘，随着小公主“一天天长大，眼睛里的光彩却日渐黯淡，圆圆的小脸蛋也（愈发）清瘦苍白”（p.166）。教育就是压抑天性，把女性变成行尸走肉。这也是为什么玩具公主“（变成了）所有人喜爱的对象”（p.169），因为它总是很安静，面色苍白，“脸上几乎毫无血色”（p.171）。跟王宫里那些“总是呆板僵硬、沉默寡言、一成不变”的人一样，玩具公主的成长已经完全停滞，陷入了病态。而与此同时，住在海边的乌苏拉公主“（已经出落得）像桤木一样亭亭玉立，她像小鸟一样无忧无虑”（p.170）。故事在这里又一次用修辞和俏皮的对比，把女性同大自然联系了起来，反映出海洋是对生命和新生的隐喻。

机器人的角色还有一个作用，德·摩根充分利用了这种机械物体模棱两可的性质。机器人的英语原文是“automata”，又可以译为自动机。这个词有双重含义，它既可以指“动力装置不明的机器”，又可以指“机械死板、做事不用脑子的人”，自动机“名不副实……从含义来看，它们其实并不自动”。[31]在德·摩根德故事中，机器人是行尸走肉般的模范女性机械复制品，表达了对机械和人类之间的边界崩塌的忧虑。有趣的是，自动机在维多利亚时代非常受欢迎，因为它们让人们得以一窥人体内部的运作方式：“引起人们兴趣的是机器人本身，而不是它们的用处。”[32]

事实上，自动机反映了维多利亚时代的生理学家试图解释人类的生理机能，以及采用机械论的视角看待人体。拿自动机类比人类生理机能的做法可以追溯到朱利安·奥弗雷·德·拉·美特利（Julien Offray de La Mettrie）的《人类是一台机器》（*Man A Machine*，1748），这本书将人类与机械相提并论。不仅如此，在皮特·奥福德（Pete Orford）看来，“拉·美特利这本书的出发点是对功能的关注，它讨论了批评家对19世纪工业化大规模扩张所表达的恐惧”[33]。实际上，正是因为越来越把人体看作是机器，人们才开始尝试制造机器人[34]，这不禁让人想到，自动机或许反映了唯物主义科学对人性的影响。

工业革命和技术发展改变了人们对人体的看法，这一点显而易见，而在同一时期，文学界诞生了科幻小说，凸显了技术时代急需重新定义人的身体。工厂在生产机器，与此同时，医学也在把人类简化成一种机器，没准儿人体也装了各种各样的开关，找到它们就能随意操纵人体呢？因此，自动机成了有关人性的争论焦点，它一方面凸显了机器和生物之间的区别，另一方面却又把人体看作机器。事实上，自生理学问世之后，科学家就开始探究意志的本质，以及身体和心灵之间的关系，并用自主和非自主的动作、行为重新定义人类。这种对人体的看法渗透进了维多利亚文化的方方面面，医生、工程师，甚至似乎能把正常人变成机器人的催眠师，他们脑子里思考的东西都与自动机有关。[35]这或许可以解释，为什么儿童文学会在这个时期对普及现代人性观至关重要。

事实上，童话这种文学体裁的读者以女性为主，或许特别有利于传播当时对女性与自然之间的关系的看法。与女人不同，男人“不是自动机，不是维持社会机器运作的、没有思想的零件，而是恣意妄为的个体”[36]。因此我们可以很容易地看出，自动机的形象象征着女性对身体之力的屈服。在萨丽·沙特尔沃斯（Sally Shuttleworth）看来，“传统上女性与身体之间的联系并不明朗”，但是从18世纪晚期开始，“医学加强了二者的联系，对其进行了具体的阐释，并确立了标准”。[37]因此，纵观整个维多利亚时代，这种“性别分类转向”[38]在医学的发展过程中尤为明显：医学看待女性生理的视角日益机械化，不断强调医学专家有必要控制那些似乎在操控女性的力量。这或许也是为什么完美的机器形象都是女性。[39]

举例而言，维利耶·德·利尔-亚当（Villiers de L'Isle-Adam）在《未来的夏娃》（*The future Eve*，1886）里塑造了一个完美的机器人女性，凸显了机器与理想女性之间的关联。最明显的是，《未来的夏娃》中，天才科学家托马斯·爱迪生（Thomas Edison）细致讲解了机器人哈黛丽（Hadaly）全身上下的每一个部分，话里话外对不可思议的事物充满了感叹，仿佛人造女性最具童话色彩的特点就是男性对女性身体的控制——书中认为女性的身体是预先设定好的，由科学家调节。

自动机、女性生理和女性典范之间的这种关联，十分能够代表维多利亚时代中期对理想女性气质的定义。1853年，周刊《家常话》（*Household Words*）上刊登了一篇题为《玩偶》（“Dolls”）的文章，主题是当时欣欣向荣的玩偶生产和贸易。但是很快，作者笔锋一转，将玩偶与人体结构相提并论。按照他的解释，制作玩偶需要数名专业人士和艺术家，即从假发师到专门制作玩偶眼睛的技师。因此，制作一个玩偶意味着"由一名艺术家制作第一个部件，第二名制作第二个，第三名制作第三个；最后这些部件全都被交到一个技艺精湛的人手上"，再由他一点一点把它们组装起来，"像组装手表一样"。[40]这篇文章说，是"数学"的精确性让玩偶"从无到有"。[41]再加上这个手表的比喻，这不仅是把玩偶比作机器人，更是在用这种玩具类比当时人们对人类生理学的机械论看法。玩偶"越做越像真人"，它们的眼睛"是由那些给人制作义眼的专业工匠做的"，所以"非常逼真"，而它们的头发常常就是用真人的头发做的。[42]总而言之，它们"栩栩如生"[43]，酷似它们的小姑娘主人。

更重要的是，这篇文章不光讨论了玩偶的制作过程，后来还专门介绍了蜡像——比如拿破仑·蒙塔纳里夫人（Madame Napoleon Montanari）的蜡像，它们在1851年的伦敦世界博览会上展出，展现了不同阶段的女性气质。作者接着阐释了蜡像模型和解剖学模型的关系，进一步用玩偶类比了终将长成女人的女孩。奥祖医生（Dr. Auzouxa）①发明的等身纸浆人体蜡像用丰富的细节展示了人体内部的运作方式[44]，文章的作者因而将这种医学模型同出色的自动机技术联系了起来："制作玩偶的至高境界是造出能说话的玩偶"[45]，它会叫"爸爸"和"妈妈"[46]——不过，和常见物种不同，它的诞生只需要一个人。[47]

事实上，技术发展不可避免地破坏了人造物与自然物的

---

① 路易斯·托马斯·杰罗姆·奥祖（Louis Thomas Jérôme Auzoux，1797—1880），法国解剖学家。*

界限，而会说话的自动机械装置则加剧了这种情况。自动机取代人类的可能性似乎越来越高，尤其容易引发什么是“人类”的争论，这一点在19世纪中期的另一篇文章中得到了强调。这篇文章题为《会说话的机器人，歌雀》（“The Euphonia, or Speaking Automaton”），它描述了一台刚刚被送到伦敦展览、能够发出声音的机器［维也纳发明家法伯尔教授（Prof. Faber）的说话机器人］，并大呼新奇。这篇文章介绍说，这台机器“主发声部件的材料是生橡胶，用一对风箱代替了人的两个肺”，作者称发明者“花了七年时间才让这台机器人能够准确发出元音‘E’”：“我们要重申，这是世界上最精彩的展览”。这台机器人能说多种语言，会吹哨，会笑，也会唱歌，说话时有气息（“你可以在它说话的时候感受到它嘴唇呼出的气流；此外，如果你捏住它的鼻子，它会立刻带上明显的鼻音”[48]）。除了说话，机器人是否具备智力也备受关注，比如肯佩伦技惊四座的下棋机器人。

纵观这篇介绍玩偶制造业的文章，玩偶与“喜爱玩偶的天真小女人”之间的类比越来越多。[49]这样的例子让我们看到，技术进步不仅以奇怪的视角看待女性的生理，还意欲控制女性的天性。

将近一个世纪以前，1763年，杜莎夫人（Madame Tussaud）制作并展出了一件会“呼吸”的蜡像作品——《睡美人》（“Sleeping Beauty”）；1776年，瑞士钟表匠皮埃尔·雅克-德罗（Pierre Jaquet-Droz，1721—1790）的作品《女音乐家》（“Musical Lady”）被运到伦敦展出，她的眼睛会转动，胸口有起伏。正如西蒙·谢弗（Simon Schaffer）

的观点，“引诱在自动机贸易中不可或缺”[50]。此外，这种自动机充分利用了“机械化的情欲，尤其是女性的情欲”，“情欲、异域风情、机械和金钱在展厅中水乳交融，浑然一体”。[51]

另一个著名的机器人是赤裸的银色舞者，它是为东印度公司设计制造的。虽然这款机器人从未在维克博物馆（1834年关闭）展出过，但却在博物馆的拍卖会上被工程师兼企业家查尔斯·巴贝奇（Charles Babbage，1791—1871）①买下并修复。值得一提的是，巴贝奇是玛丽·德·摩根的父亲奥古斯都·德·摩根的朋友，他是研究计算机器的专家，这和自动机紧密相关。另外，银色舞者意味着欲望，或许，玛丽·德·摩根对自动机的了解主要源于家庭环境，而不是媒体或热门展览。

德·摩根紧跟查尔斯·狄更斯等维多利亚作家的脚步[52]，在作品中利用了自动机这个流行的元素，最终塑造出玩具公主这个角色。和当时的许多故事一样，机器本身也是对人之社会境况的隐喻。例如，在让·英格洛（Jean Ingelow）的《仙女莫普莎》（*Mopsa the Fairy*，1869）中，故事的主角来到一个陌生的国度，发现当地的女人都像钟表一样，后脑勺上有专门用来上发条的孔，女人没有脉搏，取而代之的是如同钟表走字一般的嘀嗒声——暗示了钟表匠雅克-德罗制作的那个玩偶。

女性的这副机械化躯体象征着她们的无力：由于无法通过

---

① 英国数学家、发明家兼工程师。*

给自己的后脑勺上发条来提供动力，她们无法掌控时间。和英格洛的故事一样，德·摩根的童话也强调了女性缺乏能动性，容易变成任人摆布的物品。但她没有止步于此，她的故事把矛头指向了文明教化的过程以及社会、经济、文化背景，认为人类感情机械化与社会工业化相关，表达了作者的政治观点。宫廷里以物而非以人为本，人因为风俗习惯失去人性变成了“机器玩偶”，这令人联想到维多利亚时代其他批评工业化和资本主义的童话故事，从约翰·拉斯金的《金河王》（1841）到奥斯卡·王尔德在19世纪末创作的《快乐王子》（1888）。

此外，德·摩根对自然人和人造人区别的探讨，还让人想到了工业技术的发展与早期自动机械装置之间更久远的那些关系，比如沃康松（Vaucanson）的自动机械作品似乎就是在“宣告，现代工厂是个把人当成机器，把工人当成机器人的地方”[53]。机器人成了“工人的机械双生子”[54]，代表了工业化给人类带来的冲击和威胁。它是工业理想的化身，而把人塑造成机器人则经常成为批评工业化的手段。在沙特尔沃斯看来，“无论是工业主义的批评者，还是为它辩护的人，都把人看成了机器，这种看法似乎在工厂的车间里得到了印证，工作内容无限细分，工人无条件服从机器”[55]。

值得注意的是，机器人诞生的时期正值政府的控制力增强，于是，“行政管理以及对自然秩序的管理双双被合理化”[56]。这解释了为什么自动机多半用来象征社会和政治冲突，从中可以看出知识结构的普遍影响。

德·摩根的童话正是这样。通过把公主置于政治讨论的核心，让玩具（机器）公主最终被推选为国家的女王，德·摩根凸显了人在工业社会缺乏能动性，并讨论了暴君问题。故事中的公主离开皇宫，下到民间生活，讽刺的是，她并没有表明自己的皇室身份，与王子结婚：乌苏拉最后嫁给了渔夫的儿子，“从此过上了幸福的生活”，这证明幸福生活不一定要门当户对、家财万贯。在德·摩根设想的乌托邦社会里，生活中的奇迹和美好同技术和进步南辕北辙，这从她笔下的公主大多与自然世界十分亲近就可以看出。比如，《风精灵传说》中的露茜拉（Lucilla）在风精灵的教导下学会了如何跳舞。[57]又比如《雨姑娘》（“The Rain Maiden”）的主人公热爱水和雨。[58]因此，德·摩根利用童话故事和玩具公主作为整个世界、社会制度以及所有居民的缩影，尖锐地批评了政治。故事中没有魔法，人类做事一板一眼，身不由己，显得微不足道，科学和技术压抑着人的感情，在某种程度上，超自然的事物也已经沦为再“自然”不过的事，德·摩根笔下的现代英格兰一幅万马齐喑的景象，这种论调跟科幻作品相当类似。[59]

此外，通过展现科学进步给社会带来的冲击，以及知识结构对社会的渗透性影响，德·摩根的玩具（机器）公主表明，妖精和童话能够阐释科学与文化之间的关系，童话及其中的奇观是一种全新的语言，能够有效地表述科学思想以及关于自然的新知给国家和人类带来了怎样的影响。

注 释

[1] Thomas Carlyle, 'Signs of the Times', *The Works of Thomas Carlyle* (London: G. Routledge & Sons, 1896–99), XXVII, p. 59.

[2] Mary Louisa Molesworth, 'The Weather Maiden', *Fairies Afield* (London: Macmillan, 1911), pp. 121–75 (174).

[3] John V. Pickstone, *Ways of Knowing: A New History of Science, Technology and Medicine* (Chicago: University of Chicago Press, 2001), p. 102.

[4] Carolyn Merchant, *The Death of Nature: Women, Ecology and the Scientific Revolution* (San Francisco: Harper, (1980) 1989), p. 193.

[5] Lorraine J. Daston and Katharine Park, *Wonders and the Order of Nature, 1150– 1750* (New York: Zone, 1998), p. 95.

[6] Daston and Park, *Wonders and the Order of Nature*, p. 281.

[7] Katherine Inglis, 'Becoming Automatous: Automata in *The Old Curiosity Shop and Our Mutual Friend*', 19: *Interdisciplinary Studies in the Long Nineteenth Century* 6 (2008), p. 3 <www.19.bbk.ac.uk> (accessed 3 Jan. 2014). 还可以参考: Richard D. Altick, *The Shows of London* (Cambridge, MA, and London: Belknap, 1978), p. 65; Annie Amartin−Serin, *La Création défiée: L' Homme fabriqué dans la littérature* (Paris: PUF, 1996), p. 26; Jacques Vaucanson, *Account of the Mechanism of an Automaton, or Image Playing on the German-Flute: As it was presented in a Memoire, to the Gentlemen of the Royal Academy of Sciences at Paris*, trans. J. T. Desaguliers (London: T. Parker, 1742), p. 23; Gaby Wood, *Living Dolls: A Magical History of the Quest for Mechanical Life* (London: Faber & Faber, 2002), p. 23.

[8] [Anon], 'Talking Machines', *All the Year Round* (24 September 1870), pp. 393–6 (393).

[9] William Gaunt and M. D. E. Clayton−Stamm, *William de Morgan* (London: Studio Vista, 1971), p. 12.

[10] Roger Lancelyn Green, 'Introduction', in Mary de Morgan, *The Necklace of Princess Florimonde and Other Stories Being the Complete Fairy Tales of Mary de Morgan, with Original Illustrations by William de Morgan, Walter Crane, Olive Cockerell* (London: Victor Gollancz, 1963), pp. 7–13.

[11] Mary Augusta de Morgan, 'A Toy Princess', *On a Pincushion and Other Fairy Tales* (London: Seeley, Jackson& Halliday, 1877), pp. 153–76.

[12] Mary Augusta de Morgan, 'Vain Kesta', *The Windfairies and Other Tales* (London: Seeley & Co., 1900), pp. 35–52.

[13] Mary Augusta de Morgan, 'The Story of Vain Lamorna', *On a Pincushion and Other Fairy Tales* (London: Seeley, Jackson& Halliday, 1877), pp. 4–26.

[14] Mary Augusta de Morgan, 'The Ploughman and the Gnome', *Windfairies and Other Tales*, pp. 209–36.

[15] Mary Augusta de Morgan, 'The Hair Tree', *On a Pincushion and Other Fairy Tales*, pp. 100–52.

[16] Mary Ann Kilner, *The Adventures of the Pincushion: Designed Chiefly for the Use of Young Ladies* (London: Thomas Hughes, (1788) 1824).

[17] "'我的后生朋友，不要以为，'他温和地说，'人有不止一个倒影。很多人都有这个误会，但是实际上，一个物体只有一个倒影；只有当本尊在镜子前移动的时候，倒影才会跟着动，倒影的全貌才能被看到。如果我们能趁那个虚荣的女孩俯身到小溪边时，把她的倒影偷走，那她以后就再也无法在镜子里看见自己了。'"（de Morgan, 'Story of Vain Lamorna', p. 9）

[18] "实际上，所有的阳光都是由微小的太阳仙子构成的，她们顺着金色的梯子从天而降，形成了凡人看见的阳光。每当有乌云靠近，太阳仙子就会迅速爬上梯子，并把梯子撤回。掌管太阳的是一名法力无边的仙灵，每天早晨，他都要亲自吩咐那些微小的侍从（太阳仙子）照向哪里，而当夜晚降临，他又要清点仙子，看她们是否悉数返回。"［Mary Augusta de Morgan, 'The Story of the Opal', *On a Pincushion and Other Fairy Tales*, pp. 57–73 (57)］

[19] 框架故事里的角色凸显了这个故事的教育意义："'我喜欢那样的故事，'胸针说，'它既有趣，又有教育意义。现在，我们知道蛋白石的颜色为什么会变了。'"（de Morgan, 'Story of the Opal', p. 73）

[20] de Morgan, 'Hair Tree'.

[21] 小男孩杰克踏上旅途，去北极请教一个无所不知的老人，老人给他的答案令人想到了科普书的叙事技巧："哦，愚蠢的凡人啊！他们总是害怕做那些他们应当做的事。他们当然不能结婚，这还用说吗？不然要么就是他蒸发，要么就是她熄灭。还有什么比水更能灭火？又有什么比火更能烧干水？皮拉公主上的可是个好学校，我还以为她是个聪明人呢。"［Mary Augusta de Morgan, 'Through the Fire', *On a Pincushion and Other Fairy Tales*, pp. 177–228 (218–19)］

[22] Mary Augusta de Morgan, 'The Wise Princess', *The Necklace of Princess Fiorimonde and other Stories* (London: Macmillan& Co., 1880), pp. 175–84.

[23] Mary de Morgan, 'A Toy Princess', in Jack Zipes (ed.), *Victorian Fairy Tales: The Revolt of the Fairies and Elves* (New York and London: Methuen, 1987), pp. 165–74 (172)。后文的所有引用都基于这个版本，并会以括注的形式标明。

[24] 类似的例子，譬如格林兄弟的《十二兄弟》（"The Twelve Brothers"）、《七只乌鸦》（"The Seven Ravens"）和《六只天鹅》（"The Six Swans"）。露丝·伯蒂格海默（Ruth Bottigheimer）发现，佩罗的故事里从来没有哑女，而格林童话里则很常见。美丽的女人必须是安静的，而沉默"几乎是女性角色的专利"。既有女主角依靠一言不发拯救哥哥们，也有女主人公因为失声而遭受惩罚，例如《水晶棺材》（"The Glass Coffin"）［Ruth B. Bottigheimer, *Grimms' Bad Girls and Bold Boys: The Moral and Social Vision of the Tales* (New Haven and London: Yale University Press, 1987), p. 74］。

[25] 后来，故事甚至暗示公主出现了神经衰弱和歇斯底里的情况，导致渔夫们好奇乌苏拉是不是"疯了"（p.169）。

[26] 该术语借鉴于：Donna J. Haraway, *Simians, Cyborgs, and Women: The Reinvention of Nature* (London: Free Association Books, 1991).

[27] David Brewster, *Letters on Natural Magic, Addressed to Sir Walter Scott, Bart.* (London: John Murray, 1834), qtd in Wood, Living Dolls, p. 104.

[28] 肯佩伦的下棋机器人还是霍夫曼另一个短篇故事的灵感，题目是《自动机》（"The Automata"）。霍夫曼是在一本书上读到下棋机器人的。[Christian Wiegleb, *Instruction in Natural Magic (Unterricht in der natürlichen Magie* (Berlin, 1779); see Wood, Living Dolls, p. 59]

[29] Amartin-Serin, *La Création défiée*, p. 89.

[30] 科学写作在19世纪的头十年里，经常借用幻想和超自然的事物，对此，道格拉斯·尼科尔（Douglas Nickel）认为，我们必须将其视为一种形而上学的比喻手法，它是由启蒙的风潮带动的，试图将非理性和神话重新注入对于自然的解释中[Douglas Nickel, 'Talbot's Natural Magic', History of Photography 26. 2 (Summer 2002), pp. 132–40]。通过用比喻暗示技术的奇妙，他强调了自动机（因为很像人类而）被拿来与自然的隐藏力量相提并论。

[31] Inglis, 'Becoming Automatous', p. 1.

[32] Pete Orford, 'Dickens and Science Fiction: A Study of *Artificial Intelligence in Great Expectations', 19: Interdisciplinary Studies in the Long Nineteenth Century* 10 (2010), p. 9 <www.19.bbc.ac.uk> (accessed 3 Jan. 2014).

[33] Orford, 'Dickens and Science Fiction', p. 10.

[34] Derek de Solla Price, 'Automata and the Origins of Mechanism and Mechanistic Philosophy', *Technology and Culture* 5. 1 (Winter 1964), pp. 9–23 (10).

[35] Simon Schaffer, 'Babbage's Dancer and the Impresarios of Mechanism', in Francis Spufford and Jenny Uglow (eds), *Cultural Babbage: Technology, Time and Invention* (London, Boston: Faber& Faber, 1996), pp. 52–80 (68).

[36] Sally Shuttleworth, 'Female Circulation: Medical Discourse and Popular Advertising in the Mid Victorian Era', in Mary Jacobus, Evelyn Fox Keller and Sally Shuttleworth (eds), *Body Politics: Women and the Discourses of Science* (New York, London:

Routledge, 1990), pp. 47–68 (55).

[37] Shuttleworth, 'Female Circulation', p. 53.

[38] Shuttleworth, 'Female Circulation', p. 53.

[39] Mary Ann Doane, 'Technophilia: Technology, Representation, and the Feminine', in Mary Jacobus, Evelyn Fox Keller and Sally Shuttleworth (eds), *Body Politics: Women and the Discourses of Science* (New York and London: Routledge, 1990), pp. 163–76 (163).

[40] [George Dodd], 'Dolls', *Household Words* 7. 168 (11 June 1853), pp. 352–6 (353).

[41] [Dodd], 'Dolls', p. 353.

[42] [Dodd], 'Dolls', p. 353.

[43] [Dodd], 'Dolls', p. 354.

[44] [Dodd], 'Dolls', p. 355.

[45] [Dodd], 'Dolls', p. 355.

[46] [Dodd], 'Dolls', p. 355.

[47] 早在1824年，约翰·梅泽尔（Johann Maelzel）就展示过一款会说话的玩偶，它能发"妈妈（Maman）"和"爸爸（Papa）"这两个音。Inglis, 'Becoming Automatous', p. 3.

[48] [Anon], 'The Euphonia, or Speaking Automaton', *Illustrated London News* (25 July 1846), p. 59.

[49] [Dodd], 'Dolls', p. 352.

[50] Schaffer, 'Babbage's Dancer and the Impresarios of Mechanism', p. 56.

[51] Schaffer, 'Babbage's Dancer and the Impresarios of Mechanism', p. 56.

[52] 参考：Inglis，'Becoming Automatous'。狄更斯作品中的自动机代表了他对人性机械化以及针对想象的功利性批评的批评，例如他的《艰难时世》（*Hard Times*）。

[53] Hal Foster, *Compulsive Beauty* (Cambridge, MA, and London: MIT Press, 1993), p. 131, qtd in Inglis, 'Becoming Automatous', p. 5.

[54] Inglis, 'Becoming Automatous', p. 5.

[55] Shuttleworth, 'Female Circulation', p. 54.

[56] Merchant, *Death of Nature*, p. 205.。艾玛·斯帕里（Emma Spary）还提到，革命政治作家曾警告他们的读者，如果将

过多的自主性交给强势的统治者，人们就有沦为自动机的危险；Emma Spary, 'Political, Natural, and Bodily Economies', in N. Jardine, J. Secord and E. Spary (eds), *The Cultures of Natural History* (Cambridge: Cambridge University Press, 1996), pp. 178–96 (192).

[57] Mary de Morgan, 'The Windfairies', *Windfairies and Other Tales*, pp. 1–34.

[58] Mary de Morgan, 'The Rain Maiden', *Windfairies and Other Tales*, pp. 192–208.

[59] 讽刺的是，就在《玩具公主》发表的第二年，爱迪生的机器玩偶在1878年的巴黎工业博览会上荣获特等奖。而他的人形机器人给了维利耶·德·利尔–亚当创作的灵感（Wood，*Living Dolls*，p.113）。

FAIRY TALES, NATURAL HISTORY AND VICTORIAN CULTURE

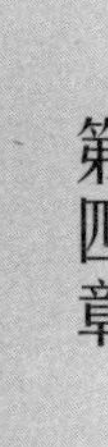

第四章

透过玻璃看自然：

维多利亚的灰姑娘、魔法和变形

Nature under Glass: Victorian Cinderellas, Magic and Metamorphosis

世界博览会的魔法领域

> 设想有这样一座水晶宫（不要在意尺寸，博物学家和研究形而上学的哲学家都知道，事物的大小与它是否神奇无关），里面的每一条托梁、每一根横梁，以及每一个窗框，都能随整座宫殿的不断增大而等比例地放大；可你设想的仅仅是海胆那小小的身躯上众多的奇迹之一，从化石里可以看到，它的贝壳历经无数岁月，仿佛是造物主在向人类昭示他本身的恒常与不变。我们承认主的伟大，无论是过去神的灵在深海中孕育时，还是现在抑或将来，他依然伟大。[1]

查尔斯·金斯莱这段话中的“水晶宫”，指的是1851年举办伦敦万国工业博览会①的场所。将自然界的生物比作这栋钢铁配玻璃的建筑，不无讽刺地说明，维多利亚时代的博物学研究与工程和技术的进步并没有那么泾渭分明。

① 即第一届世界博览会，1851年在英国伦敦举行。有的文本以“万国工业博览会”（Great Exhibition）特指这场首次举办的世博会。*

金斯莱的这个明喻或许令人惊讶，但实际上并非巧合。事实上，妖精在维多利亚时代经常被用于呈现各种各样的工业奇观，乃至其本身就是水晶宫的一部分。1851年，当维多利亚女王［女王最喜欢的首相迪斯雷利（Disraeli）就在私底下称她为“仙子”[2]］第一次踏入水晶宫时，她宣称这个地方“颇有几分仙境的味道”[3]，尤其是挂在入口处的那幅绘画，画上的妖精分别代表了“艺术、科学、和谐、进步、和平、财富、健康、成功、幸福、工业和富足”[4]。

无独有偶，当时还有一篇介绍水晶宫的文章把这座会场比作了仙境：

> 魔法师是对的，但就像每个绝世美人的闺房门外都有狮鹫把守、每座魔法城堡都有巨龙盘踞一样，这片仙境也由一帮地精看管，他们通身发蓝，寸步不让。每个地下室的入口处都站着一个地精，站在门的一侧，游客要穿过他们站岗的大门，才能进入水晶宫里的仙境。如果光是看他们的穿着打扮，你大概会以为他们只是大都会警察局派来的普通警察，但是我敢跟你打包票，在那身制服和雨衣下面，是彻头彻尾的地精。鉴于有些游客不相信魔法那一套，开启仙境入口不需要摩擦神灯、拍三次手或者大喊“芝麻开门”，只要五先令。[5]

当然，这种妖精世界与工业世界的蹩脚对比，其实是为了表现现代性和技术进步带来了去神秘化的体验，与迷人的仙境相差了十万八千里。但许多作品都比这篇文章的措辞要含糊得多：妮可拉·鲍温认为，随着人类对自然的控制力越来越强，妖精和童话是维多利亚人的避风港，描述了他们自己的形象——妖精身材矮小，外表弱不禁风，彰显了人体在高大有力的工厂和机器面前的微不足道。[6]

不仅如此，金斯莱的比喻还体现了博物学的历史与玻璃的历史之间有密切的关联。1845年，随着英国取消玻璃税①，玻璃材质的科研装备变得便宜，水族箱、生态箱和沃德箱得以不断改进，引发了博物学热潮并在19世纪60年代迅速蔓延。这一时期，维多利亚人热衷收集昆虫、蕨类和海藻，博物学爱好者可以把收集到的鲜活动植物放入玻璃装置中。[7]

与此同时，用玻璃和钢铁建成的水晶宫吸引了无数游客，也激发了人们对博物学的好奇心。万国工业博览会结束半年后，人们把水晶宫搬迁到了位于伦敦南部的锡德纳姆地区，有的作家和博物学家对其推崇备至，比如查尔斯·金斯莱和朱莉安娜·霍雷蒂亚·尤因就分别在《海滨奇观》（1855）[8]和《朱蒂阿姨》[9]中建议孩子去参观水晶宫的水族箱，一睹大自然的神奇。无论是万国博览会期间的展览，还是水晶宫这栋建筑本身，都如童话中的仙境一般，尤其是考虑到在那个时期，科普作家把焦点放在自然的奇迹上，譬如博物学家菲利普·亨利·戈斯，他把巨型睡莲称作“植物界的奇迹”[10]。

这座玻璃建筑最初落成于海德公园内，为了理解它可能给

① 1746年，英王乔治二世宣布对制造玻璃的原材料征税，此后百年，针对玻璃的税法几经修改，征税对象也从原料逐渐变为玻璃和玻璃制品，玻璃的价格一直居高不下。直到1845年，在罗伯特-皮尔爵士任首相期间，由他领导的英国政府取消了玻璃税。*

维多利亚人带来了怎样的冲击，我们可以先来看一看玻璃本身在维多利亚文化中的重要性以及它的多元含义。

在伊莎贝尔·阿姆斯特朗（Isobel Armstrong）看来，维多利亚文化可以被定义为“玻璃文化”，“crystal”（水晶玻璃）概括了19世纪的现代主义。[11]同时，“水晶”“起源于岩石，生长于地质世界，是蒸气、矿物和地下活动的产物”，始终强调“水晶与洞窟世界显而易见紧密相关”。[12]

玻璃从属于自然世界，这或许能够解释它为什么在维多利亚时代的虚构作品、艺术和文化中反复出现，被借以表达当时的各种张力，讨论现代城市生活与自然之间的疏离。事实上，水晶宫的建造历史与博物学，以及人们对自然变形的认识紧密相关。

今天的人都知道约瑟夫·帕克斯顿是水晶宫的设计者，但是很少有人知道，1849年11月，他率先让“温室睡莲（亚马逊睡莲）”在英国开花。当时，他为第六代德文郡公爵效力，是英国德比郡查茨沃斯庄园的首席园艺师。他在庄园里修建了玻璃温室，用来种植和保护亚马逊王莲（学名是*Victoria amazonica*），在栽培王莲的过程中，他观察到王莲巨型叶片背面的粗壮叶脉，并从中获得了钢架结构的水晶宫设计灵感。

帕克斯顿一直在温室里悉心照料王莲，它们生机勃勃、长势惊人，超出了他的掌控，这种生命力象征着一种力量，它既“提醒英国，大自然的潜力远非人力可及”[13]，又看似矛盾地与女性气质有关。王莲的另一个学名是“*Victoria regia*”①，其

① 属名“Victoria”代表英国女王维多利亚，种加词“regia”在拉丁语中是“王者”的意思。*

本身脆弱却以强大的维多利亚女王命名，这让它一方面象征力量和技术，另一方面又象征着女性的精致柔美。虽然王莲进一步加深了文雅的女性气质与花的联系，但它同样代表了“自然的神秘，而且很可能还体现了男性害怕女性的生育能力并且希望将其置于控制之下”[14]。因此，很难说这座用玻璃和钢铁筑成的建筑里装的究竟是什么样的奇观：说它是自然世界，里面的奇花异卉却是人工栽培的；说它是温室，其中却又长满了可能会失控的物种。

正如本章所强调的，有些维多利亚童话将水晶宫作为关键场所，展现女性从少女转变为适婚女人、从自然过渡到文明。安妮·伊莎贝拉·萨克雷·里奇的《灰姑娘》（“Cinderella”，1868）与汉斯·克里斯汀·安徒生的《树精》（“The Dryad”，1868）尤为典型，二者都用玻璃建筑和万国博览会象征人类工业和技术的进步。在这两个故事中，年轻女性社会地位的上升与她们长成女人的过程一致，女性角色魔法般的蜕变与经典童话如出一辙，而玻璃则与这种转变密不可分。不过，这两个童话同时把女性角色塑造成了自然标本，像博物学家记录物种生长一般记录她们的成长历程。我们会看到，将女性与自然界的物种进行比较，反映了一种关乎女性“本性”的焦虑，因为进化论强调了女性的欲望和生育能力等问题。

《树精》的主人公是一个生活在树上的精灵，她非常渴望去巴黎，想亲眼看看1867年的巴黎世界博览会；而在安妮·伊莎贝拉·萨克雷·里奇的《灰姑娘》中，一个名叫辛德瑞拉（Cinderella）①的姑娘，在水晶宫邂逅了魅力四射的白马王子。事实上，这两个故事都以童话的母题和模式，把城市重新描绘成一个充满欲望、幻觉和无常的地方——一个与现代性密切相关的魔法世界。由此造成的结果是，描绘科学奇迹的话语仍然暧昧不清，这也象征了维多利亚人对科学、进步和人类控制自然的能力怀有复杂的感受。

安妮·伊莎贝拉·萨克雷·里奇的灰姑娘：收集者与消费者

1865年，周刊《一年到头》刊登了一篇介绍伦敦市内娱乐活动的评论文章。作者在文中描写人们在假期出游，兴致勃勃地在站台上等待火车，准备前往水晶宫，原文如下：

> 我穿过街道，来到要乘车的火车站（这里通往四面八方），看到女仆们穿着最好的衣服，从车站的前门走了进来，她们脚步轻快，喜气洋洋，我不禁想到了长年累月囚居于鸟笼的小鸟，一旦笼门大开，便尽情奔向自由世界……我站在可以去到任何地方的站台上，发现周围逐渐聚集起了一大群逃出笼子的鸟。绝大多数都是女性，没有

① “灰姑娘”是女主人公的绰号，她的本名叫艾拉（Ella），因为经常干粗活，身上沾满灰尘，因为被称为“cinderella”，即“cinder（煤灰）”+“ella（艾拉）”，本书既有音译作“辛德瑞拉”，也有意译为“灰姑娘”的。无论哪一种，都是指女主本人。*

> 几个人真的愿意穿不方便的克里诺林裙衬①，她们在走路时把裙衬踢得前后摇摆，活像脾气暴躁的老乔②。我注意到，相比进城的方向，重获自由的鸟儿显然更青睐出城的方向，出城的列车开往里士满和邱园，巧妙扳动道岔还能开到水晶宫……
>
> 我最后终于明白了。站在水晶宫前，看着乌泱乌泱的游客，我意识到原来大家目标一致……水晶宫好玩的地方有华丽的庭院、雕像、艺术作品和花卉，除了这些常规的娱乐项目之外，游客只要花区区一先令，就能看到五花八门的内容……在复活节后的周一，水晶宫举办了特别的活动——“北境巫师”约翰·亨利·安德森的魔术表演、阿拉巴吟游诗人的吟唱，还有剧院上演的芭蕾哑剧。同一天，南肯辛顿博物馆③向公众免费开放，从早到晚，馆里都人山人海，大家始终兴致勃勃，直到离开都意犹未尽。[15]

评论者的描写呈现了一种讽刺的景象，女性顾客想要看的奇观与南肯辛顿博物馆展览的博物学奇观大相径庭：自然标本的吸引力不能与水晶宫相比，后者搬迁到锡德纳姆后，那是纯粹的娱乐之地，吸引了数千名像鸟儿一样的女性。“逃出笼子

---

① 维多利亚时代流行的硬质裙撑。*

② “老乔把门踢得前后摇”，出自19世纪三四十年代流行的歌曲《老乔呦，黛娜正在你的屋里偷汉子呐》（“Old Joe, or Somebody in the House with Dinah”）。*

③ 南肯辛顿是水晶宫附近的一片教育文化区，南肯辛顿博物馆是该区第一批建立的机构之一。该博物馆的前身是制造商博物馆，收藏了万国工业博览会的部分展品。*

的鸟儿”打扮入时，心甘情愿地飞进一座玻璃宫殿，像玻璃展柜中的展品一样，被玻璃包围了起来。作者把这座玻璃建筑建构为容纳女性欲望的场所，这很常见。[16]或许也可以就此解释，为什么万国工业博览会不仅被视为仙境，而且与女性以及女性气质的议题紧密相关。

安妮·伊莎贝拉·萨克雷·里奇的《灰姑娘》就是个很好的例子。安妮·伊莎贝拉·萨克雷·里奇（Anne Isabella Thackeray Ritchie，1837—1919）是散文、小说以及传记作家。[17]她的父亲威廉·梅克比斯·萨克雷（W. M. Thackeray）是《康希尔》的第一任编辑，这本杂志上有里奇大部分的随笔，还有她的小说、短篇故事和童话，这些作品后来都被收录在《五个老朋友与一个年轻的王子》（*Five Old Friends and a Young Prince*，1867）和故事集《蓝胡子的钥匙》（*Bluebeard's Keys and Other Stories*，1874）中。《康希尔》是一本老少咸宜、雅俗共赏的杂志，威廉认为这本杂志应该兼有“供人消遣和激发兴趣”的功能，编辑应当时刻不忘“读者里总会有孩子和女性”。[18]里奇通过改编经典童话《灰姑娘》，对19世纪的“玻璃意识”和“高度透明的环境”进行了探讨。[19]

正如伊莎贝尔·阿姆斯特朗所说，《灰姑娘》的故事在19世纪下半叶被一而再、再而三地改编，无论它们想探讨的是成瘾还是消费，凸显的都是一种“无节制的文化（culture of excess）”[20]。[21]事实上，资本主义的兴起和它带来的虚幻和假象，重新建构了“真实”，而维多利亚时代的作家通过改编经典童话《灰姑娘》探讨了这一点。对“真实”的建构主要体现在故事的女主角和她的玻璃鞋上，后者象征着维多利亚时代的玻璃文化。

《灰姑娘》里的玻璃鞋，成了佩罗在1697年发表的版本里加入的新元素，他误把英语的“fur”（皮毛）译成了“verre”（玻璃）①，但是英国民俗学伉俪爱奥娜·欧佩（Iona Opie）和彼得·欧佩（Peter Opie）却相信这是佩罗有意为之。[22]欧佩夫妇的解读得到了杰克·齐佩斯的支持，后者在分析了17、18和19世纪的各个改编版本后提出，就算辛德瑞拉不是一个虚荣且喜爱卖弄风情的女子，她的穿着打扮却依然“是华丽的巴洛克风格”，而且一定有一双精致易碎的玻璃鞋，这种鞋子让她的行动极其不便，把她死死地限定成了一个被动的角色。[23]

事实上，在将民间故事改写成书面童话的过程中，服饰反映了受父权意识主导的中产阶级习俗规范重新定义理想女性的方式。[24]想让年轻女性穿上玻璃鞋，用玻璃表现她们从女仆到公主的转变，这种想法在维多利亚时代尤为突出。维多利亚消费文化兴起，到处修建百货公司，女性变成了痴迷打扮的消费者。1853年，查尔斯·狄更斯在《妖精是假的》（“Fraud on the Fairies”）中改编了《灰姑娘》，这篇文章是对乔治·克鲁克香克（George Cruikshank）的回应，后者以一种社会现实主义的风格对经典童话进行了改编。狄更斯着重强调了辛德瑞拉的蜕变、时尚的世界以及玻璃税的取消这三者

① “fur”对应的法语更接近于“vair”（一种松鼠皮），法语“verre”与“viar”发音相同。*

之间的关联：

> 老妇人只用魔杖轻轻地碰了一下，她的褴褛衣衫就消失了，取而代之的是一袭美丽的盛装。不是我们今天流行的女装，曾几何时，现在的这些衣服在人们看来既不端庄，也不得体，还碍手碍脚得要命。辛德瑞拉的那一身可不一样：鲜艳的天蓝色绸缎束脚裤；深紫色丝质上衣，点缀着银色的花朵图案；还有一顶宽檐草帽。帽子上的七彩绸带挂着两个铃铛，一直垂到背后，清纯可人；束脚裤上有一条金色的条纹；整套行头舒适得体，充满女人味，令人眼前一亮，妙不可言。最后，老妇人还给辛德瑞拉穿上了一双玻璃做的鞋子：她说，如果不是取消了玻璃税，这种材料恐怕永远都不可能用来做鞋；从前对玻璃征税的政策并不明智，它只会妨碍创新，让生产者为难，最后损害消费者的利益。等老妇人说完这些睿智的评价后，她就催着灰姑娘赶紧去参加晚宴，与人交际，并叮嘱她务必要在午夜十二点之前离开。[25]

很明显，正如狄更斯明确指出的那样，玻璃表现了人为建构的“维多利亚女性”，标志着“女性”变为一种文化产品。

有趣的是，和女性一样，玻璃本身也要经历变形：它的前身是沙子，可以说“晶莹剔透的玻璃是一种源自废物的物质，一种来自原初质料的人造物质，证实了从自然到文化的神奇转变”[26]。维多利亚时代的作家希望探讨和表征女性那神秘又惊人的蜕变，而玻璃的这种特质或许就是《灰姑娘》的母题和情节设定吸引他们的原因。不仅如此，女性的蜕变与玻璃温室中的异国花卉栽培实验相差无几，就像帕克斯顿的睡莲最后变得硕大无比。

另外，在《灰姑娘》的故事中，女主人公的马车是南瓜变的，马匹是小鼠，车夫是大鼠，而侍从是蜥蜴，植物、动物和人类的界线似乎变得模糊不清。这种边界的模糊化尤其具有启发性，因为正如我们应该看到的，那是一个以“分类学的恐慌”和对杂交的焦虑为标志的时代。[27]

里奇的《灰姑娘》讲述了这个童话女主角成长的故事，她本是“一株嫩绿的新芽，在春天温柔的雨露和夏日充沛的阳光中生长”[28]，在水晶宫邂逅了白马王子之后，成为一个已婚女人。里奇改编了这个经典童话，让它更契合维多利亚时代的现代世界，消费主义成了新的魔杖，它能把出身工人阶级的女孩变成上流社会的淑女。仅仅换一身衣服就能改变社会地位和身份，这就是资本主义的魔法，这一点在童话母题的衬托下显得尤为突出。

经典童话表现了年轻女性如何攀升社会阶梯，而事实上，19世纪下半叶的童话经常被用来探讨阶级关系。[29]在里奇版的《灰姑娘》中，仙子教母施予魔法的方式是改变她的社会身份：侍女们“变戏法似的出现了”（p.116），佩博康夫人（Lady Peppercorne）只需站在那里发号施令，她的仆从们就听话地满屋跑。至于那些男仆，他们本是住在济贫院里的男孩——“骨瘦如柴，饥肠辘辘，活像教堂里的老鼠”（p.116）——这种变身靠的也不是魔法，完全是社会地位的转变。

男仆的外形变化与经济条件的变化同步，这为辛德瑞拉成为适婚女性做了铺垫。里奇的改编版本经常借描绘奇妙的事物引出自然与文化对峙的一面，无论这里的自然指的是被放在玻璃里展览、人畜无害的标本，还是指会对旁观者构成威胁的那些东西。里奇凸显的是与女性的天性，以及与性有关的现代焦虑，而经典童话让她能够探讨与进化论有关的焦虑，比如达尔文提出的适者生存。

“灰姑娘”本名艾拉（Ella），刚登场时是一个“野”（p.108）丫头。她被比作活泼的小鸟，跳起舞来仿佛一位仙子［“她穿着一身纯白的衣服。她没有戴帽子，身上没有任何装饰品；她一蹦六英尺高。你肯定从来没见过这样的景象”（p.109）］。艾拉和自然世界的关系截然不同于那些文明女性，后者只能在舞会上跳舞，因为他们“必须抑制自己体内的生命力和活力”（p.109）。

不仅如此，女主人公还收集“海葵，用玻璃把自己和它们可怕的大嘴隔开”，收集“许许多多鸟蛋”（p.110），她在笼子里养了一只鸟，家里有一条狗和一只松鼠——我们可以合理推测，松鼠不是她养的，而是她做的剥制标本。把灰姑娘重新塑造成一位博物学爱好者，这当然是角色塑造的一部分，能让她更符合接受过良好教育的中产阶级年轻女性的形象：这样的女孩会照着类似居家活动推荐手册、博物学指南之类的书或者杂志，学习博物学的技能，比如“如何保存奇特的昆虫、如何采集和陈列海藻、制作叶脉标本、保存真菌，画叶拓、铸花的蜡模，以及制作鸟蛋的标本”[30]。

不过，我们也会看到，水缸里的海葵同样代表了女性危险的性意识萌芽，玻璃这个母题不仅传达了故事对（女性）天性的论述，也让人明白了以水晶宫作为王子和公主邂逅舞台的意义。

实际上，海葵在故事里的作用除了能反映女主人公是博物学爱好者以及博物学的发展，它的外形也唤起了“性侵”给人的印象，表现了玻璃技术的力量：它能让位于玻璃另一侧的事物无所遁形。类似地，艾拉的变形，其目的是把“自然的”女性变成摆在水晶宫里售卖的商品。自然必须被驯服，年轻的女性在都城里寻找满意的追求者，季节的轮换仅仅是这种生活的注脚罢了。

与艾拉不同，她的继母和两个继姐是被商品化的女性，“穿的是蕾丝衣裙，打扮得珠光宝气，涂脂抹粉……时刻不忘搔首弄姿”（p.106）。两个继姐长大后成了“时髦活泼的年轻淑女”，她们“打了耳洞，扎起辫子，衣着十分优雅”（p.111），“什么话也不说，只是静静地听”（p.110）。还有继母，她的丝质长袍“随着她的来来回回而泛起涟漪，荡开波纹，起伏摆动”（p.106）——自然之物成了具有社会功用的物品，而这恰好是当时女性时尚的突出特征。继姐莉塞特（Lisette）戴着一顶用“极乐鸟”（p.120）装饰的帽子；而艾拉则有一串“珊瑚项链”（p.111）。

事实上，在1859年达尔文出版《物种起源》后，女性时尚中的动物元素变得越来越多，无论是孔雀的羽毛，还是鱼的鳞片，或是黄蜂的翅膀，都会成为女性的饰品。苏珊·大卫·伯恩斯坦（Susan David Bernstein）曾研究过进化论引发的焦虑与时尚界的关联，正好与我们在这里讨论的内容相关。

伯恩斯坦举了两个典型的例子，这两个例子将时尚界与自然界的演化现象及分类学的问题关联了起来：其一是视觉性的，爱德华·林利·桑伯恩（Edward Linley Sambourne）在1867年为伦敦讽刺漫画周刊《潘趣酒①》（*Punch*）绘制的作品，标题是《模仿自然的设计》（"Designs after Nature"），内容是打扮成各种动物造型的女人；其二是文字性的，1862年一篇发表在《康希尔》杂志上的散文，比里奇的《灰姑娘》稍早几年。[31]伯恩斯坦认为，女性"过度的打扮"代表了另一种"性选择"，尤其在19世纪60年代，它与达尔文对性选择的解释正好相反（达尔文认为雄性的外表总是更招摇，以便在求偶时脱颖而出，吸引雌性的注意力）。[32]博物学以及有关自然的新理论，加上达尔文进化论引发的焦虑，都为时尚产业打下了基础，这可以解释为什么里奇会选择用灰姑娘的故事来刻画年轻女性走向成熟的过程，以及探讨那个时代对女性性魅力的看法：《灰姑娘》的核心母题（玻璃舞鞋和魔法南瓜）都与玻璃以及自然界中的变形现象有关。

里奇的童话反复强调时髦的饰品："bouillon"（泡泡袖）、"ruches"（褶饰）、"choux"（花型的图案）和"jardinière"（一种花边）（p.107）。它们在时尚中融入自然（如昆虫和蔬菜）元素，拉近自然与文化的距离，暗示人与动物相去不远。正如达尔文的进化论不断地经历着改变，时尚

---

① 编辑们选择"Punch"作为杂志的名称有多种含义，一是代表木偶剧《庞齐和朱蒂》（*Punch and Judy*）中的"庞齐"；二是源于首任主编莱蒙（Lemon）的一个双关语笑话"Punch is nothing without lemon"（潘趣酒没了柠檬就什么都不是）。此处取后者作为译名。*

也瞬息万变，因此我们可以通过时尚设计探究“文化上对事物界线的不安情绪”[33]。在伯恩斯坦看来，“（19世纪60年代）女性时尚频繁变化，与自然界的演化过程相似”[34]，里奇的故事同时讨论了时尚和浪漫，正好能够说明这个观点。比如，辛德瑞拉的父亲与继母加尼尔夫人（Mrs Garnier）互诉衷肠时，古吉特夫人（Madame de Girouette）正在热火朝天地讨论最入时的服饰，两段对话交织在一起，那边的加尼尔夫人刚刚落寞地问自己是否有哪怕一个真心朋友，这边的古吉特夫人便无缝接过了话茬：“每个女人都想要一个。”（p.108）这段蒙太奇让婚姻变成了人造的饰品，有意思的是，它凸显了“繁衍的自然法则与生产的经济法则”之间的联系。[35]

除此之外，在里奇的《灰姑娘》中，白马王子并不一定是“全国最英俊的男人”（p.104），“绅士”靠的不是天生丽质，而是时尚衣冠：

> 今天，年轻的王子们是何尊容？他们是不是头戴钻石冠，腰间配宝剑，脚蹬长筒靴，单肩披斗篷？据我所见，他们全身上下唯一跟浪漫沾边的，就只有纽扣上别的那一朵花，还有他们精心打理的小胡子和引以为傲的虬髯。（p.117）

里奇的改编版本多有新意，表明她想利用这种体裁探讨性别建构和女性身份认同。她的童话变成了一个平平无奇的婚恋故事，毫无魔法可言：王子长相丑陋，艾拉甚至连舞鞋都没丢，她没能及时登上马车，身份众人皆知，根本不是秘密。不仅如此，仙子教母用“魔法”把艾拉变成淑女的过程也和经典童话不一样，她不是用魔杖，而仅仅是把“那串配着钻石环扣的古老珍珠项链”（p.122）还给了艾拉。女主人公的变身过程没有仙气缭绕，而是跟着佩博康夫人去商店里转了一圈，这为她在水晶宫的登场做了铺垫。在那里，女性消费者是时尚产品（讽刺的是，其原材料往往是自然界的生物）的目标消费群体：[36]

> 一眨眼，艾拉发现自己不知怎么变成了一个高贵的女人，比她平生见过的所有女人都漂亮。她像在做梦一样，简直不敢相信自己的眼睛；她看到镜子里的自己步伐端庄，丝绸长袍曳地而过，可就在几分钟前，她在这面镜子里看到的还是一个灰头土脸、垂头丧气的小可怜，满脸污渍，哇哇大哭……（p.116）

年轻的女主人公吸引白马王子的重要原因就是她的美貌，这体现了里奇在挑选男性追求者的童话中对浪漫的改写。

艾拉的装束保留了相当多的自然元素：她的头饰是白色的杜鹃花，她穿着“雪白耀眼的连衣裙”（p.122），“从腰部开始打褶，一圈一圈都是茂盛的青草”①（p.122），这些博物学的比喻暗示了塑造理想的女性气质与驯服自然（把它们变成具有社会功用的物品）的关系。不仅如此，故事在这里还重点强调了女主人公通过镜子观察自己，指出了玻璃对于身份的呈

① 此处原文的引文为“frothed and frothed up to the waist，and loomed up with long grasses”。*

现：艾拉“偶然从镀金桌子上的大镜子里看到了自己脏兮兮的脸蛋儿，两颊挂满泪痕”（p.114），她这才意识到自己的身份有多卑微；可后来同样是在镜子里，她又变成了一个端庄的小姐。这个童话不时暗示玻璃的这种作用。

在这个由旁白讲述的框架故事里，有一段对现代世界的描绘，特意强调了玻璃温室的强大——它能让水果和花卉（哪怕是原产于热带的品种）反季节成熟，完全不受时间和空间的限制，这种打破时空桎梏的能力被比作魔法——“温室的藤蔓上挂着沉甸甸的葡萄串，实在太多了，你只需要张开嘴巴，站在葡萄架下，等着成熟甜美的葡萄掉进嘴里就可以了”（p.103）。有意思的是，艾拉的浪漫故事以温室开头，又以水晶宫结尾，而玻璃暗示这个年轻女孩的成熟。艾拉之所以能去水晶宫参加舞会，不是机缘巧合，而是因为仙子教母佩博康夫人是个一等一的园艺家，她必须去参加水晶宫里的花卉展：

> （佩博康夫人的大篮子）简直让人眼花缭乱，满满当当地装着各式美味，扑鼻芳香、五彩缤纷，春日娇花和生鲜蔬果叫人眼花缭乱。这真是一个装满宝藏的篮子——香甜、鲜亮、美味，有芦笋、水仙、风铃草、色拉、花椰菜、温室培养的花卉，还有野地里摘来的黄花九轮草、杜鹃花……
>
> “来，约翰，拿上碗和托盘，装点蔬菜、豌豆、草莓和……哦，这里还有一根黄瓜和一个漂亮的早熟小南瓜。我不得不带这个，亲爱的。你继母跟我说过，她对南瓜那可是情有独钟。”（p.115）

仙子教母的魔力来自温室培养技术，这凸显了科学和技术的魔力以及技术对博物学发展的帮助。

在佩博康夫人的大篮子里，不同时节的花和蔬菜被混在一起，春天的花朵竟与冬天的花椰菜同时成熟，全然不顾自然和季节的周期。最值得注意的就是那颗小南瓜，在原版的《灰姑娘》里，南瓜变成了马车，它是艾拉去参加舞会的交通工具，而在里奇的版本中，它成了百分之百由人工培植的作物。因此，即使水晶宫看起来像仙境，它也是一个“控制”无处不在的仙境，限定了年轻女性走向成熟的第一步。

水晶宫是“全景技术的产物”[37]，目的是形塑人类对自然的控制。但与此同时，它也象征了消费文化以及消费者——尤其是女性消费者——的欲望。将辛德瑞拉的爱情故事设定在水晶宫意义重大，里奇借此讽刺了童话故事中的婚恋情节，嘲笑了将女性视为商品、价高者得的社会观念。用伊莎贝尔·阿姆斯特朗的话来说，透明的玻璃牢笼是典型的“玻璃狂想曲”，也象征着“欲望和消费主义的（玻璃）辩证法”。[38]事实上，在这座“华丽的童话宫殿”（p.166）的玻璃后面，艾拉的欲望汹涌澎湃，一览无余：

> 她实在是太开心了：动听的音乐，盛开的鲜花，这座华丽的童话宫殿金碧辉煌，照得她满面红光……她从来没有这么高兴过；她做梦也想不到，水晶宫竟是这样的人间奇观。（p.118）

里奇建构女性欲望的特点是打破事物的界限：辛德瑞拉与

白马王子走过一间间充满异域风情的内殿，到处都是闪闪发光的装饰品、馥郁的香水味、精致的雕塑和印度的人像——水晶宫里琳琅满目的展品透露出一种分类上的无序，尤其是当你穿梭在异国风情和日常世界之间时，地理上的边界就被打破了，在水晶宫的玻璃墙后，东方和西方你中有我、我中有你。丰盈又无序，这与《灰姑娘》中的许多象征意义一致，也反映了在盛行建造温室的当时，那些表征自然世界的新方式。

伊莎贝尔·阿姆斯特朗认为，这个童话故事中最经久不衰的那几个母题——玻璃舞鞋，还有能够变形、护送艾拉前往舞会的南瓜和小动物们——“再度神话了现代经验”[39]。玻璃舞鞋、南瓜，还有“以人类的残渣为食或者偷偷与人分享资源”[40]的小动物们，都凭借魔法打破了分类的桎梏，越过了非生物与生物，矿物、植物、动物以及人类之间的界线。在现实中的维多利亚社会，这样的越界往往与现代性绑定，它源自消费主义的魔法，工业技术的奇迹。正如托马斯·理查兹（Thomas Richards）的观点，1851年的万国工业博览会把人工制品分门别类：水晶宫“既是博物馆，又是商场”[41]，它体现了一种“工业生产的系统发生学”[42]。不仅如此，水晶宫里的商品丰富多样，“预见了商品进化论式的发展”[43]：达尔文指出，自然界十分富饶，驯化极其重要，可以加快生物的繁殖速度。同理，水晶宫里的商品在进入“相互关联的广阔空间”[44]后，仿佛也变得会繁殖，打破了分类的界限。

经典童话里的魔法变形本就跨越了生物和非生物，或者植物、动物和人类的界限，因此，灰姑娘的故事很适合用来阐释对于物种之间的关系的担忧和焦虑。里奇在《灰姑娘》的故事里利用玻璃这个母题，不仅把工业生产与生物繁殖相提并论，还暗示了社会对女性生殖能力的恐惧。

以故事中的海葵为例，它们被饲养在玻璃容器中，触手像水母一样可怕，它们是捕食猎物的利器，也让海葵拥有了二分裂法繁殖的能力。海葵还会大量产卵，不禁令人联想到拥有恐怖生育能力的女性猎手形象。这一段描写暗示女主人公是一名博物学爱好者，会收集物种并进行分类，为她后来去参观巨型玻璃宫殿（水晶宫的一口水族箱在1854年饲养了超过五千种海葵）做了铺垫，这座宫殿四周“郁郁葱葱”[45]。

事实上，女性本身则成了分类学上的难题，这座玻璃宫殿关住了她的神秘，折射出男性的控制焦虑。可见，里奇通过改编《灰姑娘》对比了自然和文化、天然和人工，当人们因为不知道人类在自然中的位置而感到焦虑时，里奇通过这个童话把焦点对准了女性。利用玻璃的矛盾含义，里奇使《灰姑娘》现代化——或者说重新神话化了。用玻璃寓意女主人公急剧膨胀的欲望，暗示了女人的天性，通过维多利亚文化的视角反映了女性的性意味。

里奇在她的《灰姑娘》中所探讨的议题，与安徒生的《树精》非常相似，后者将巴黎世界博览会的主会场设为故事的关键地点，表现了年轻女性不受控制的欲望。《树精》的主人公是一个住在树上的女性精灵，她本与自然关系密切，直到有一天，她发现自己将要和树一起被运往法国的首都，她将在那里领略现代的“玻璃文化”。

玻璃的背后：框住欲望，驯服自然

在汉斯·克里斯汀·安徒生的《树精》里，1867年的巴黎世界博览会将读者带进了那个“伟大而奇妙的童话年代”[46]。这个童话将树精代表的自然世界，与蒸汽和技术代表的现代都市进行了对比。故事讲述了主人公树精来到巴黎的经历，她生活的那棵年轻茂盛的栗子树要被运到巴黎，去替代“（其中）一棵已经被连根拔起的死树，它们被城镇里的煤气和油烟，再加上各种各样致命的废气杀死了”（p.244）。但是，19世纪的都市污染问题只是这个童话的伪装，藏在下面的其实是关于欲望和女性气质的道德论述，作者同样选择用玻璃建筑来探讨女性的成长和成熟。

巴黎——“繁华至极，富裕之都”（p.238）——吸引着（女性）造访者，比如孤苦伶仃的小女孩玛丽（Marie）。她原本生活在树精居住的村子里，穷困潦倒，无依无靠。在决定去巴黎后，她摇身一变，成了一位漂亮的女士：“她的一切都是如此华丽——她的马，她的仆从——一切！”（p.239）远方那座“魅力之城”把一个可怜的小姑娘变成了富贵端庄的公爵夫人，树精想要去巴黎，她想变得跟玛丽一样。这个贫苦的女孩变成了公爵夫人，安徒生的构思将他对进步的关注和年轻女性的转变联系在了一起，无论是玛丽从贫穷变得富有，还是她（从女孩）蜕变成一位女士，这些情节都会让人想到辛德瑞拉。

至于巴黎的“魅力”体现在哪里，最明显的当然是世界博览会。而讽刺的是，作为展示人类技术进步的重要舞台，作者形容它的措辞却非常“天然”。这座宫殿——像一朵“巨型向日葵”，它是“艺术和工业技术在贫瘠的战神广场上开出的仙灵之花”（pp.240—242）——在春天破土而出，又在秋天到来之际谢去：博览会持续的时间很短，才刚出现就已经消失了，不留下一丝存在过的痕迹。

把一座“艺术与工业”的宫殿比作巨型的向日葵，一朵“仙灵之花”或者“荷花”，让人想起了万国工业博览会与温室的渊源，这在前文已经提过了。从这里还可以看出，故事在同时探讨人类控制自然生长与女性气质，利用这两个议题的合并凸显玻璃房子的矛盾解读，借伊莎贝尔·阿姆斯特朗的话说，玻璃房子兼有“解放和剥削”这两种性质，这可以解释为什么“玻璃文化煽动了某种分类学焦虑，以及分类学之间的争斗”[47]，这一点在里奇的童话里也有体现。

另外，由于玻璃建筑打破了时空的界线——“它抚平了时间的折痕，用共时性将一切都同化”[48]——所以能装下一个迷你版的世界，这使它成了真正的仙境：每个国家都被塞进一个房间里，“浓缩，再精简，变得如同玩具，以便在这里展出”（p.241），这给前来观光的游客留下了一种印象，以为自己能在一天之内环游世界。博览会无疑体现了现代生活的节奏变化以及繁忙的都市文化，这与大自然慢悠悠的周期循环相差甚远。然而，在安徒生的童话里，为了能去参观博览会，树精却需要付出高昂的代价。她必须放弃自己的寿命，变得如博览会一般朝生暮死，她的生命会像瞬息万变的现代社会一样稍纵即逝；而与此同时，她的欲望也会变得越来越膨胀：

> 你的寿命将缩短；余生经历的四季变换也会减少到短短数年……你的欲念会增长，觊觎和渴望的感受将越来越强烈。你栖身的大树将形同监牢，你将离开你的居所，抛弃你的本性，走出去与人类为伍；等到那时，你蚍蜉般的寿命将再减少一半——只剩下一晚，那便是你生命的终焉；彼时，树叶将会枯萎，随风零落，再也不会回来。（p.242）

欲望和朝生暮死所要反映的主题，当然与举办博览会的玻璃建筑，以及维多利亚时代标志性的“亦真亦幻的都市流彩”[49]有关。

19世纪下半叶，玻璃镜面数量的陡增把英国社会变成了一个虚幻的领域，真实的事物仿佛镜子中一闪而过的倒影，亦如推销最新时尚潮流的广告，往往转瞬即逝。正如伊莎贝尔·阿姆斯特朗提出的观点，由于“玻璃与观测的欲望相互关联”[50]，所以玻璃建筑塑造了一种“欲望的图腾”[51]——“一处虚无缥缈的幻想空间”[52]。

玻璃所体现的欲望的辩证性，似乎与资本主义的兴起有关。在托马斯·理查兹看来，1851年的万国工业博览会“塑造了一种消费主义的神话”，它阐释了新兴的资本主义经济。[53]事实上，1845年后，玻璃在建筑行业中的大规模使用，尤其是零售商拿它们做商店的橱窗，总让人看见它们就想起诱人的商品，以及以维多利亚时代繁荣的视觉文化作为基础的整个意象世界。正如里奇的《灰姑娘》所明确的议题，帕克斯顿的水晶宫是一面巨大的玻璃镜子，照出了维多利亚时代的消费文化。引用理查兹的说法，它折射出在那个量产商品刚刚出现的时代，“整个社会的文化生活和政治意识形态都是围绕这个最重要的假象组织和强化的”[54]。但是，正如安徒生的童话故事所指出的，由于令人眼花缭乱的“象”替代了实物，把众多商品放到玻璃的后面、只让人透过玻璃观察它们的做法改变了“真实”的意义。就像帕克斯顿的建筑，它的设计理念是让“普通的玻璃看起来像水晶”，使“温室的外形看上去像宫殿”。[55]真实的事物突然就变成了幻觉：它是一片虚假的仙境，只为引诱买家。

在《树精》里，巴黎是一个充斥着诱惑的地方，随着欲望的膨胀，生命（隐喻自然）便开始减弱。当树精乘坐的马车抵近巴黎时，街道两旁的房子越来越多，屋子的顶上有烟囱，墙上贴着广告、画着巨大的字母和各种各样的图案，到处闪着金光。火车呼啸而过，喷出朵朵云烟，人群熙熙攘攘，“商店挨着商店，音乐声、歌声、叫喊声和说话声”（p.244）欢迎着树精的到来。不过她很快发现，自己站在高楼中间，仿佛“置身于笼子”（p.286）。这些城里的房子，墙上“贴满了海报和布告”，它们不会“飞走，不会变形……也不会滑动”（p.247），这刺激了树精那“未被满足的渴望”（p.286）。当她愿意为了更多地见识巴黎而接受离开自己“监牢”的惩罚，愿意为自己“大胆的欲望”（p.286）付出生命的代价，都市文化、变形、消逝以及女性的欲望，这些母题的交织达到了巅峰。树精被解放了，她离开了栖身的栗子树，经历了身体的变形，就像穷苦的玛丽变成了贵妇一般。获得人形的她被比作“春之女神”（p.287），她的形象在孩子和女人之间摇摆，走过城市大街小巷的同时，衣着和形体也在不断发生变化。巴黎，俨然一片变形、生产和繁殖的领域。

有意思的是，这座城市与年轻女性（也就是树精）变形的关联，是它将女性的性和生殖同自己的现代性绑定在了一起。树精形体发狂似的变化是城市持续不断的变形，以及城市面貌千变万化的写照。季节的轮换消失了；城里没了河川，只有“双轮篷车、轿车、公共马车和出租马车构成的滚滚车流”（p.287）。

当女主人公到达魂牵梦绕的世界奇迹——“当世的阿拉丁之宫”（p.241）——她看到年轻的女人们在煤气灯的灯光里跳舞，动作如同机器。屋里是闹哄哄的女舞者，呼应了屋外呼啸而过的马车。可是当树精加入这场舞会、她那年轻的舞伴想要搂住她时，他的双臂却只抱到了“透明的、充满了煤气的空气”（p.292）。树精丧失了物质的形态，正如她身处的环境丧失了真实感：现代性是虚幻的，而且是致命的。

树精没有在意，继续游览宫殿，但是她的身体越来越虚弱，当她想从清泉里喝口水时，才发现那不是“活的井水”，而是“用机器抽上来的”。类似地，她看到的花儿，“摘下来，它们就会死去”；周遭的胜景也会“在今年结束之前消失”（p.295）。终于，树精自己也消失了，她的身体变成了“泡沫”，最后凝成了一滴水珠——一滴“眼泪”（p.296）。至于那棵栗子树，它的枝叶枯萎，死在小小的广场上，很快就被人类“踩进了尘土里”（p.296）。

安徒生的故事将自然和资本主义的世界进行了对比，资本世界充满了令人惊奇的技术和朝生暮死的梦幻，自然世界和工业世界格格不入。即便透过童话的棱镜，神奇的技术和进步最后导致的依然是祛魅，这让人想到本章开头那段发表在《家常话》上的文字，它对水晶宫的描绘是没有生气的，虽提到了童话，却是以一种讽刺的视角。安徒生告诉读者，通过尝试驯服和控制自然，人类最终构建出了一个充满魅力且致命的世界。有趣的是，表现人类有衰退之虞的景象，出现在童话的结尾，也就是树精参观巴黎世界博览会的时候。

实际上，对博览会公共鱼池的描写令人想起19世纪50年代的水族箱热潮，例如英国动物学家威廉·奥尔福德·劳埃德（William Alford Lloyd，1826—1880）在伦敦波特兰路经营的“水族箱店”。该店不仅出售海水，还卖各种各样的玻璃水箱，水箱里面养着五颜六色的海洋生物，从海葵到海螺再到海鞘，应有尽有。[56]水族箱这个母题，让人想起世界博览会在普及科学和传播知识方面的作用。以伦敦为例，水族箱是如此受民众欢迎，以至于全家人都聚到这种玻璃箱子外，人们站在安全舒适的室内，隔着玻璃，不厌其烦地观察海洋生物觅食、争斗和繁殖，曾有一个评论者如此强调：[57]

> 最近，有一个纲的海洋动物受到了极多的关注，它们开始出现在绝大多数人家的客厅里……海葵和珊瑚虫的身体一般呈圆柱形，上端开口，形成一张巨大的嘴。嘴的周围长着许许多多触手，用来捕捉食物。并非所有珊瑚虫都会分泌坚硬的石质物质，但是其中一些可以，它们的分泌物在海里沉积，形成或大或小的结构，也就是我们俗称的珊瑚。它们的种类数不胜数，分泌和积累的坚硬物质更是多得超乎我们的想象。[58]

虽然这股热潮在1868年结束了[59]，但水族箱提供了一种未经审查和修饰的视角，让人们认识了单细胞生物和海洋无脊椎动物的繁殖模式。

不过，海洋生物同样与生物演化的问题有关：按照陆地生命形式起源于原始海洋中的单细胞生物这种观点，海床蕴藏着有待破解的、与进化相关的奥秘。[60]而在安徒生的叙事里，水族箱则传达了另一种教训——一种道德上的教训，无论是树精，还是读者，都能从玻璃中读出一丝别样的意味。对水族箱的描绘瓦解了泾渭分明的物种分类，并把玻璃制造技术所代表的进步变成了堕落，这一点是通过反把人类当成展览的对象而实现的：

> 一条巨大的比目鱼若有所思地趴在附近，舒展着身体，好不惬意；一只螃蟹从它的身上爬过，像只巨型的蜘蛛；与此同时，一群虾迅捷且轻快地窜过，犹如海中的飞蛾和蝴蝶。
>
> 淡水区种着睡莲、苔草和灯芯草，成群的金鱼排成排，仿佛草原上的红色牛群，它们的脑袋都朝着同一个方向，张开大嘴，接着迎面而来的水流。肥肥的丁鳜鱼瞪着傻里傻气的眼睛，紧紧地盯着水族箱的玻璃。它们知道自己在巴黎博览会上，它们也知道自己能到这里有多不容易：被装进水桶里，坐很久的火车，它们在陆地上直犯晕，就像人在海上会晕船一样。它们是来看博览会的，而且是从液体里看，有的是淡水，有的是海水。成群成群的人不断从它们面前走过，从早到晚，一刻不停。

每个国家都把土生土长的国民送来参展，好让年迈的丁鳜鱼和鲷鱼、充满活力的鲈鱼，以及身上长着青苔的鲤鱼能一饱眼福。它们看完之后，还会对他们评头论足一番。（p.293）

观察视角的倒转道出了真相，说明在一定程度上，玻璃折射出了人类对自己在自然中所处位置的焦虑。事实上，内部条件均衡的水族箱是为了模仿自然，在博物学家眼里，它们是文明社会的缩影，经常得到道德视角的解读，并被用来阐释道德的标准。[61]

安徒生在这里把视角调转，从水族箱里动物的角度看待玻璃箱外的物种（或者说各个国家土生土长的人），极其讽刺地指出了博物学研究的泛滥，因为在这些海洋生物的眼里，人类的堕落把他们变成了十分原始的物种。由于科学和技术的刚愎自用，安徒生笔下的树精被现代化的都市所害，这个童话故事在一种极其悲观的叙述口吻中结束，试图引发读者的思考，让他们重新审视现代性的“奇迹”。如同安徒生的《树精》和里奇的《灰姑娘》所展现的，博物学的发展和传播促进了技术的发展，而维多利亚时代中期的童话改编则利用这些技术元素，来刻画社会对年轻女性成长和蜕变的恐惧，并且常常暗示了进化论带来的焦虑。

里奇在改编经典童话时摈弃了魔法的元素，尽管这种做法可能是为了更好地说明她对家庭和婚姻观念的看法，但它也充分体现了这个故事的目的是凸显高度透明的现代世界，与伴随人类对自然的控制而来的模棱两可、不确定性和恐惧之间的张力。《灰姑娘》的故事质疑的，不仅仅是自然与文化割裂的状态，人们对于现实的分类建立在表征自然和科学理论之上，对于同时代的那种分类方式，这个故事同样持怀疑的态度。这个童话和童话的母题，尤其是在《灰姑娘》里扮演关键角色的母题，比如玻璃舞鞋、南瓜，还有与蜕变有关的意象，都不只是为了强调科学和技术的神奇。它们还是为了讨论对于现实的分类受到了科学的影响，包括它的话语、理论和方法。凭借形象和比喻，这个童话传达了博物学知识，揭示了自然的意义、与这种知识相关的神奇技术以及自然魔法般的蜕变——在里奇的故事中，这些都体现在玻璃上。它通过这种途径，帮助读者理解这些与塑造自然的新定义相关的过程。换句话说，利用童话这种文化实践呈现进化和自然，《灰姑娘》和它的奇迹之地将我们带到了一个陌生的世界。

在本章的结尾，我们或许可以提出这样一个观点，玻璃建筑——最典型的譬如帕克斯顿的水晶宫——很可能也是“奇迹之地”，原因正是它们能让来访者一睹生物进化的法则，用眼睛切实地看到它们，看到这些原本与水晶宫的结构框架一样不可见的自然法则。在进化论提倡者金斯莱的眼里，伦敦万国工业博览会的神奇和壮观是对大自然无形力量的绝佳诠释：

> 倘若低等动物的变化就已神奇如斯、神秘如斯，那高等动物的神奇和神秘岂不远胜于它们？身为万物之灵，难道我们经历的改变不应该比其他生物经历的都要神奇得多吗？正如那水晶宫远比兔子洞更神奇。[62]

注 释

[1] Charles Kingsley, *Glaucus; or, the wonders of the shore* (London: Macmillan & Co., (1855) 1890), p. 128.

[2] Lionel Lambourne, 'Fairies and the Stage', in Jane Martineau (ed.), *Victorian Fairy Painting* (London: Royal Academy of Arts, 1997), pp. 46– 53 (53).

[3] Charlotte Gere, 'In Fairyland', in Martineau (ed.), *Victorian Fairy Painting*, pp. 62– 73 (64).

[4] Lambourne, 'Fairies and the Stage', pp. 51–52.

[5] [W. H. Wills and George A. Sala], 'Fairyland in' fifty-four', *Household Words* 193 (3 Dec. 1853), pp. 313–317 (313).

[6] Nicola Bown, *Fairies in Nineteenth-Century Art and Literature* (Cambridge: Cambridge University Press, 2001), p. 96.

[7] Bown, *Fairies in Nineteenth-Century Art and Literature*, p. 136。也可参考：David Elliston Allen, 'Tastes and Crazes', in N. Jardine, J. Secord and E. Spary (eds), *The Cultures of Natural History* (Cambridge: Cambridge University Press, 1996), pp. 394– 407；以及Anne Larsen, 'Equipment for the Field', in Jardine, Secord and Spary (eds), *Cultures of Natural History*, pp. 358–77。科学界用玻璃盒子展示或者用玻璃罐保存生物标本的做法体现了科学与玻璃的关联，而且这种关联并不局限于博物学。值得注意的是，博物学家伊莱莎·布莱特温（Eliza Brightwen）曾用一则童话形容在维多利亚时代晚期参观博物馆时的感受："（学习自然科学的学生）必须独自前行，穿过一个又一个展览室，走过一条又一条长廊，直到他找到沉睡的公主——知识，唯有努力勤奋，方可得见。而我能做的，就只是在这个过程中察言观色，有些人走进我们宏伟的博物馆后，百无聊赖，挂着迷茫的表情，在玻璃展柜之间信马由缰；而有的人则兴趣盎然，认出一件展品后，马上又冲向下一件。" Eliza Brightwen, *More About Wild Nature* (London: Unwin, 1892), p. 222, qtd in Samuel J. M. M.

Alberti, 'The Museum Affect: Visiting Collections of Anatomy and Natural History', in Aileen Fyfe and Bernard Lightman (eds), *Science in the Marketplace: Nineteenth-Century Sites and Experiences* (Chicago and London: University of Chicago Press, 2007), pp. 371–403 (382).］这里提到的睡美人，强调了距离感（正如睡美人的身体像商品一样躺在水晶棺里，只能看而不能碰触，博物馆的展览也是一种让知识与公众保持距离的形式），这种隔阂在19世纪的博物馆学里非常普遍。我们将在后文看到，安妮·伊莎贝拉·萨克雷·里奇对这种建构的颠覆。她笔下的灰姑娘正好相反，镜子这个元素不是隔绝，而是映照出了女主人公肉体上的欲望和内心的天性。

［8］ “由于去这里参观的伦敦人非常多，或许应该有人来给一些游览建议，好让那些被动物园和水晶宫的海水池子激起好奇心的游客知道，他们可以去那里干什么。”（Kingsley, *Glaucus*, p. 163）

［9］ Juliana Horatia Ewing, 'Among the Merrows. A Sketch of a Great Aquarium', *Aunt Judy's Christmas Volume* (London: Bell and Daldy, 1873), pp. 44– 57.

［10］ Philip Henry Gosse, *The Romance of Natural History* (New York: A. L. Burt Company, Publishers, (1860) 1902), p. 183。其实这句惊呼来自罗伯特·尚伯克（Robert Schomburgk），他是巨型睡莲的发现者。

［11］ Isobel Armstrong, *Victorian Glassworlds: Glass Culture and the Imagination, 1830– 1880* (Oxford and New York: Oxford University Press, 2008), p. 151.

［12］ Armstrong, *Victorian Glassworlds*, p. 151.

［13］ Margaret Flanders Darby, 'Joseph Paxton's Water Lily', in Michel Conan (ed.), *Bourgeois and Aristocratic Cultural Encounters in Garden Art, 1550– 1850* (Washington DC: Dumbarton Oaks Research Library and Collection, 2002), pp. 255–283 (266).

［14］ Darby, 'Joseph Paxton's Water Lily', p. 266.

［15］ [Anon.], 'Good Friday, and a Better Friday', *All the Year Round* 13 (13 May 1865), pp. 373– 6 (374–375).

［16］ 人们经常认为水晶宫充斥着女性的幻想和不受控制的欲望；参

考：Andrew H. Miller, *Novels behind Glass: Commodity Culture and Victorian Narrative* (Cambridge: Cambridge University Press, 1995), pp. 66–68.

[17] 里奇对女性的文学传统尤其感兴趣，这可以从她的文章里看出，比如：*A Book of Sybils: Mrs. Barbauld, Mrs. Opie, Miss Edgeworth, Miss Austen* (1882)。最重要的是，里奇非常关心维多利亚女性的社会地位，对女性除了婚姻之外没有多少人生选择的现实情况而深感忧虑，比如：*Toilers and Spinsters, and Other Essays* (1874)。

[18] William Makepeace Thackeray, *The Letters and Private Papers of William Makepeace Thackeray*, 4 vols, ed. Gordon N. Ray (London: Oxford University Press, 1946), iv, p. 161, qtd in Gowan Dawson, 'The Cornhill Magazine and the Shilling Monthlies in Mid-Victorian Britain', in Geoffrey Canton, Gowan Dawson, Graeme Gooday et al. (eds), *Science in the Nineteenth-Century Periodical: Reading the Magazine of Nature* (Cambridge: Cambridge University Press, 2004), pp. 123–150 (124).

[19] Armstrong, *Victorian Glassworlds*, p. 1.

[20] Armstrong, *Victorian Glassworlds*, p. 205.

[21] 伊莎贝尔·阿姆斯特朗研究过的灰姑娘版本包括：[Anon.], *The History of Cinderella and her Glass Slipper* (London: Orlando Hodgson, 1830 (?)); [Anon.], *The Amusing History of Cinderella; or, the Little Glass Slipper* (London, 1850 (?)); George Cruikshank, *Cinderella and the Glass Slipper* (London: D. Bogue, 1854); [Anon.], *Cinderella and the Glass Slipper* (London: J. Bysh, 1861); [Anon.], *Cinderella; or, the Little Glass Slipper* (London: Dean& Son, 1870); [Anon.], *Cinderella; or the little glass slipper* (London: Dean& Son, 1876).

[22] Iona Opie and Peter Opie, *Classic Fairy Tales* (Oxford: Oxford University Press, 1974), p. 121; qtd in Armstrong, Victorian Glassworlds, p. 205。瓦莱莉·普拉迪兹（Valerie Paradiz）认为，玻璃鞋这个元素在吉姆巴蒂斯达·巴西尔（Giambattista Basile）的《五日谈》（*Pentamerone*，1637年）里就已经出现了［Valerie Paradiz，*Clever Maids: The Secret History of the Grimm*

Fairy Tales (New York: Perseus Books, (2004) 2005), p. 154]。

[23] Jack Zipes, *Fairy Tales and the Art of Subversion: The Classical Genre for Children and the Process of Civilization* (London: Heinemann, 1983), p. 30.

[24] 参考：Zipes, *Fairy Tales and the Art of Subversion*。

[25] Charles Dickens, 'Fraud on the Fairies', *Household Words* 184 (1 Oct. 1853), p. 99.

[26] Armstrong, *Victorian Glassworlds*, p. 6.

[27] 这个时期的社会对人类和植物界限的模糊，有一种偏执的恐慌，作为体现这种情绪的重要例子，伊莎贝尔·阿姆斯特朗分析了一幅查茨沃斯庄园的图画。这幅画描绘了一个小女孩——一个"小仙女"——站在帕克斯顿的王莲中央，反映了当时的人们害怕自己与植物之间的界线崩溃（Armstrong, *Victorian Glassworlds*, p. 174）。

[28] Anne Isabella Thackeray Ritchie, 'Cinderella' (1868), reprinted in Jack Zipes, *Victorian Fairy Tales: The Revolt of the Fairies and Elves* (New York and London: Routledge, 1987), pp. 101–126 (111)。后文的所有引用都基于这个版本。

[29] Caroline Sumpter, *The Victorian Press and the Fairy Tale* (Basingstoke: Palgrave Macmillan, 2008), p. 81。森普特（Sumpter）还研究了里奇的《美女与野兽》："我们只需要摇一摇隐形的铃铛（比有形的还省事一些），就会有一个戴着白帽子、围着围裙、挂着微笑的精灵把我们想象的任何东西送到眼前"[Anne Thackeray Ritchie, 'Beauty and the Beast' (1867), in Nina Auerbach and U. C. Knoepflmacher (eds), *Forbidden Journeys: Fairy Tales and Fantasies by Victorian Women Writers* (Chicago and London: University of Chicago Press, 1992), pp. 35– 74 (36)]。类似地，在"Maids-of-All-Work and Blue Books"中，里奇把被剥削的女仆比作"乐善好施的小精灵，即那种在岩层里挖掘通道，住在地下房间里的种族"[Anne Isabella Thackeray Ritchie, 'Maids-of-All-Work and Blue Books', *Cornhill Magazine* 30 (1874), pp. 281–296]。

[30] Rebecca Stott, *Theatres of Glass: The Woman who Brought the Sea to the City* (London: Short Books, 2003), p. 25. 瑞贝卡·斯托特在

这本书中指出，女性在玻璃文化中扮演的角色与科学的关联更紧密：以海洋水族箱为例，它是由安娜·希恩在1849年发明的（*Theatres of Glass*, p. 126）。我们在第一章里提到过，罗伯特·沃灵顿是第一个提出在水族箱里加入植物、利用植物产生的氧气延长动物存活时间的人，他在1850年提交给化学学会的一篇解释水族箱工作原理的论文中，详细阐述了这一点，但是安娜·希恩没有采用沃灵顿的设计，而是想出了通过前后晃动水流的方式实现通气的效果。为了纪念沃灵顿，他的水族箱被称为“沃灵顿箱”，在广告宣传中，这款水族箱被称为“植物水族箱或者客厅水族箱”［Lynn Barber, *The Heyday of Natural History: 1820–1870* (Garden City, NY: Doubleday and Company, 1980), pp. 115–116］。

［31］ 在一幅题为“A Vision of Animal Existences”的插图中，一位女士手捧着John Murray出版社的第一版《物种起源》，这幅画将女士的样子同布丰和居维叶对自然的分类联系了起来［E. S. Dixon, ‘A Vision of Animal Existences’, *Cornhill Magazine* 5 (March 1862), pp. 311–318］。

［32］ Susan David Bernstein, ‘Designs after Nature: Evolutionary Fashions, Animals, and Gender’, in Deborah Denenholz Morse and Martin A. Danahay (eds), *Victorian Animal Dreams: Representations of Animals in Victorian Literature and Culture* (Aldershot: Ashgate, 2007), pp. 66–79 (66).

［33］ Bernstein, ‘Designs after Nature’, p. 67.

［34］ Bernstein, ‘Designs after Nature’, p. 68.

［35］ Bernstein, ‘Designs after Nature’, p. 68.

［36］ 伊莎贝尔·阿姆斯特朗提到了一篇1851年7月5日发表在《伦敦图片新闻报》（*Illustrated London News*）上的文章，题目为“A Lady’s Glance at the Great Exhibition”，作者提到女性饰品丰富无比的种类和数量，同时暗示饰品的设计十分复杂，材质和主题混搭的情况十分普遍，比如有的人造花朵是用象牙做的（Armstrong, *Victorian Glassworlds*, p. 217）。另一篇发表在杂志*All The Year Round*上的文章，则揭示了化妆品和废料之间的关系，目的是让女人们打消化妆的念头：它痛斥了腮红，称腮红是用四氧嘧啶制成的，而这种化学物质的原料则是动物的胎

膜。除此之外，它还举了几个其他废物再利用的例子，它们制成的产品全都是时尚女性常用的东西。[Anon.], 'Paint, and No Paint', *All the Year Round* 7 (9 August 1862), p. 521.

[37] Armstrong, *Victorian Glassworlds*, p. 117.

[38] Armstrong, *Victorian Glassworlds*, p. 165.

[39] Armstrong, *Victorian Glassworlds*, p. 206.

[40] Armstrong, *Victorian Glassworlds*, pp. 206–207.

[41] Thomas Richards, *The Commodity Culture of Victorian England: Advertising and Spectacle, 1851–1914* (Stanford: Stanford University Press, 1990), p. 18.

[42] Richards, *Commodity Culture of Victorian England*, p. 27.

[43] Richards, *Commodity Culture of Victorian England*, p. 27.

[44] Richards, *Commodity Culture of Victorian England*, p. 31.

[45] Richards, *Commodity Culture of Victorian England*, p. 25.

[46] Hans Christian Andersen, 'The Dryad', trans. A. M. Plesner and Augusta Plesner, *Aunt Judy's Magazine* 6. 34 (1 February 1869) and 6. 35 (1 March 1869), reprinted in *Aunt Judy's May-Day Volume for Young People* (London: Bell and Daldy, 1869), pp. 237–247 and 286–296。后文的所有引用都基于这个版本，并会以括注的形式标明。

[47] Armstrong, *Victorian Glassworlds*, p. 169.

[48] Armstrong, *Victorian Glassworlds*, p. 147.

[49] Armstrong, *Victorian Glassworlds*, p. 8.

[50] Armstrong, *Victorian Glassworlds*, p. 121.

[51] Armstrong, *Victorian Glassworlds*, p. 126.

[52] Armstrong, *Victorian Glassworlds*, p. 142.

[53] Richards, *Commodity Culture of Victorian England*, p. 18.

[54] Richards, *Commodity Culture of Victorian England*, p. 53.

[55] Richards, *Commodity Culture of Victorian England*, p. 3.

[56] Stott, *Theatres of Glass*, p. 126.

[57] Stott, *Theatres of Glass*, p. 21.

[58] [Anon.], 'Wonders of the Sea', *All The Year Round* 4 (5 January 1861), pp. 294–9 (298).

[59] 约翰·乔治·伍德牧师对于水族箱热潮的消退是这样描述的：

"几年前，一股追捧水族箱的狂热浪潮席卷了整个国家。每个人都必须有一个水族箱，咸水的或者淡水的都行，青睐前者的人相对多一些……时髦的女士都要在客厅里摆一个气派的加厚水族箱，上学的孩子也得在自己的书房里放个小型的。报纸的犄角旮旯里全是关于水族箱的广告，许多新开的商店也只做鱼缸相关的生意。水族箱给人的感觉很像培育植物的温室，虽然里面的生物在人造的环境里生机勃勃，可是一旦没有了外界的帮助，它们就会难以为继……因此，在经过一定的时间后，十个水族箱里往往有九个都被废弃了；许多商店因为没有顾客上门，只能关门大吉；看起来，这股水族箱的热潮已经走到了尽头，和成百上千过时的潮流一样，再无可能卷土重来"［(Rev. J. G. Wood, *The Fresh and Salt-Water Aquarium* (London, 1868), pp. 3– 6, qtd in Barber, *Heyday of Natural History*, pp. 121–122 ］。

［60］ 参考：Stott, *Theatres of Glass*, p. 92。

［61］ 在维多利亚时代，人们经常把自己的道德观投射到水族箱里的水生生物上，并以道德的视角解读它们的习性。Christopher Hamlin, 'Robert Warington and the Moral Economy of the Aquarium', *Journal of the History of Biology* 19 (1986), pp. 131– 53.

［62］ Charles Kingsley, *The Water-Babies: A Fairy Tale for a Land Baby* (London: Penguin, (1863) 1995), p. 75.

第五章

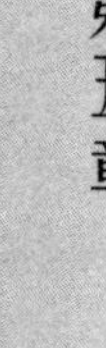

暴露的天性：《小红帽》与探索自身的野性

Nature Exposed: Charting the Wild Body in "Little Red Riding Hood"

简·劳登写过一本名叫《年轻博物学家的旅程：艾格尼丝·莫顿与妈妈的旅行》（*The Young Naturalist's Journey or the travels of Agnes Merton and her Mamma*，1840）的书，讲述了一个小女孩和她的妈妈一起乘坐火车到各地动物园[①]参观探险的故事。莫顿夫人带着女儿看了各种各样的猴子、獴、狐猴，还有弗吉尼亚鹧鸪等鸟类；她们还认识了鼯鼠、鹰、隼和变色龙。母女二人看到的这些动物都是从世界各地被运到英国的外来物种——有非洲的、美洲的、东印度群岛的、马达加斯加的，还有意大利和西班牙的。

这部作品的创作灵感来自《博物学杂志》（*Magazine of Natural History*）上的文章，它的目标是对发表在这本杂志上的部分论文进行改编，向读者描绘两个女人见到的生物，配上插图，并介绍各个物种的起源和食性。不过，“能否被驯服”似乎才是两位女士最感兴趣的事。莫顿夫人和女儿在动物园里看到的奇异动物都是被关在笼子里的，这表明野生物种都有被驯服的可能。

① 原文为“menageries”，源于17世纪的法语，指豢养和展示珍禽异兽的场所，规模不大，普遍带有私人性质，严格地说是现代动物园的前身。*

从这里便能看出，人类对自然的掌控是这个故事的叙事核心，正如一个配角在旅途即将结束时对两位女士所说的，驯化野生动物甚至已经成为一种拯救濒危物种的手段："因为人们没有驯化（袋鼠）的打算，也没有想过圈养它们，要不了多久，这个物种一定会灭绝。"[1]

书里教了很多知识，从鹰和驯鹰术（驯化的鹰依然有恢复野性的风险），讲到了把老鼠当成宠物饲养，作者在书中向读者呈现的"动物收藏"[2]，表明了人类控制自然世界的能力。这种意味强烈地体现在书的最后一章，母女俩拜访了特里劳尼先生（Mr Trelawney），他在自己的博物馆里骄傲地陈列着鸟类的填充标本。

我们曾在第一章里看到，维多利亚时代的博物学科普作家经常构思异想天开的火车旅行。但不管是对书里的小姑娘，还是对看这本书的读者，劳登想要传达的可不单单是博物学的知识。芭芭拉·盖茨主张，这个故事的叙事展现了典型的中产阶级家庭情况，他们"认可驯化珍奇物种的做法，但又喜欢想象它们的野性可能复发"[3]。然而，就像老鼠和猴子能被驯化成宠物，小女孩接受的教育与动物适应人类驯化的过程被相提并论，显得有趣且非同寻常，让这一点变得更明显的是，她得到了一只狨猴作为奖励：这只狨猴长期被人驯养，看起来非常温驯，可小姑娘知道，它在面对陌生人时可能会变得非常凶猛。动物内在的天性是可以驯服的，这个发现让小女孩接受的教育变得更像是一种驯化，也就是说，她必须驯服自己的天性，哪怕只是表面上，只有这样才能成功适应成年人的世界。

除此之外，书中还提到了围绕物种分类的争论、科学家之间的争吵，以及分类学从林奈（Linnaeus）到居维叶（Cuvier）经历的发展，所有这些加在一起，说明了我们可以根据食性，系统性地衡量物种的野性。实际上，虽然绝大多数生物看上去都是一副或野蛮或温顺的样子，但它们总是会在看见食物的时候变得既凶猛又贪婪，鬼鬼祟祟，蹑足潜踪，暴露出内心沉睡的兽性。野生动物的饥渴是它们本能的缩影，而出于本能的行为则成了兽性的终极标志，这都是母亲对女儿所说的话，她希望这堂生动的博物学课能让小姑娘引以为戒，不要“也因为暴食而受到相应的惩罚”[4]。

如果说写给年轻女性读者的博物学科普作品传达了有关女性天性的话语，那维多利亚童话也是一样，这一点我们已经在前文看到了。不过，探讨女性与野兽关系的童话故事更为显著的特点是，与自然相关的科学知识以及最新的科学读物弥漫着有关自然和自然世界的表征。同前一章的维多利亚童话一样，下文要探讨的改编版《小红帽》（“Little Red Riding Hood”），也把故事的舞台放在了现代社会，女主人公们被建构成了时尚的商品，而故事想要展现的则是自然与文化之间的冲突。我们已经见识过，玻璃这个母题在概述人类控制自然的欲望，以及女性的天性和性中所扮演的角色了。而在这一章，我们将看到作者们用“小红帽”展现自然和文化之间的隔阂。

同之前一样，小红帽这个母题被摆在了经典童话与当时对自然以及文明的建构之间，它的作用是质疑现实事物的分类。应当看到，通过将女主人公变成时尚的人工制品，灰姑娘和小红帽的故事都把叙事变成了塑造一系列的“象”。但我认为，勾勒女主人公以及侵犯者身份的视觉修辞可以被视为维多利亚人痴迷分类的反映。就像劳登笔下的小博物学家，维多利亚时代的小红帽们穿越森林的旅行，以及在这个过程中与野生动物的相遇，都是为了让她们认识自己内心的野性。

到这里为止，我们已经看到，与现代性相关的母题（比如玻璃）暗示了现代文化与个人建构的变化无常。与之类似，在后来出现的、维多利亚版的改编《小红帽》中，这些故事划定的类别（比如人类与动物、家养和野生之间的区分）不仅反映出人们表征自然的方式正在发生变化，还体现了对自然进行有序分类的迫切与自我之间的关系。我认为，这些改编故事通过这种方式暗示的是：在科学写作中用来重新表征自然的语言，其实是更宽泛的视觉文化的一部分，因此，这种语言可以用来定义性别差异和行为模式。比如，《小红帽》中小女孩采摘花朵的情节其实隐喻了她自己的失贞，这与之前那些试图把植物学当成一门正式科学看待的比喻不同。[5]然而，维多利亚时期的改编版重写了故事中的性别建构，以及对性的态度——无论是通过更换森林这个场景，还是通过揭发那些让人的形象变得具有欺骗性的视觉元素——很好地体现了科学语言和研究（特别是与野性相关的）如何影响了人们对自己和他人的认知。这些改编版的叙事所利用的视觉标准，揭示了对现实的建构如何源于当时对自然的建构、定义以及表征。

我们能从下面的例子里看到，为了理解这些表征的根源，或许应当以超越体裁的眼光分析这些故事的叙事，尤其是当这些表征涉及自然与文化的对比时。

童话、女人和天性

沃尔特·克兰（Walter Crane）在1874年为《美女与野兽》（"Beauty and the Beast"）创作过一幅版画，在这幅画中，美女与野兽坐在一间布置得十分"小资"的房间里一起喝茶。

女权主义文学评论者①对这幅画的解读，经常落在强调女主人公和怪物之间的联系上。美女和野兽面对面坐在一张沙发的两端，原本对称的构图却被女士那越过中线的裙摆打破，它像受到野兽的吸引一般，滑向了画面的右侧。裙摆严严实实地盖住了美女的脚，与野兽裸露的蹄子形成鲜明对比。

在研究维多利亚时代对女性表征的论文中，妮娜·奥尔巴赫（Nina Auerbach）通过强调颜色的互补在画面中扮演的角色，进一步发展了这个观点：女主人公裙子、头发和扇子上明亮的红色斜线，对应着野兽马甲和蹄子的鲜红色。[6]然而，这幅画还有其他引人注目的地方，野兽靠藏在时髦得体的服饰下掩盖了野性。而在异常华丽且"小资"的环境中，装饰品颇具日式的风格，艺术品又有希腊和文艺复兴的韵味，这当然体现了克兰与工艺美术运动的渊源，但它也会让人联想到维多利亚时代中期的中产阶级家居。正如赫恩（Hearne）所说，"不管是室内的布置，还是野兽，都无野性可言"[7]：野兽戴着单片镜，身上穿着18世纪的法国宫廷礼服，美女侧脸的构图犹如希腊陶器上的图案，这些都让美女和野兽共处一室的场景

① 反对文学在经济、政治、社会和心理上压制女性。*

显得时髦又多彩，消除了隐藏在故事中的暴力与凶恶。鉴于人物传统的姿势和房间内烂俗的装饰，克兰的这幅版画几乎是一件没有深度的俗丽之作。由于两位角色的扁平化和肤浅化，克兰把这幅画的重心从童话故事意图探讨的性和婚姻转移到了装饰物上。由此，这幅画凸显了更为现代的问题，比如外表和阶级的重要性，还有如何装扮才能更像淑女和绅士。克兰的现代化演绎极其讽刺地把一个原本教导读者不要被别人的外表和装扮所迷惑、要注重内心和本质的故事，变成了时尚和装扮的教程，从视觉上编码了女性身为家庭主妇和优雅女士的角色。

这种模棱两可的解读，一方面暗示了美女的野性以及她与野兽的关系；另一方面，它也让人想到维多利亚时代对女士的建构，她们注定被物化、被出卖给婚姻，这是许多探讨女性天性的维多利亚童话试图传达的主题。

如前文所述，女性的天性同时吸引了试图认识并控制自然之力的科学家和专业人士。而《小红帽》很可能是经典童话中最强调女性天性这一主题的故事：它不仅探讨了女性与天性（女人的野性）的关系，还用女主人公那标志性的红色兜帽凸显了女人的人造属性。我们已经看到，时尚经常利用自然设计新的花样，制造新的潮流和趋势，而在维多利亚版的《小红帽》中，女主人公的兜帽成了工业生产和人造属性的象征，它不仅隐喻女主人公的商品化，而且将驯服女人的天性同工业化改造农村的自然风光相提并论。可见不管从哪个方面来看，“自然”[①]都是维多利亚版《小红帽》的核心。

① 这里同样有“天性”的意思。*

此外，本章将会说明，维多利亚版的《小红帽》通过对狼和女主人公的重新塑造，探讨了人类与动物的关系。因此，我们可以从这些童话中看到野兽的形象在整个19世纪经历的变化。实际上，科学的发展和进步逐渐改变了“兽性”的定义，因为人类不再认为自己需要屈就于自然的力量，并且开始“把自然的很多东西置于自己的控制之下”[8]。在哈莉特·里沃特（Harriet Ritvo）看来，“凭借提喻或者隐喻的手法，动物可以代表自然的力量，而在自然对人类的威胁已不复从前之后，动物亦然”[9]。如果说隐喻在科学语言里扮演了相当重要的角色，那它在童话文学里的分量也不遑多让，因为后者经常要依赖比喻来描绘魔法般的变形。因此我认为，下面要探讨的那些童话正是利用隐喻，通过修改经典童话中的比喻、将它们同当时对自然的建构以及关于兽性的定义联系起来，打乱了维多利亚时代的分类方法。

许多童话的主题都是为了凸显女性与天性的关系，它们以首次踏上旅途的女主人公描绘年轻女性成长和转变为女人的过程，借此质疑从自然到文化的过渡。这在《小红帽》里体现得尤其明显，因为它的主角是一个追崇自己的天性、沉湎于感官享受的小女孩。《小红帽》不断被改编，可谓经久不衰，其最鲜明的主题是：将小女孩塑造成女人的过程离不开女性的文化适应以及女性对肉体的控制。红色的兜帽是这个经典童话故事最具代表性的母题，它象征了小女孩的文化适应。“Chaperon”①是

① 一种流行于中世纪欧洲的实用头饰，在佩罗版的《小红帽》中，主人公戴的正是这种帽子，而不是后来的兜帽长袍。*

一种在16世纪和17世纪的贵族以及中产阶级女性中非常流行的帽子，可见佩罗为了能让这个民间故事的风格更贴合上流社会读者的认知和审美所采取的风格化表现手法。[10]作为上流社会的标志，红色兜帽代表了女主人公本身，这将她建构成了物体。

在当时，西方社会对肉体的建构经历了演化，而红色兜帽这个母题的出现则是这种改变的明显体现。杰克·齐佩斯认为，《小红帽》在历史上的演变与“性的社会化在西方社会的演变同时发生①”[11]。《小红帽》强调的是驯服自己的身体，克制天然的本能：女主人公因为纵情感官享受而遭到了惩罚，如果不想落得这个下场，小女孩们就必须学会自律，时刻提防内心的本能。这个故事不但强调小女孩有必要控制内在的天性，还十分强调外表的重要性。红色的兜帽象征小女孩的外表，其外在越是符合当下的潮流，那她就越是应该有能力管好自己的天性，她至少要懂得如何把自己的本能掩藏在俗丽的外表之下。

很多改编版本都着重强调了小红帽的虚荣[12]，表现了红色兜帽在揭示女主人公内在天性和外在样貌的反差中所起的作用。故事通过展现人的躯体和文明规范之间的冲突，把这顶时尚的帽子定义为小女孩不受拘束的性。对理想躯体的建构不再注重“自然”，而是“可制造”，这让生物性的欲望显得更加扎眼，亟须用教化的过程对其进行约束和限制。[13]年轻女孩

---

① 性的社会化是指孩子和青少年在某种文化的信仰、价值观和态度的影响下，逐渐形成对性的认知和看法的过程。*

勾引男人，放纵自己犯错，最后成为被商品化的女人，佩罗通过塑造这样的人物，把行为举止的评判标准融入童话，以此约束孩子们的天性。[14]

不仅如此，在大众视觉文化兴起的维多利亚时代，肉体与自我形象建构之间的冲突愈演愈烈。维多利亚版的改编童话着重展示的形象，往往是受到控制、监督和约束的身体，它们利用童话对“身体”这个元素的广泛强调（从变形到肉体上的惩罚）来传达对于性别的建构并赋予性别新的意义。事实上，对于受到审视和控制的西方中产阶级的身体，改编童话经常是维多利亚作者用来探讨其建构演变的手段。许多维多利亚童话的女主人公都被教育要注意自己的形象、忽略自己的躯体。[15]如此一来，她们将不可避免地把自己建构成文化性的物品，随时准备把自己售卖给出价最高的人。

在长达数个世纪的时间里，童话故事的女主角总是被塑造成理想化且美丽的公主，美貌不仅是高尚品德的象征，更是赢得王子青睐的资本，这保证了她们最后都能过上富足的生活。到了维多利亚时代，童话故事对女主人公美貌的强调甚至有过之无不及。比如克里斯提娜·罗塞蒂（Christina Rossetti）的幻想作品《众声喧嚣》（*Speaking Likenesses*，1874；这本书是对刘易斯·卡罗尔发表于1865年的《爱丽丝梦游仙境》的改编），故事里反复出现女孩们的身体被镜子映照和夺走的情节。

刘易斯·卡罗尔在1871年出版了《爱丽丝梦游仙境》的续作，它的标题《爱丽丝镜中奇遇记》明确地点出了女主人公的成长之旅与映照她形象的镜子之间有重要的联系。爱丽丝在进入仙境时遇到了诱人的饮料和蛋糕，上面还写着“吃我”的挑逗字样。事实上，南希·阿姆斯特朗（Nancy Armstrong）已经阐明了这样的情节设置与表现女主人公节制自己的食欲（故事中的变形蘑菇，其中一半能让人变大，另一半能让人变小，每次吃的时候，爱丽丝都只是非常斯文地咬一小口）以及管理自己的形象有一定的关系。我曾在其他文章里说过，爱丽丝在仙境的旅行完全可以被看成是她在消费者文化里经历的一场冒险，直到她在《镜中奇遇》里真的被当成了一件脆弱的商品：“只听一个微弱的声音从远处传来，‘（她应该被贴上）内有女孩，（小心）轻放’的标签。”[16]爱丽丝的确是一个非常好的例子，用来说明维多利亚时代的小女孩或者公主是如何压抑自己的天性的，而她们与身体的剥离经常是被商品化的结果。这一点在《小红帽》里体现得更为明显，这个小女孩的身份已经与她穿的服饰融为一体，角色需要依靠衣服，这更凸显了主人公作为人的商品化。或许正是因为这个原因，所以19世纪的许多改编版本都强调了小红帽外表的重要性。

美国作家阿尔弗雷德·米尔斯（Alfred Mills）在1872年出版的《小红帽》里，把主人公塑造成了一个虚荣的小姑娘，她非常喜欢打扮自己：

> 在很久以前，有一个好脾气的小姑娘，她像蜜糖和香料一样甜美可人，仿佛是从童谣里走出来的。母亲非常疼爱她，为了让女儿更漂亮，妈妈用一条旧的红色法兰绒衬裙做了一顶兜帽。这顶帽子戴在小姑娘头上非常好看，邻居们都赞不绝口，纷纷称她为“小红帽”。虽然小红帽是

> 一个非常好的女孩，不过学校的同学说，她有一个非常淘气的小缺点，一个无论什么年纪、无论哪个时代的女孩都不曾有过的缺点：她有点虚荣——就那么一点。同学间甚至在议论，说有人知道她曾用棉线把两只黄铜耳环吊在耳朵上，假装自己真的打了耳洞；还有人说她曾经把裙子撩起来，非常不得体地缠在背后，佯装古希腊伛步①。[17]

妈妈拿衬裙做兜帽的情节，象征这个故事最重要的母题给小女孩的肉体带来的改变和对性的压抑，因为它把小女孩变成了一个文明的人，将她置于了监督和约束之下。

不过，米尔斯的故事更具启发意义的地方可能是它对小红帽痴迷装扮的强调，以及将故事的背景放在了现代社会。经典童话里的幻想世界被改写，以空想的现实或者说“不真实”的一面取而代之：因为现代社会是一个充满幻觉和妄想的地方，正如女人会用美容的技巧欺骗他人的眼睛。

我们可以从阿尔弗雷德·米尔斯把《小红帽》放到现代社会的做法中看出，整个维多利亚时代，大众视觉文化将人造属性引入对女性躯体的建构中，而把佩罗这个经典童话改编成立足于19世纪社会的现代故事，则让作者们得以对这种建构进行探讨。安妮·伊莎贝拉·萨克雷·里奇1868年出版了《小红帽》，哈莉特·路易莎·柴尔德-彭伯顿1882年出版了《小红帽续》，两者都把故事的舞台设在了维多利亚时代的英国，并

① 19世纪流行于西方社会的一种女性站姿，上身前倾，臀部后翘，类似伛偻的体态。其名称源于摆出这种姿势的古希腊雕像。*

且特别强调她们的改编与现实的虚幻性之间的关系。在这两个改编故事中，大众视觉文化对童话女主人公的建构有无与伦比的重要性：被商品化的小红帽，传达了里奇和柴尔德-彭伯顿有关现代女性建构的论述。

通过这种方式，这两个改编故事与很多童话一样，凸显出自然和文化之间的冲突。不过，在那个技术和科学知识似乎要牢牢控制天性的时代，对于天性的内涵究竟是什么的探讨，她们的故事同样表现出一种暧昧不清的意味。

安妮·伊莎贝拉·萨克雷·里奇的版本：消费与失贞

在里奇版的《小红帽》（1868年）[18]中，故事的旁白威廉姆森小姐（Miss Williamson）和她的弟媳正身处巴黎。夕阳西下，因为“在战神广场的世界博览会上逛了整整一天，耳边尽是震耳欲聋的机器”[19]，所以她们想找个安静的地方。

里奇明确指出，自己的作品是对《小红帽》的改编（她在故事的开篇就提到了佩罗的名字）。她的版本以一段描写雷米·德·拉·拉维耶尔（Rémy de la Louvière）的话作为开场，这位少爷就是里奇故事中的“狼”。而小红帽则在她那“童话般的宫殿里……这座宫殿造型可爱又迷人；是一座艺术之宫，它有廊台、露台和可以观景的小楼，空气中弥漫着橘子花的芳香，娇柔的花瓣洋洋洒洒、如雪片一般从天而降，淙淙的生命之泉潺潺流过，所到之处，大理石被夕阳染成了闪闪发光的金子”（p.155）。此时，威廉姆森小姐和弟媳正好从世界博览会回到这里。小红帽住的房子（一间酒店，她已经在那里住了一个月了）被比作艺术和工业的宫殿，这个开门见山的比喻已经指向了上面所说的主题，即现代文化的奇妙和仙气源于幻觉和现实欺骗性的本质。

但是，里奇改编《小红帽》的目的是揭示女主人公的天性，而不是抹杀它，如此让女主人公与现代社会形成鲜明的对比。里奇没有把女主人公塑造成呆板的形象，并因此颠覆了经典童话建议中上阶层女性忽略肉体、压抑“天性”的保守话语。

在里奇的《小红帽》中，雷米·德·拉·拉维耶尔因为赌博而成了穷光蛋，于是便想到了迎娶表妹帕蒂（Patty，即小红帽）的主意——因为她将继承他们祖母的遗产。可是，雷米却渐渐对表妹动了真情，不仅忘记了“他当初的算计”，还把“所有的狼性”一并抛诸脑后（p.186）。帕蒂的父母拆散了这对恋人，这个童话的改编成了表现年轻女孩激情的手段。里奇充分利用了这个童话里的各种母题，来展现帕蒂渴望欢愉的本能（故事中经常以帕蒂贪吃的情节作为暗示）与社会要求她严格控制自己身体的矛盾。在故事的前半部分，帕蒂被描绘成了一个吃东西不知道节制的年轻女孩：

> 帕蒂板着脸生闷气的样子和父亲很像，她吃着面包和果酱，一言不发。还好问题不大，梅纳德夫人一边想着，一边往女儿的盘子里添吃的。至于她自己，今天发生了太多糟心事儿，弄得她心烦意乱，一点儿东西也吃不下。梅纳德夫人犯了一个许多上了年纪的人都会犯的错

误：他们总把身体不适误当成心情不好。明明身子骨已经三好两歉，全身上下的老病旧伤不止五六七八处，经不起一丁点儿的折腾：他们会感觉难受，没了胃口，直到疼痛直接袭来，心神不宁、烦躁不安的情绪才会被取代。倒是像帕蒂这样年轻又健康的小家伙们，就算有钻心的疼痛，也能像没事一样，好好地吃一顿晚饭，而且还能喋喋不休，她们几乎意识不到这其中的英雄气概。（p.195）

里奇在这里所说的“英雄气概”，绝不是指女性被强加的压抑和对痛苦的默默忍受。恰恰相反，里奇似乎是想借童话故事告诉女性，她们不应排斥渴望欢愉的本能——比如上面这段对于吃饭的描写，童话里还有一些别的情节也颇具颠覆性，它们都是为了进一步说明同样的观点。帕蒂做事“粗心大意”，“容易冲动”（p.198），是个“像水精灵温蒂妮一样”的小姑娘（p.195）。把关注点放在帕蒂的胃口和出于本能的行为上，加上对她的描写，尤其是这里提到的“水精灵温蒂妮”，不仅与当时（科学/医学）对女性的建构产生了共鸣[20]，还暗示了女主角与自然的亲密关系。小红帽按天性行事的事实，意味着她必须被套上枷锁、受到约束。

值得注意的是，小姑娘的变形和文化适应也是借助衣服完成的，这与经典童话如出一辙。又到每年看望祖母的时候，帕蒂在祖母的坚持下被人为地改变了样子，老人家坚信婚姻对女人来说是最最重要的大事：“为了装扮帕蒂小姐柔亮的发绺、白皙秀颀的脖子和纤细的手腕，老太太从自己珍藏的物什里翻出各式各样的老古董；给脖子挂上圆形的小挂坠，给胸口别上胸针和花边，再绑一条绸带、配一块薄纱。”（p.196）祖母把孙女装点得珠光宝气，将身体和财富混为一谈，这既加深了帕蒂的商品化，又是一种不祥的预兆，暗示有贼要偷走她的珠宝——她的贞洁——如同经典版本的隐喻一样。

这并不是小女孩被商品化的极致表达，因为后来，祖母还特地派人把镇上最好的女装裁缝请到了家里，吩咐他定做一顶“猩红色的‘capeline’，是那种淑女们经常在海边戴的款式——褶边、绗缝、镶上花边、两边再挂上饰带的漂亮红色兜帽，带子要贴着脸颊绕到下巴下面，长度足够打个结”（p.197）。用女主角父亲的话说，这顶红色的兜帽让帕蒂显得“过于引人注目了”（p.199），它标志着她变成了商品：里奇的小红帽要去巴黎供人观赏了。

在经典童话中，小女孩戴上红色的兜帽后变成了别人凝视的物品，这证明了她需要克制自己的天性。而在里奇的改编版本中，来到巴黎的帕蒂胃口好得惊人：“（帕蒂）吃着一盘又一盘精致的小菜，连酱汁都不剩，在两道菜的间隙，她还要往嘴里塞面包和黄油。”（p.199）食物是整个故事的一个重要元素，帕蒂的母亲和母亲的贴身侍从在听完老太太管家的话后，眼前不禁浮现出火车把饭菜拉到“忍饥挨饿的”祖母面前的场面（p.201）。

有人可能会推测，帕蒂外貌的变化以及对好胃口的反复强调标志着她的性成熟，预示她和“狼”的邂逅，以及后来的结合。两人再次相遇的地点是一家剧院，帕蒂到那里看演出，“一场华丽的童话剧，演的是一个身穿粗布衣服的农家少女，在一阵急促的音乐和电光闪烁之间，变成了身披绸缎的公主”

（p.199）。正是在这个夜晚，帕蒂又看到了雷米——就在美丽的公主再度变身时。

里奇为二人相遇挑选的场所（剧院）象征着女主角的（性）成熟：身为女主人公的小姑娘已经被商品化，成为“小红帽”，她现在足够成熟，可以登台亮相，被建构成男性欲望的对象。台上的角色在童话剧里变换着身份，犹如帕蒂本人的写照，而与此同时，雷米也已经化身成了“狼”，“准备吃掉”（p.200）帕蒂。

此时的“狼”只想一雪前耻，所以心中起了先诱惑帕蒂，再抛弃她的歹意。不过，雷米的诡计依旧没有得逞，反而让里奇能够揭示这场浪漫邂逅的真相。她笔下的男主人公“眉眼带笑，英俊帅气，魅力四射，努力想把一场偶然的相遇变成伤感的邂逅”（p.206）。虽然帕蒂“咬着牙关，一脸嗔怒地对着雷米”（pp.207—208），但这种凶狠很快就消失了，它只能说明帕蒂平日里缺乏对自己的约束，还有就是为她向表兄坦白内心的爱意埋下伏笔。讽刺的是，帕蒂的率真改变了雷米，因为他“毕竟只能算半头狼，一只披着狼皮的羊”（p.208）。雷米终究脱掉了他的“狼皮”（p.208），并向帕蒂承认了自己的爱意。

随后，两人决定去找祖母，让她帮助他们结婚。因为担心有人认出帕蒂的红帽子，他们还特意选了两条不同的路前往卡普尚夫人[①]（Madame Capuchon）的家。里奇彻底重写了小红帽在外婆家与狼相遇的情节，原本狼的戏份这次全都由祖母本尊出演：祖母说话“声音嘶哑”（p.219），因为她真的感冒了；她

① 故事中的祖母。*

闻到了帕蒂篮子里黄油的香味；她让帕蒂给她递眼镜，因为想把外孙女的脸庞“看得更清楚”（p.220）；还有她象牙材质的假牙，原本放在一个盒子里，同样被帕蒂碰落到了地板上。

里奇的故事里没有嗜血的野狼，如果真要说，要求年轻女孩压抑欲望和胃口的保守意识形态才是吃人的恶狼，这极大地颠覆了狼在佩罗版本里的形象。讽刺的是，在外婆的家里，帕蒂紧绷的神经并不是源于她对狼的恐惧，反而是因为在她向卡普尚夫人讲述实情的过程中，雷米迟迟没有现身——此时的他正在餐厅里大口吞吃管家做多了的馅饼。

可见，里奇的改编打破了读者对故事的预期：她的女主人公凭借本能的行为，赢得了自己的“真命天子”，他的王子是一个好人，因为“胃口好的人，心肠应该也不坏”（p.225）。里奇笔下的“狼”用热诚的反应和不受控制的情绪取代了狼在原版故事里的嗜血暴力。帕蒂“不想再隐藏任何感情”（p.220），热泪夺眶而出，情绪激动之下，不小心打翻了放在桌上的一个盒子，祖母的假牙掉了出来。虽然这个细节非常滑稽，可是却极富深意。它不仅打乱了原版故事的角色定位，让祖母扮演了反派，而且还颠覆了原版故事对人需要社会化的论述。帕蒂最后失去了金钱［雷米成了遗产的继承人，因为“女孩可不想拥有那么多钱，变得跟男人一样”（p.224）］，还有她的童贞。尽管替换了强暴的母题，抹去了性的元素，但这并没有削弱这个故事的颠覆性意味。里奇的童话经常强调外貌和现代时尚的重要性[21]，但是在她的《小红帽》中，相信自己的天性所带来的回报比戴上一顶时尚的红色帽子更多。帕蒂的单纯或许让她失去了遗产，但正是这份天真，让她能与“狼”喜结连理。

通过明确指出经典童话如何探讨女人的天性，里奇强调了某些故事中的母题和比喻，它们不仅定义了女主人公“令人厌恶”的天性，而且组成了教化话语。她在这个故事中所利用的野性与驯服的张力，一直受到维多利亚时代对动物性的建构的影响，正如女主人公被打扮和展示，还有经历过文化适应的年轻女性被比作看似温驯的小动物，但实际上，她们内心的野性却随时可能复燃。不过，在里奇利用比喻建构野性的过程中，喻体的危险性会不可避免地打折扣，比如“狼”和雷米，这导致自然的力量缩水。文学童话和它的母题让读者得以再次看到世界的另一面，也从不同的角度看待对于自然的建构。

同里奇一样，柴尔德-彭伯顿也将叙事转换到了维多利亚时代的现实中，用这种方式对佩罗的经典童话进行改编。在把这个童话改写成现实主义的叙事后，柴尔德-彭伯顿对现实中日常事物的欺骗性外表进行了探讨：那是一个靠仪表和视觉符号定义个人身份的时代，抹杀了躯体作为真相基础的价值。

哈莉特·路易莎·柴尔德-彭伯顿的版本：普希①与狼

哈莉特·路易莎·柴尔德-彭伯顿是一名活跃在维多利亚

① 普希（Pussy）是故事的讲述者，也是这个故事的女主角，即柴尔德-彭伯顿版本的小红帽。另外，“pussy”在英语中也有“猫咪”的意思，这个双关在故事中有一定的作用。见后文。*

时代晚期的作家，人们普遍认为，她创作的儿童故事是说教性的，并且符合基督教的原则。柴尔德-彭伯顿通过在改编经典童话时去除叙事里的魔法元素，进一步强调它们的道德主题，典型的例子譬如童话集《每日一童话》（*The Fairy Tales of Every Day*，1882）。《小红帽续》就是其中的一篇，故事的开场发生在一间儿童房里，这是中产阶级家庭的小女孩们接受教育的场所。故事讲述者普希的侄女玛杰莉（Margery）批评《小红帽》的故事“太不真实了”[22]，由此将故事的叙事引向了对童话与现实关系的探讨：“我们现在去哪儿都不会碰到狼，对吧，就算是碰到了，我们也没法儿跟狼说话呀。”（p.211）

但是正如普希明确指出的，阅读和解读童话的寓意其实是为了培养小女孩们阅读和解读现实的能力，童话母题有助于反思对于现实的定义。既然童话话语具有这种揭露性，那就说明世界是可以被解读的，然而，正如讲述者从始至终暗示的那样：如果说现实是一系列的象，那么这些象就可能是有欺骗性的。把一个童话放到维多利亚时代的现实中，它想揭示的自然是故事的道德论述：普希开始给玛杰莉讲故事，以便她“能读懂《小红帽》真正的寓意”——“真正的故事”（p.213）。但是，相比揭示隐藏在这个童话故事表面之下的寓意，讲述者更想揭露的是现实本身的编码方式，以及小女孩需要破译这种编码。

讲述者给侄女讲了一个发生在她自己身上的故事。她所遭遇的不幸，很可能应当归咎于父母糊涂混乱的家庭教育，这与现代世界有着莫大的关系。家庭生活中无处不在的混乱［每个人“总是风风火火的”（p.215）］反映了现代都市社会的紧张节奏，它为引出火车埋下了伏笔，火车也是与小红帽受害相关的第一个母题。事实上，这个童话也暗示了交通方式的发展（火车、地铁和有轨电车），它们能越来越快地把人从一个地方送到另一个地方，速度之快，犹如魔法。可是神奇的技术却给女主人公带来了不幸：火车承载着柴尔德-彭伯顿的道德信息，给这个故事原本的教训（女性需要驯服自己的天性）融入了技术的进步以及对自然的控制。

作为现代技术的代表，火车象征了人类对自然的征服。在《年轻博物学家的旅程》中，火车让劳登得以把“博物学和火车旅行的激动人心合二为一”[23]，既让小女孩学到了知识，又让她战胜了恐惧。事实上，起初，小女孩因为从来没有乘火车旅行过，所以“对火车车厢的数量感到惊奇，甚至恐惧；车门一开，乌泱泱的人群飞奔上车，每个人都想抢个位置，所有人的脸上都写满了焦急和疑惑，这场面着实把小女孩吓得不轻”[24]。因此，《年轻博物学家的旅程》并没有像很多科普作品一样，仅仅把火车作为一种叙事技巧：火车象征着主角与荒野以及奇异事物的相遇，预示小女孩将与自己内心的野性斗争。除此之外，迈克尔·弗里曼（Michael Freeman）认为，火车蕴含“对基督教信仰的深刻影响”[25]。火车不仅与英国偏远地区的转变有关，也与一直以来挑战《圣经》真理的科学理论有关。

正如第一章所提到的，由于铁路在英国国内的扩张，重见天日的岩层不断促使旅行者思考有关地球进化的新理论，例如查尔斯·莱尔的均变论，它阐释的内容作为一种新的思维方式，为建立在古生物学与地层学上的进化论铺平了道路。因此，火车旅行会使乘客面对生动、有时甚至是骇人的画面，且这些画面与地球生命以及人类的进化多有关联。[26]在柴尔德-彭伯顿的童话中，火车承载了叙事的道德主旨。机器蕴含的速度主题象征小红帽的成长，特别是在形容女主人公冲出车站时，原文的比喻是“像蒸汽一样喷了出去”（p.219）：她的身体和引擎融为了一体。因此，这个故事通过对小红帽穿过森林的现代化改编，告诫年轻女孩不应当偏离得体的女性气质轨道——故事里表现这一点的，真的是字面意义上的“轨道”。将火车与违规联系起来的做法在维多利亚时代非常常见。[27]事实上，作为英国现代性和进步的象征，火车不仅可以代表人们打破了时间和空间的界线（它缩短了人与人之间的距离，减少了乘客在长途旅行上花费的时间），还可以用来比喻冲破道德的界限。

在柴尔德-彭伯顿版的《小红帽》中，理解教化的规则是年轻女性教育的核心。女主人公在形容父亲的时候是这样说的，他连坐下的时间都没有，只能站着把茶喝了，“就跟《爱丽丝梦游仙境》里的疯帽客一样”（p.214），这句致敬“爱丽丝”系列的描写将现代社会建构成了一片仙境，它被随意的法则支配，让讲述者无从理解。前文已经说过，卡罗尔的《爱丽丝梦游仙境》完全可以被看成是对旅行叙事的诙谐改编：年轻的博物学家独自进入荒野地带，在那里，所有的行为准则和文明规范要么变得一文不值，要么违背常理。爱丽丝闯入了一个完全由大自然主宰的世界，动物们不仅会说话，还把自己变成了不受管束的物种。爱丽丝学到的不恰当的教化与这个自然世界简直方枘圆凿，由此，自然和文化之间的冲突被放在了故事叙事的中心位置。

类似的，柴尔德-彭伯顿的"法则"暗示的是中产阶级的行为规范，无论是刘易斯·卡罗尔的幻想故事，还是她自己的改编故事，女主人公都被教育要遵守这些规矩。凭借这种方式，整个框架叙事以及讲述者所讲的故事，都在开头强调了现实是可读的。可读性意味着世界由各种各样的编码构成，所以小女孩们必须学会破译它们。由此可见，童话是一种用于表征现实的非常有效的体裁：对佩罗和他的追随者们来说，经典童话是一种内化社会规范的手段，它把世界设定为一系列的编码和规则，并用这些东西定义中产和上层阶级。在代入维多利亚社会的现实后，这些编码不仅变成了视觉性的编码，而且可能是欺骗性的，正如柴尔德-彭伯顿的小红帽后来学到的教训：实际上，这些编码是空洞的，能轻易地为任何人所用，就连狼也可以穿上绅士的衣服。

《小红帽续》通过将小女孩和她的兜帽融为一体的方式，定义中产阶级的女性气质，而且故事以展现富裕的中产阶级关注的事物为特点。故事一开头，柴尔德-彭伯顿笔下的故事讲述者普希就强调了工业化和规模化生产给整个世界的节奏带来的巨大影响。她用时尚和品位来定义中产阶级，同时说明社会变迁的速度——走马观花般的时尚，不啻为瞬息万变的社会最直观的表现：

我说道，我要讲的事，发生在二十多年前。过去这么长时间了，如今就连裙子的时尚都已经彻底变了样，当时的衬裙是越大越好，男士软呢帽几乎人手一顶，今天流行的豆沙绿、孔雀蓝和馥郁红还都无人问津，大家喜欢的是火焰猩红、罗兰紫，还有刚刚出现不久的淡紫和洋红，那些非要不懂装懂的裙子行家对后面两种配色可谓相当青睐。

刚刚长大的我当然也在这些人中占据了一席之地。我爱穿红色的长筒袜，紫罗兰色的裙子，再搭一件猩红色的斗篷，以前的人不会像现在的人一样，对我的品位指指点点。那时候的我是个什么样子，我想你们心里肯定非常有数了……（p.213）

在这里，时间是通过时尚衡量的。女主人公的身份由装饰物的累加而定，她的商品化反映了她出生于中产阶级：她要占据一席之地，仿佛自己是被陈列的商品。

但更值得注意的是，她提到了担心品位被人指指点点，还有我们应该对她的样子“非常有数了”，这些话将她建构成了维多利亚时代理想的美学表征——一种符合那个时代视觉刻板印象的形象。她对那件斗篷的描绘又进一步强调了大规模的复制对于理想女性气质建构的重要性：

尤其对那件斗篷，我是非常骄傲的。那个年代流行的斗篷款式和今天的不同，它是一种双层斗篷：上层短，下层长，腰部收束，用一个圆形的花饰固定——康尼马拉[①]斗篷，我记得人们是这么叫它的。我也承认那个年代

① Connemara，是位于爱尔兰西部的一个区。*

> 绝大部分的潮流和时尚既丑陋又没品位，但是只有康尼马拉斗篷是例外，难看和不雅与它丝毫不沾边。
>
> 它们有各种各样的颜色……我走起路来轻快如燕，披上这种斗篷，穿上略微高于系带靴的红色长筒袜，头上戴一顶最小号的黑色帽子，再用绳绒网套把头发束起来——这一身奇怪的搭配便是那时候的时尚——想必我看上去跟小红帽应该也没有多大的不同。（p.214）

美丽源自大规模的复制，正如她的身份建立在规模化量产的饰物之上，依靠这些视觉编码的讲述者变成了一件工艺品，也就是小红帽的复制品。

另外，她非常渴望去看祖母，因为祖母会给她做新裙子和新帽子当礼物；而且在筹备前往祖母家的旅程时，她还多次去购物。看着女儿的样子，妈妈在她离家前告诫说，路上不要因为自己的打扮和好玩之事而分了心，也不要和陌生人说话。这两条建议非常巧妙地对应了与狼有关的外貌主题，明确了小女孩受到的侵犯与她过度的商品化有关。

除了这些，当女主人公到达车站时，她身上穿的正是那件康尼马拉斗篷。这里使用的被动语态增强了物化的意味，为她的“受侵犯”[①]做了铺垫：“我被从月台推到月台，匆匆忙忙上了一节车厢”（p.219）。因此，柴尔德-彭伯顿的“狼”出现在火车上并非偶然。实际上，通过将真正的本性隐藏在绅士的外表之下，故事里的“狼”讽刺了人们对于天性的驯服，这

① 原文为“violation”，也有“违法”或“违规”的意思。*

个主题构成了整个童话故事的基础。

普希渐渐对手上的书没了兴趣，窗外的风景也看腻了，她想“解解旅程的乏味”，于是便打量起了“这位刚刚上车的同路乘客，换换花样”（p.220）。“花样”（variety）这个词让人联想到维多利亚时代各种各样的分类学，以及那个时期对根据身体特征分类生命和物种的痴迷，科学家宣称，他们可以通过解读这些特征，确定生物在进化上的位置。当女主人公试图解读眼前那位陌生人时，这种观点就显得更有说服力了：

> 他是小个子男人，小得有点非同寻常，从外表上根本猜不出他的年纪，可能三十岁，也可能三十五到四十岁，甚至可能五十岁了。这是因为他有一头淡黄色的头发，就算有白发，也会混在一起，难以分辨；他的眉毛也很淡，几乎看不见；胡子的颜色非常浅，很“英式”，这让他的面相显得有些不可捉摸。除了这些，他还喜欢眯眼睛，一直眯到你都不知道他眼角的皱纹到底是不是因为上了年纪……他虽然个子小，但是衣冠楚楚；他穿着一件整洁的灰色大衣，带着一条花呢格子的毛毯，在车厢里坐定后，他就把那条毛毯盖在了自己的膝盖上。总的来说，我很喜欢他的样子，对面的座位上来来去去这么多人，没有一个人的仪表有他得体、举止有他文明，尤其是他礼貌的举止，给我留下了深刻的印象。（p.220）

这里提到的面相[28]以及讲述者努力解读陌生人面孔的情节，都凸显了维多利亚时代的机械科学，它把人类看成机器，认为人体的各个部分都可以被认识、被控制，强调19世纪标志性的“用博物学的方法来认识”[29]，这些都在第三章论述过。面相学曾随摄影技术的发展而大肆流行，故事在这里通过暗示这种伪科学以及身体的外部特征可以反映灵魂的信念，将人转化成了一系列通用的编码，“形象（篡夺了）身体的地位，成为可读性的基础”[30]。

不过，与此同时它也强调了现实的表象是虚幻的，因为故事的讲述者最终没能通过陌生人的外貌分析出什么：他的发色“难以分辨”，他的眉毛“看不见”；男子的身份“根本猜不出”，他的脸“有些不可捉摸”。柴尔德-彭伯顿选择用绅士的外表隐藏“狼”的野性，这一点非常关键，它指向的是性的社会化在西方社会的发展（前文已有论述），还有压抑和管教对肉体的抹消。此外，它还展现了以外貌取人的做法与剥离身体的渴望相辅相成，人被转化成视觉性的编码——换句话说，这种编码就是“形象”。分类最终抹消了野性，抑制了深度；柴尔德-彭伯顿的“狼”之所以危险，恰恰是因为他无法被解读。看到他文明礼貌的举止，女主人公只能选择相信眼前的陌生人是个绅士，因为只有出身上流社会的人才能有这样的涵养［他不可能是个像小偷一样的“下流无赖”（p.237）］，他的举止体现了某个特定社会阶级通用的编码。

在改编《小红帽》时，柴尔德-彭伯顿让“狼”隐藏野性的安排与现代社会高度相关。这样的改编让作者得以揭露消费文化的危险。在消费文化里，由于身体被视觉性的编码掩盖，所以任何人都能假扮成其他人。有趣的是，隐藏在一副绅士面孔背后的“狼”，或许也可以因为同样的原因而被看作是女主人公的倒影，因为她同样用时尚的饰物人为地建构了自己，他们两个都是工艺品——大规模复制的产品。[31]

另外，在这个改编版的《小红帽续》里，暴力被盗窃取代，由此可见财富对于维多利亚资产阶级建构的重要性。后来，普希天真地让“狼”进了祖母的房子，允许他参观和临摹烟囱上的浮雕以及天花板上的线条。有意思的是，这个陌生人想看的艺术品是浮雕和线条——他想临摹这些立体的雕刻，把它们变成平面的图像。将这一点表现得更明显的是讲述者在灌木丛外发现“狼”的情节，他正在临摹“一块风景如画的土地”（p.229）。把自然转化为人造的图像，也就是对真实的复制，画风景画和复制自然，再次把“狼”与这种转化联系在了一起。

这个风景如画的地方，不仅是为了展示情欲、衬托花园是驯化的自然，或者房子是文化的领域，“风景如画”还隐含着这个地方可以被复制成图像的意思：在南希·阿姆斯特朗看来，“保证一个地方‘风景如画’的是这种信息固有的可复制性，而不仅仅是观察和复制这种画面的人所具备的敏感性和天赋”[32]。在把大自然的美丽解构成符号和代码的过程中，风景画的美学已经从物体本身的价值转移到了象的价值上。南希·阿姆斯特朗由此提出，这为现实主义铺平了道路：所谓现实主义，其主要原则正是识别不同的视觉性标准，并被一系列象所定义，“这些约定俗成的象，使世界有了一种欺骗性的熟悉感”[33]。对风景如画的暗示，以及它牵扯出的对于自然的美学反应，这些在柴尔德-彭伯顿版的《小红帽续》中具有重要的意义，因为原版故事正是围绕对肉体的反应而展开的。

通过把狼变成一位艺术家，然后把两人相遇的地点改在一片风景如画的土地上，柴尔德-彭伯顿将小红帽和“狼”的会面渲染成了一种视觉体验，它用视觉上的愉悦取代了性的欲望。由此，这个改编故事将肉体的感觉美学化了，“狼”的情欲不是对年轻女孩，而是对风景如画的大地，即对它的粗糙和美学价值产生了反应。通过抹消小红帽的躯体（虽然一共见过陌生人三次，但讲述者从不害怕他对自己的身体不利），以及展现英国文化的蜕变（真相只存在于表面，注意讲述者的家人有多讨厌秘密），这个故事将与性有关的母题换成了与视觉相关的母题。

讽刺的是，普希还和她的追求者赫伯特（Herbert）一起游览过同一片风景如画的地方，一样披着那件红色的斗篷，一样边走边摘花。这时，赫伯特告诉她，那个陌生人偏偏挑正午的时候到野外画画，可见他不是真正的艺术家：“正午的太阳刚好在你的头顶……光影没有区分度。真正的艺术家是不会选这种时候作画的。”（p.234）赫伯特的说法更凸显了陌生人安排这个场面的意图——只是为了营造一种个人形象，而它像缺乏光影区分的画面一样扁平。“狼”似乎是“真的热爱艺术美学”（p.230）——所谓的艺术美学，也就是可复制的事物，它们的价值源于它们的象，所以“狼”才把兴趣转移到了祖母的房子上——“真是同类风格的完美代表”（p.230）。这栋房子代表了中产阶级的品味，而这种品味又是基于可复制性而非独特性。屋里的绘画、镜子和陶器都“很好看”（p.226），房子本身的“艺术美学”（p.227）吸引了许多人前来参观，人们更好奇这栋房子，而不是住在里面的人。

祖母把小红帽独自留在家的时候，“茶壶就归她管了”（p.228），这又体现了商品化是维多利亚时代的理想女性气质之一。进入房子后，“狼”瞪着铜铃般的大眼睛，上下左右地把值钱的物品看了个遍。满是宝贝但家门洞开的房子预示了最终的财物失窃，而普希则认为“都是我的错”（p.239），这是柴尔德-彭伯顿的一种象征。但是，用房子象征女性躯体与其说是一种置换，不如说这种抹消肉体的做法完全符合英国的资本主义文化：小红帽的价值是经济上的价值，正如她的损失也是金钱上的损失，论礼仪已被论财产取代。

正如前文所说，柴尔德-彭伯顿对《小红帽》的改编建立在外表的危险性之上，并且植根于消费文化。就像利用人造的时尚装扮自己的女主人公，“狼”也用礼仪和服装（代表绅士的视觉编码）隐藏了自己的野性。类似地，柴尔德-彭伯顿版的故事减少了身体上的暴力（小红帽葬身狼口的结局），以隐喻取而代之，这种空洞的比喻更加强化了对躯体和性的抹消。

实际上，尽管普希在火车上只与“狼”发生了轻微的肢体接触［陌生人站在她身后，帮她从头顶的网兜里取下行李，正在此时，“火车非常轻微地颠簸了一下”（p.222）］，但她还是违反了母亲的禁令，这是通过隐喻表现出来的：在她与火车上的这个陌生人搭话时，她就越过了轨道；她没有意识到陌生人上车后本应把提包放进他自己头顶上的网兜里（而不是她的），因而掉进了他的“网”里；她为自己的不守规矩付出了真金白银的代价（在集市日的当天，她的钱包在车站被人偷走了，“狼”擅自闯进她的私人领地是对私有财产的侵犯，最后的失窃象征了失贞）。由此，小红帽不仅被抹消了躯体，变成了对别人有用的物品，而且这种抹消被故事的比喻修辞强化了，比如她是个“不靠谱”①的人，被一个窃贼“欺骗”②（p.236）。类似的比喻凸显了将她作为一种象而被加以建构的意图。

不过，一个很有意思的地方是，普希其实并没有一直披着那件红斗篷。最直接表现红斗篷的一处情节是普希穿着它，跟赫伯特（“真正的”绅士）一起到“gorsty piecec”③（p.228）采鲜花。在乘火车的时候，她的斗篷被放在一边；在盗窃发生的那天晚上，它又被留在了祖母家的客厅里，女主人公听到祖母的尖叫声跑出房间，还因为被斗篷绊倒而摔了一跤。

而自相矛盾的是，这件红斗篷作为小红帽形象的象征，在故事里却与她不守规矩的天性有关［“我经常把东西落在祖母的起居室里，她很惯着我，心肠又好，所以从来不会因为我的邋遢和健忘而责备我”（p.235）］。乃至最后，它甚至牵扯到了“狼”的犯罪：与经典童话里狼换上了祖母的衣服不同，在这个改编版本里，“狼”把普希的红色斗篷套在了自己头上，导致祖母误以为眼前的窃贼是自己的外孙女。将“狼”和小红帽混淆是为了让这个年轻女孩参与这场犯罪，因为被强暴

---

① 原文为“madcap”，由“mad”（疯疯癫癫）和“cap”（帽子）构成，是对小红帽的隐喻。*

② 原文为“hoodwinked”，构词中的“hood”（兜帽）是对小红帽（little red riding hood）的隐喻。*

③ 原文是这样描述的：就在灌木丛边，有一片被村民称为“gorsty piece”的地方。一种说法认为，“gorsty”是“gorsy”（金雀花的）的方言，据此，“gorsty piece”可能是指零星长着蕨类和金雀花的空地。*

或者被谋杀的结局是由她自己造成的：故事的讲述者是“（狼的）帮凶”（p.242）。这与齐佩斯对佩罗版《小红帽》的分析大致相同。

不过，这种剧情的改动也可以被看成是模棱两可的。柴尔德-彭伯顿的猎人（女主人公的追求者）没能像格林兄弟的猎人一样杀死狼，反而被一枪打中腿部，成了瘸子，不得不放弃自己的军旅生涯。不仅如此，内疚感释放了普希心中的“盛怒”［“我几乎要爆发了”；“那个男人令我愤怒，我的感受从未如此决绝和强烈”（p.242）］，把“小猫咪”变成了野兽：意识到自己的粗心大意遭人“利用”，天真的女孩化身业余的侦探，决心要将那个男人绳之以法。

故事的最后，虽然小红帽得到了出庭的惩罚，但她并不是被告，匪帮的人悉数落网，全都接受了审判。

除此之外，从某种程度上来说，这次受到暴力侵害的其实是一个男人，这个人正是小红帽的追求者，他腿部中弹，只能被迫在家休养。至于小红帽究竟受到了怎样的惩罚，故事同样表述得模棱两可：女主人公的婚姻不是奖励，嫁给一个瘸腿的男人听起来反倒像是一种惩罚。不仅如此，她几乎没有学会约束自己：恰恰相反，要不是她变得跟狼一样凶野，坏人们又怎么可能被判重刑而蹲一辈子大牢呢。

齐佩斯认为，柴尔德-彭伯顿版的童话与安妮·伊莎贝拉·萨克雷·里奇的版本一样，“都是19世纪的女性作家通过创作加深自己受到的压抑和限制的例子”，通过上述的分析，我认为齐佩斯的观点是值得商榷的。[34]柴尔德-彭伯顿的作品交给了一家福音派出版社，这或许迫使她在明明很写实的改编版《小红帽续》里强调道德话语，不过故事最终仍保留了一些颠覆和叛逆，这很可能暗示了现代小红帽们的心中，或许尚存一丝野性。

因此，里奇和柴尔德-彭伯顿对《小红帽》的改编展现了现代版的女主人公，她们的“天性”既没有被驯服，也没有被一层又一层的衣物遮盖。尽管都被归为维多利亚时代的《小红帽》，但里奇和柴尔德-彭伯顿笔下的女主人公所展现的，却是女性要如何才能用兜帽罩住自己的天性，同时又不完全屈从于文化的要求。更为重要的是，通过将故事的背景改成工业化的英国，里奇和柴尔德-彭伯顿都暗示，人类对于兽性（以及天性）的控制永远是不可靠的。因此，哪怕这两个故事似乎都在用视觉性的修辞定义人的身份，但里奇和柴尔德-彭伯顿的最终目的却是要证明它们是错误的：那些旨在驯服自然，以及强调自然的商品化或经济价值的比喻和象，它们试图抹消的对象随时都有可能被重新激活。

通过类似的方式对经典童话的寓意进行修改，除了可能会动摇维多利亚时代对于性别和现实的建构，这些改编童话还会破坏编码性的视觉修辞，削弱人类对自然的控制：在科学语言试图区分人类和野兽，或者勾勒野蛮和犯罪的肖像时，文学的做法有时却背道而驰，它似乎在消解对于自然或者个人的拼凑、揭示科学修辞无处不在的影响力，然后基于相同的事实提出针锋相对的观点。由此可见，当对于自然的表征渗透进对于真实的建构时，通过表述和传达这种建构，文学叙事便加入了与重新评估自我有关的争论中，尤其是在出现了能够重新定义人类、自我和他者的新自然观时。

注释

[1] Jane Loudon, *The Young Naturalist; or, the travels of Agnes Merton and her mamma, 3rd edn* (London: Routledge, Warne, and Routledge, (1840) 1860), p. 177. 渡渡鸟的遭遇与此类似，它灭绝的原因之一也是因为没能被成功驯化。

[2] Loudon, *Young Naturalist*, p. 80.

[3] Barbara T. Gates, *Kindred Nature: Victorian and Edwardian Women Embrace the Living World* (Chicago and London: University of Chicago Press, 1998), p. 46.

[4] Loudon, *Young Naturalist*, p. 70.

[5] 卡尔·林奈的比喻体系对植物性别的描述是将其类比人类社会。

[6] Nina Auerbach, *Woman and the Demon: The Life of a Victorian Myth* (Cambridge, MA: Harvard University Press, 1982), p. 65.

[7] Betsy Hearne, *Beauty and the Beast: Visions and Revisions of an Old Tale* (Chicago and London: University of Chicago Press, 1989), p. 43.

[8] Harriet Ritvo, *The Animal Estate: The English and Other Creatures in the Victorian Age* (Cambridge, Massachusetts, and London: Harvard University Press, 1987), p. 3.

[9] Ritvo, *Animal Estate*, p. 3.

[10] Jack Zipes (ed.), *The Trials and Tribulations of Little Red Riding Hood, 2nd edn* (New York and London: Routledge, 1993), pp. 75–76.

[11] Zipes (ed.), *Trials and Tribulations*, p. 43.

[12] 沃尔特·德·拉·梅尔（Walter de la Mare）的《小红帽》（"Little Red Riding Hood", 1927）就是个很好的例子。他的小红帽“能因为一把梳子和一面镜子就高兴上好几个钟头”，而在爬出狼的肚子后，她干的第一件事是“拔腿跑到镜子前，梳理自己金黄色的卷发，抚平兜帽的皱纹”［Walter de la Mare, 'Little Red Riding Hood' (1927), in Zipes (ed.), *Trials and Tribulations*, pp.

208–214］。

［13］ Zipes (ed.), *Trials and Tribulations*, p. 63.

［14］ 虽然《小红帽》的版本众多，有口述的，也有书面的，但到17世纪末，在佩罗把这个故事整理和改编成适合上流社会读者的版本并出版后，“之后的人要讲或写这个故事时，都很难不参考佩罗的版本。久而久之，无论是讲故事的人，还是写作的人，都已经不是《小红帽》的创作者了，而只是佩罗版的传播者”［Zipes (ed.), *Trials and Tribulations*, p. 7］。

［15］ Laurence Talairach-Vielmas, *Moulding the Female Body in Victorian Fairy Tales and Sensation Novels* (Aldershot: Ashgate, 2007), pp. 33–87.

［16］ Talairach-Vielmas, *Moulding the Female Body*, pp. 49–65.

［17］ Alfred Mills, ‘Ye True Hystorie of Little Red Riding Hood or The Lamb in Wolf’s Clothing’ (1872), in Zipes (ed.), *Trials and Tribulations*, pp. 188–192.

［18］ Ritchie’s ‘Little Red Riding Hood’ was first published in the *Cornhill Magazine* 16 (Oct. 1867), pp. 440–73, then reprinted in Anne Isabella Thackeray Ritchie, *Five Old Friends and a Young Prince* (London: Smith, Elder, 1868), pp. 151–225.

［19］ Ritchie, ‘Little Red Riding Hood’, *Five Old Friends and a Young Prince*, p. 155。后文的所有引用都基于这个版本，并会以括注的形式标明。

［20］ 许多维多利亚时代的精神病学家，比如亨利·默兹利（Henry Maudsley，1835—1918），都强调女性容易神经过敏、歇斯底里，并且缺乏自控力。我们就以米林根大夫（Dr Millingen）为例，他的观点很能代表19世纪中期医学界对女性的看法。米林根大夫提出女人“更多受到泌尿系统、腹部神经丛和脊髓，而不是大脑的影响；对女性来说，进入青春期后，歇斯底里的倾向会逐渐占据主导并伴随终生”［Dr Millingen, *The Passions, or Mind and Matter* (London: John & Daniel A. Darling, 1848), p. 157］。

［21］ 在故事《青须公的钥匙》（“Bluebeard’s Keys”）中，崔弗斯夫人（Mrs Travers）相信“留在时尚的旋涡”里是自己的职责，是为了两个女儿好。参考：Anne Isabella Thackeray Ritchie, ‘Bluebeard’s

Keys', *Bluebeard's Keys and Other Stories* (London: Smith, Elder, 1874), pp. 1–118.

[22] Harriet Louisa Childe-Pemberton, 'All My Doing; or Red Riding-Hood Over Again', *The Fairy Tales of Every Day* (1882), reprinted in Jack Zipes (ed.) *Victorian Fairy Tales: The Revolt of the Fairies and Elves* (New York and London: Routledge, 1987), pp. 209– 48 (211). 后文的所有引用都基于这个版本，并会以括注的形式标明。

[23] Gates, *Kindred Nature*, p. 46.

[24] Loudon, *Young Naturalist*, pp. 1– 2。

[25] Michael Freeman, *Railways and the Victorian Imagination* (New Haven and London: Yale University Press, 1999), p. 49.

[26] 正如弗里曼所说，早期的铁路旅行指南敏锐地捕捉到了乘客对地质学的兴趣，譬如怀尔德（Wyld）在1839年出版的《大西部铁路旅行指南》（*Great Western Railway Guide*) (Freeman, *Railways and the Victorian Imagination*, p. 55）。

[27] 我们只在这里举两个典型的例子，都是19世纪60年代的煽情小说。其一是罗达·布劳顿（Rhoda Broughton）的*Not Wisely but Too Wel*（1867），讲述了女主人公两次试图与情人（有妇之夫）一起乘火车私奔的故事；其二是亨利·伍德夫人（Mrs Henry Wood）的*East Lynne*（1861），通奸的女主人公在一场火车脱轨的事故中毁了容，还失去了她的私生子，而毁容让她得以回到英格兰，正大光明地给自己的亲生骨肉当家庭女教师。

[28] 面相学是一种伪科学，它的基本逻辑是：人类和动物有诸多相似的地方，因此我们通过观察和研究喜怒无常的动物来理解人类［参考：Lucy Hartley, *Physiognomy and the Meaning of Expression in Nineteenth-Century Culture* (Cambridge: Cambridge University Press, 2001］。19世纪50年代，摄影技术的问世显然促进了面相学和其他旨在解读和分类人体的（伪）科学的发展：寻找人类与动物之间的紧密关联巩固了针对人类性格特征的科学研究。

[29] John V. Pickstone, *Ways of Knowing. A New History of Science, Technology and Medicine* (Chicago: University of Chicago Press, 2001).

[30] Nancy Armstrong, *Fiction in the Age of Photography* (London;

Cambridge, Massachusetts: Harvard University Press, (1999) 2002), p. 19. 在这本书里，阿姆斯特朗探讨了阿方斯·贝蒂荣（Alphonse Bertillon）和弗朗西丝·高尔顿（Francis Galton）是如何破案的。

[31] 这个对比从故事的开头一直持续到结尾：女主人公的名字叫普希（Pussy），柴尔德-彭伯顿给她取的这个名字是“猫”的意思，强化了她的“天性”，因而除了温顺一些，她与“狼”的差别显得更小了。

[32] Armstrong, *Fiction in the Age of Photography*, p. 44.

[33] Armstrong, *Fiction in the Age of Photography*, p. 71.

[34] Zipes (ed.), *Trials and Tribulations*, p. 48.

第六章

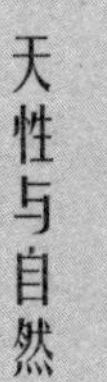

天性与自然：玛丽·路易莎·莫尔斯沃思的《圣诞树园地》

Nature and the Natural World in Mary Louisa Molesworth's Christmas-Tree Land

维多利亚时代的妖精画家约翰·安斯特·克里斯蒂安·菲茨杰拉德（John Anster Christian Fizgerald，1819—1906）曾以知更鸟作为主题，为童谣《谁杀死了知更鸟》创作过一系列作品，包括《被俘的知更鸟》（*The Captive Robin*，约1864年）、《谁杀死了知更鸟？》（*Who Killed Cock Robin*？）、《护巢的知更鸟》（*Cock Robin Defending his Nest*）和《仙子们在鸟巢中沉睡》（*Fairies Sleeping in a Bird's Nest*）。

菲茨杰拉德的画风通常很阴暗，弥漫着梦幻甚或是噩梦般的气氛，暗示了他对毒品的熟悉，知更鸟的死亡不仅把妖精的世界与自然世界联系在一起，还将它与鬼魂和幽灵的世界联系了起来。当然，这个展现生态系统和动物死亡的系列所描绘的，其实是生命在自然世界中的斗争。正如妮可拉·鲍温所说，菲茨杰拉德的《谁杀死了知更鸟？》或许受到了维多利亚动物剥制标本展览的影响，尤其是沃尔特·波特（Walter Potter）那场被广泛宣传的鸟类标本展，名为“知更鸟之死”（*The Death of Cock Robin*，1861）。[1]

动物剥制标本展将生态系统安全地呈现在玻璃橱柜中，既是装饰艺术，又是科学展出，它的目的是协助博物学家或者帮助希望学习博物学的爱好者。但是，拟人化标本展①的热潮不仅把人们的注意力吸引到了人类与动物的关系上，还引发了人类对自己应当在自然界处于什么位置的焦虑。

此外，菲茨杰拉德的绘画和波特的标本展出都强调了知更鸟和死亡之间的紧密关联。事实上，当时的人们相信，要是有人在森林里死去，知更鸟就会前来掩藏或者埋葬人的尸体。[2]玛丽·路易莎·莫尔斯沃思曾根据这个传说创作过童话故事：在《问问知更鸟》（“Ask the Robin”）里，莫尔斯沃思利用这个主题将鸟类与妖精的世界，以及死亡的领域联系了起来。

这个童话讲述了一对姐妹的故事，其中之一叫琳德（Linde），她在梦里见到了一位陌生的女人，女人让她前往魔法森林，去那里把一只被埋在地下但还没有死去的知更鸟挖出来（它着了魔，躺在那里一动不动，犹如耸人听闻的活埋和催眠），设法让它复苏。这个故事中生与死的张力，以及知更鸟亦生亦死的状态，可能会让人联想到动物剥制标本展。不仅如此，人类对自然和自然生物的不敬导致了动物和精灵沦为受害者，故事的叙事通过展现这一点，强调了人类对自然生态系统造成的影响。按照故事里的传说，精灵曾遍布森林，直到有一天，一个残暴的男人杀死了一只知更鸟。此后，魔法笼罩了整片森林，精灵们逐渐销声匿迹，而只要纯洁天真的少女把知更鸟挖出来，当初的诅咒就能被解除。

由于精灵和鸟类的消失都因这场谋杀而起，因此它表现

---

① 将动物的遗体制成标本后，摆放成人类日常生活的样子。*

了精灵与自然世界的密切关系。莫尔斯沃思的童话意在教导孩子们如何保护自然，这个主旨强化了儿童文学在当时的教育作用。实际上，虽然如何驾驭自然才是维多利亚时代最关心的事，但越来越多的女性在科普作品和小说中强调有必要为受到工业社会威胁的物种提供保护，试图以此激发儿童对“非人类自然”的兴趣和关注。[3]

不仅如此，莫尔斯沃思的童话和菲茨杰拉德的“知更鸟”系列一样，利用精灵与梦境及潜意识世界的联系，把自然和人的本性等量齐观。我们将看到，莫尔斯沃思的童话经常通过强调女性与自然的关系来凸显女性的智力。《问问知更鸟》表现了女性极高的敏感性和超自然的能力，正如琳德能用梦预见未来，这是因为女性与自然以及自然的居民（不管是精灵还是鸟类）非常亲近。少女的“精灵感官”以及她与亡者的联系都极其容易让人联想到神秘学体验。[4]不仅如此，虽说莫尔斯沃思的童话是写给孩子们看的，但它似乎隐含着一种超越童话故事的话语，这种话语与女性的精神力量有关。

与此类似，在莫尔斯沃思的《圣诞树园地》（*Christmas-Tree Land*，1884）里，女性拥有与自然交流的能力，这使她们不仅能教导孩子如何保护自然世界、变得精通博物学，还能创造童话故事——一种深埋在人们的思想中并且被教化的过程所压抑的知识形式。

童话故事、动物故事和儿童文学

莫尔斯沃思的《圣诞树园地》是一部维多利亚时代晚期的幻想小说，它将童话故事和动物故事融合了在复杂的叙事当中：孩子们在听别人讲故事，故事的内容是关于主人公如何保护自然世界；同时，他们还发现自己能够缩小，然后与动物住在一起，了解它们生活的环境，犹如一种能让他们踏入标本玻璃柜的魔法。

玛丽·路易莎·莫尔斯沃思（1839—1921）一生创作了不下一百部作品，既有现实题材，也有幻想故事。她最知名的幻想小说当属《布谷鸟钟》（*The Cuckoo Clock*，1877）和《挂毯之屋》（*The Tapestry Room*，1879）。至于《圣诞树园地》，从标题就能看出这个故事显然发生在自然界，不仅如此，它也反映了莫尔斯沃思对森林的热爱——尤其是对松林：除了《圣诞树园地》，同样描绘过松林的还有她的《年轻的她和年迈的他》（*She Was Young and He Was Old: A Novel*, 1872）以及《希瑟戴尔护士的故事》（*Nurse Heatherdale's Story*，1891）。通过将童话故事和动物故事相结合，《圣诞树园地》强调了自然的主题：一方面传达了反对残暴行为的主旨，且对博物学知识多有暗示；另一方面探讨了孩子的想象力，以及教导他们如何对其进行控制。

从儿童文学诞生开始，如何对待动物就是一个常见的主题。许多面向儿童的书籍都是为了教导他们用基督教的仁慈善待动物，最典型的例子很可能要数特里莫夫人（Sarah

Trimmer）的《美好的一生：旨在教育孩子善待动物》［*Fabulous Histories: Designed for the Instruction of Children Respecting Their Treatment of Animals* (1786)，从1820年开始，这本书的书名改为《知更鸟的一生》（*The History of the Robins*）］。包括特里莫夫人这本书在内的很多作品都认为，虽然人类居于万物之首，远比其他物种都强大，但这并不意味着我们有权屠戮或是残忍对待不如我们的生物。

特里莫夫人在《美好的一生》里讲述了两个家庭的故事，一个是人类的，还有一个是知更鸟的，并借知更鸟来表现人类良善的行为——在莫尔斯沃思的《圣诞树园地》里，当她让孩子们去探访松鼠、鸟儿和鹰时，也采用了类似的建构方式。随着时间的推移，动物故事开始追求更多的娱乐性，淡化说教的成分，约翰·纽伯里出版的儿童读物是彰显这种趋势的范例，纽伯里的继任者本杰明·塔巴特和约翰·哈里斯虽然在儿童读物中保留了一些自然主义的内容，但它们也兼顾了娱乐性和教育性。[5]然而在维多利亚时代，许多幻想作品中都出现了对剥削和虐待动物的严厉批评，比如让·英格洛（Jean Ingelow）的《仙女莫普莎》（*Mopsa the Fairy*，1869），里面有马群因劳累过度而死去的情节。在19世纪下半叶，随着反活体解剖主义①的兴起，“虐待动物”这个主题变得越来越鲜明，这也为安娜·西维尔（Anna Sewell）后来创作《黑骏马》（*Black Beauty*，1877）埋下了伏笔。

---

① Anti-vivisectionism，19世纪的医学研究经常涉及动物的活体实验和解剖，“反活体解剖主义”这个说法符合当时的语境。今天这个词的字面意思已不够准确，其内涵更接近于“反活体动物实验主义”。*

莫尔斯沃思的小说与早先的儿童道德和说教故事非常相似，她知道很多18世纪末的儿童书籍，比如霍夫兰德夫人（Barbara Hofland，1770—1844）和玛丽亚·埃奇沃思（Maria Edgeworth）的作品，还有艾金和巴鲍德的《夜晚团聚时刻》、舍伍德夫人的《费尔柴尔德家的往事》（*The Fairchild Family*），以及更晚一些的夏洛特·杨格的作品。[6]由此可见，她对类似的福音派儿童读物非常熟悉。尽管如此，她的小说却并没有为宗教教义唱赞歌。虽弥漫着对于自然的浪漫建构，但莫尔斯沃思的作品更契合维多利亚时代晚期人们对非人类生物与人类（尤其是与女人）的关系的感知。

实际上，将童话故事和动物故事融合的《圣诞树园地》使莫尔斯沃思得以更进一步：它探索了自然的奥秘和意义，在这个过程中，“自然”既代表自然世界，又代表人类的天性。

《圣诞树园地》的主人公是两个孩子，罗洛（Rollo）和玛雅（Maia）。因为父亲要出远门，所以他把二人送到了表亲韦内拉夫人（Lady Venelra）的城堡暂住。韦内拉夫人住在白城堡（the White Castle），被群山和松林环绕。对两个孩子来说，他们仿佛来到一片“长满圣诞树的园地”[7]，这瞬间激发了他们的想象力。他们必须整天整天地学习，但白城堡严厉的氛围很快被二人探索森林的冒险打破，他们在树林里发现了一座小屋，里面住着两个与他们年龄相仿的孩子，希尔瓦（Silva）和沃尔多（Waldo）。希尔瓦和沃尔多的教母偶尔会来看他们，给他们讲故事，或是让他们去树林里经历奇妙的探险。随着情节的发展，读者逐渐被带进自然的世界，童话故事渐渐变成了动物故事。城堡和森林小屋是两个截然不同的世界。在白城堡，两个孩子要接受严格的教育，“坐在椅子上必须上身挺直，像两个玩偶，不能随便说话，除非是回别人的话”（p.57）。在城堡里，自然仅存的残迹是那些具有社会功能的物品：城堡的大厅里有一把椅子，“起初罗洛还以为椅子背和椅子腿是用强行扭曲的树枝做成的，可实际上，那是好几种鹿的鹿角……这么做全是祖先们为了满足自己对家具的怪异品位”（pp.12—13）。类似的物品还有韦内拉夫人闺房里的那张挂毯，上面绣的是狩猎的场面，凶暴的猎狗在对猎物穷追不舍，骑手正扬鞭抽打他们的坐骑；另外，房里还有一张“鹿角”长椅（p.20）。对于这些家具，孩子们只觉得“奇怪又野蛮”（p.12），虽然白城堡是一个文明开化的地方，却以残忍对待自然为特征。相比之下，森林与过去以及韦内拉夫人祖先的联系更为紧密，它“就像一片用于供奉族人记忆的圣地”（p.23），而且这种联系自古就有：

> 如果要说韦内拉夫人有什么弱点，那恐怕正是这些森林。对她而言，森林就像一片用于供奉族人记忆的圣地，因为自打她的国家有记录可查的那天起，人们就一直在赞颂这些松林。
>
> “它们真的很漂亮，我的孩子。美丽而又神奇。它们已经在那里庄严地屹立了一个又一个世纪，见证了我们这个种族一代又一代地逝去，依旧岿然不动。它们和我一样孤独，我的孩子们。我，是这个大家族最后的成员！”（p.23）

在这里可以很明显地看出，虽然莫尔斯沃思的幻想故事

（或者说“半童话故事”）[8]对自然的细节进行了描绘，但它并不是真的出于科普的意图。其目的是让森林与韦内拉夫人所属的“种族”建立联系，以此教育孩子们，使他们认识到自己与自然世界的联系有多紧密，从而发现“自然（天性）”的含义。

况且，故事中的孩子们也不仅仅是听童话故事，还被邀请进入森林探险，在别人的引导下，通过与动物一起生活而“由内而外”地感受大自然：他们到巢穴里探访松鼠，通过品尝不合时节的橡果蛋糕和栗子馅饼知道了松鼠爱吃什么，以及它们如何保存食物；他们遇见了麻雀、乌鸫和知更鸟；后来他们身披羽衣，学习了鹰的生活方式，还得知了这种猛禽的视力有多敏锐。跟各种各样的动物打交道让孩子们学会如何在生态系统中生活，也让他们意识到自己是生态系统的一部分，故事还经常拿他们和动物作比较。

不过，正如前文所说，莫尔斯沃思将童话故事和动物故事（既有自然主义的故事，也有寓言故事）比较，以及她频繁拿孩子和动物进行比较的做法，最终目的都是教育孩子，告诉他们应当如何对待自己的“天性”。事实上，在她的故事里，自然世界与孩子们想象力的狂野领域被反复相提并论，这使其成为一种超越18世纪传统儿童故事（仅仅表现动物受到人类威胁）的后达尔文主义叙事。

用苔丝·考斯莱特（Tess Cosslett）的话说，作为维多利亚时代晚期作品的例子，莫尔斯沃思的小说体现了“随着成人和儿童日益两极化，童话故事和动物故事这两种文学体裁的读者人群逐渐从成人转向了儿童”[9]。事实上，认为儿童的想象力更丰富以及他们更像原始生物，而成年人则是更理性且更文明的个体，这种想法的出现在一定程度上可以归因于查尔斯·达尔文在1859年出版的《物种起源》以及——用考斯莱特的话说——“儿童在某种程度上‘更接近于’自然和动物，而不是成年人”这种观点（卢梭和其他浪漫主义者也有过类似的表述）。[10]达尔文曾把儿童比作动物或是未开化的人，这种关联得到了重演论的认可（该理论提出，个体的发育过程是整个种族演化过程的缩影）。

莫尔斯沃思这个复杂的幻想故事通过将想象重新建构成一片受到过度压抑的野性领域（里面极有可能住着野兽），展现了成人与儿童、人类与动物，还有文化与自然之间的分裂。故事的结构也极富巧思，孩子们先是听童话故事，随后才逐渐走进自然，这暗示了对想象的压抑会阻碍人类看见自然的美。从莫尔斯沃思取的书名就能看出，这本小说是为了凸显自然，并把森林作为故事的主要场所，那里有我们不得不讲和不得不理解的故事。因此，尽管书名暗示了基督教的意识形态，但莫尔斯沃思想让我们释义的其实是自然的故事，而不是上帝的旨意，故事也以此重新定义了自然和人类的天性。

童话故事的框架化：想象是危险的领域

正如我们在本章开头所看到的，妖精与自然（不管是指“自然界”还是“人类的天性”）之间的联系没少被女性艺术家们利用，莫尔斯沃思的《问问知更鸟》就是典型的例子。她们用女人是非理性且敏感的生物这一定义，来强调女性没有意识到的力量。如前文所述，维多利亚时代的科普者经常把妖精跟想象力归为一类，这种科学框架确保了读者应该能够区分想象力和幻想，并遵照新的科学方法学会如何发展他们的智力。然而，对于童话（它把读者带入一个完全靠想象的世界），想象（或者幻想，这两个术语有时无法区分）却经常被定义为女性领域。不过，女性与自然的紧密联系完全没有给她们扣上“迷信生物”的帽子，这种建构强调的是她们编织剧情和创作故事的精神能力，换句话说，也就是她们“天然的”艺术创造力。

在艺术领域，很多绘画中都能看到利用精灵表现“降神会”[①]的做法，比如阿德莱德·克拉克斯顿（Adelaide Claxton）的作品，阿特金森·格里姆肖（Atkinson Grimshaw，1836—1893）的《彩虹仙子艾莉丝》（*Iris, Spirit of the Rainbow*，1876），还有爱德华·罗伯特·休斯（Edward Robert Hughes，1851—1914）也创作过以精灵和灵魂世界为主题的绘画。克拉克斯顿的《仙境》（*Wonderland*，1859—1879）描绘了一个穿着一袭白衣的女孩，她有一头浅黄色的头发，很像卡罗尔的爱丽丝。小女孩手捧《格林童话》，身边围绕着魂魄一样的东西，仿佛是阅读童话赋予了她召唤幽灵的力量。这个画面令人联想到那个时代对幽灵和闹鬼现象的着迷，将这个沉浸在读童话故事里的小姑娘塑造成了一个迷你版的成年（女性）通灵师。

在19世纪最后的几十年里，伪科学（例如通灵学）对女性的想象力和创造力等精神能力的重新评估并不鲜见，这些伪

---

① 一种尝试与死者沟通的仪式。*

科学因为进化论的提出而重新焕发生机，并将女性超强的敏感性定义为智力。试图将元素及妖精或者民俗与传说中的“小人儿”联系起来，这种做法其实是为了支持和延续精神世界观，对它的解读不能脱离当时的时代背景，即进化论的问世引发了严重的宗教危机。神秘主义者用妖精来弥合超自然和自然现象之间的鸿沟。19世纪70年代末，神智学在布拉瓦茨基夫人（Helena Blavatsky）的主导下兴起，它视妖精为元素生物或者自然之灵，与通灵学一样，神智学认为妖精是逝者的化身。无独有偶，在《童话故事学：妖精神话考》中，埃德温·西德尼·哈特兰也指出了妖精和鬼魂是极为相似的。[11]

在那个科学家探索史前时代和异国他乡的时期，有关妖精的学问揭示了维多利亚人对原始主义①的兴趣，弥合超自然和自然现象之间的鸿沟，将童话和博物学的浪漫结合起来。世界上到处都是肉眼看不见的生命形式，等待着“科学的”释义：用博物学的方法研究妖精在当时并不算稀奇。[12]这当然体现了进化论的影响，达尔文改变了人们对于自然世界的感知并开辟了全新的可能性，让科学、艺术乃至各个领域能够携手并进，共同为将看不见的自然力量实体化而努力，正如19世纪70年代和80年代，灵异照片风靡伦敦，针对“自然魔法”的实验层出不穷。[13]

在《圣诞树园地》里，森林的中心有一座小屋，那里有一位仙子教母为孩子们讲故事，而极有教养的韦内拉夫人（从

---

① 崇尚原始（非西方的、非现代的）事物的艺术审美思潮，主张原始体验的美感。*

城堡的装饰就能看出）已经无法再进入那里了。通过强调童话是实际存在过的原始文化［三只熊的小屋①都是“几百年前的老皇历了”（p.37）］，这个幻想故事似乎暗示了维多利亚时代晚期的民俗学家、民族学家和人类学家［例如萨滨·巴林-古尔德（Sabine Baring-Gould，1834—1924）、安德鲁·朗格（Andrew Lang，1844—1912）、约瑟夫·雅各布斯（Joseph Jacobs，1854—1916）和约翰·里斯爵士（Sir John Rhys，1840—1915）］，他们所做的研究都把妖精定义为低等的人类种族。[14]

事实上，兄妹两人在前往白城堡的路上就注意到了那座林中小屋，玛雅相信里面住着地精或者树灵。虽然哥哥坚持认为不可能，因为这两种生物都不会住在屋子里，但玛雅觉得，没准儿他们想“换个环境试试呢”（p.7）。小屋蕴含着变化和变异，或者说“演化”。林中小屋是一片将想象从文明世界的约束中解放出来的领域，它让故事丰富的变体同想象力那无穷无尽的可能性相匹配。因此，我们应该看到的是，孩子们在小屋里听到的故事丰富多变，这激发了他们的想象。韦内拉夫人的祖先在当地留下的痕迹可谓无处不在（比如原封未动的城堡布置和装饰），但他们与住在森林里的那位老妇人相去甚远，前者的故事死板而冰冷，而后者讲的故事则包罗万象！千变万化。

村民们相信希尔瓦和沃尔多的教母是女巫，这个既年迈又年轻的老太太可不仅仅是一个令人费解的童话故事角色。她既是传承故事的宝库，又是想象的化身——头脑显得那么年轻，

---

① 指的是英国的民间故事《金凤花姑娘和三只熊》。此处是罗洛反驳玛雅的想法，后者认为他们发现的小屋是《金凤花姑娘和三只熊》里的熊之家。*

总是能重塑自己的想法。她穿着深绿色的斗篷，“几乎跟颜色最深的冷杉针叶一样”（p.69），所以要在树林里找见她可不容易；还有她的裙子，触感犹如羽毛，不禁让玛雅怀疑她是不是鸟儿或者精灵变的。可以看到为了探讨自然世界和人类的天性，莫尔斯沃思使用了童话的母题和各种形象固定的角色。教母还与她送给孩子们的春花联系在一起，因为它们的香气能唤起孩子们内心的仙境［“这香气真叫人回忆汹涌！好好珍惜它们，我的孩子们”（p.121）］，正如树木的芬芳能助人安眠和做美梦一样。

童话和仙境（作为孩子天性的另一种说法）是被埋没的财宝，但只要有心深挖，它们就能重见天日。因此，作为蕴含着想象力的自然场所，森林对孩子们的教导是，不要过分压抑自己的想象力，而要充分利用它们。正如故事里的大夫所说，“幻想有时候也不是坏事”（p.47），但是“小孩子太经常去（林中小屋）也不好”（p.49）。

这个故事让一个医学权威人物来掌控孩子们的想象，他在孩子们结束一整天的学习后，开出了去树林里放松一天的“药方”，这体现了莫尔斯沃思对童话的现代构想。事实上，通向仙境的其中一条暗道正是在大夫的书房里，就藏在书架背后：

> 大夫领着他们走过一段十分狭窄的过道，兄妹俩之前从没注意到城堡里还有这么一条路。随后，他一边打开一扇门，一边打着手势让他们先进去，等两个孩子进屋后，大夫也跟了进来，顺带关上了背后的门。这是一个奇怪的小房间——显然是大夫的书房，因为对面的墙上堆满了书，而在

> 另一面墙上，透过高高的玻璃橱窗，可以看到里面摆着各种各样的神秘设备，管状或者球状的实验容器，盛着五颜六色液体的大瓶子。东西太多了，两个孩子根本来不及细看，所以也没有印象。可大夫明显不是带他们来参观书房的，他按了一下书架旁边的机关，一扇小门就打开了。
>
> “过来，孩子们，”他终于开口说了第一句话，“这是另一条捷径。别害怕，只管跟我走。”
>
> ……他们完全信任老大夫，而且自从来到白城堡后，这里的所见所闻没有令他们胆怯，反而让他们愈发爱上了冒险。（pp.125—126）

书房的暗道就像一条框住孩子们想象之旅的护栏，确保他们的幻想时刻处于医生的监督之下。孩子们经历的童话冒险、听到的童话故事，都是为了让他们拥有更好的头脑和思想，只不过这里所说的更好并不被当时的传统所认可。

故事里的大夫没有名字，他是秩序和权威的化身，莫尔斯沃思利用这个角色对传统童话进行了进一步的修改，后者通常是为了强调基督教的价值观和上帝的全知。在这个故事里，大夫是现代版的权威，负责倡导故事的主旨，尽管它是一种唯物主义色彩浓得多的主旨。[15]讲述和聆听故事完全没有被说成是一种逃避现实的手段，而是能够帮助孩子们增长智慧。故事对这一点进行了明确的强调，因为孩子们也曾有过疑惑：当他们第一次发现树林里的神秘小屋后，玛雅不禁怀疑，或许整场冒险都是一个梦，而大夫也认为，可能是林子里馥郁的香气让他们睡了一觉。

类似的情节还有保姆南妮（Nanni），每每在树林里织毛线，她就会开始犯困和做梦。但玛雅认为，“这么多人不可能同时梦见完全相同的东西，这又不是大家在读同一本故事书”（p.43）。做梦和讲故事（在这里，织毛线同样象征着讲故事，因为编织衣物让人想到了编织故事的刻板印象）的类比体现了这个故事的叙事对于想象的探讨，这种讨论几乎已经是“科学性”的了。位于森林中心的小屋成了孩子们思想的表征，他们在这里保存和重新创造童话，给它们带来演化与改变。

事实上，在第一次进入小屋时，两个孩子曾试图破解屋主的身份，他们搜肠刮肚，能想到的可能性全都来自读过的童话故事：他们看见屋里的小床和小椅子，觉得那是给矮人用的，于是便想到了《白雪公主》；后来又看到桌上放着三只杯子和三个盘子，就又想到了《金凤花姑娘和三只熊》。而一说起《糖果屋历险记》，两个人又开始害怕哪里会蹦出一个巫婆来，把他们变成青蛙或者吃掉。

故事对这些经典童话的引用指向了它们的社会性论述，即它们的目的是教育女孩（还有男孩）顺从，以便自己的行为符合既定的秩序。不过，玛雅和罗洛既没有被变成青蛙，也没有因为贪婪而受到惩罚。[16]故事中穿插这些文学符号，与其说是为了把孩子们塑造成符合社会期望的模范公民（正如经典童话里的女主角最后会变成家庭主妇，过上幸福美满的生活），不如说是为了反映他们的思想：童话和儿童文学一样，它是精神世界的缩影，而精神世界会伴随童话的阅读而成长和进化：正如教母在这个故事里所说的，“仙境只是那‘另一个国家’的一小部分。等你们再长大一点就会明白了”（p.73）。教母教育希尔瓦，小屋必须保持整洁，而每次孩子们出门冒险的时候，屋子甚至会变得更整洁，这暗示了，要想珍惜和促进想象力，就必须对它进行控制。[17]

正如上文所述，把童话作为孩子们想象力的具象化，这一点在教母这个人物身上得到了强化。教母的形象在仁慈的教母和巫婆之间振荡（象征着想象力的善与恶），并由三个主要的特征界定：她的年龄、她的眼睛以及她与自然的紧密联系：

> 她的年纪很大——这一点毋庸置疑，至少第一眼给人的印象如此。她的头发是纯白色，脸庞十分苍白。但她的眼睛却很好看，是她身上最惹人注目的地方。玛雅说不清那双眼睛是什么颜色，仿佛她每说一个字，每换一种表情，它们就会变化一次。虽然她年事已高，但眼睛依旧非常明亮和美丽，温柔中带着和蔼，尽管玛雅后来告诉罗洛说，“我可不希望在淘气的时候被这么一双眼睛盯着”（p.69）。

这双眼睛的穿透力既表明了教母的想象能力（能够想出全新的故事），又暗示了她有能看穿孩子们想法的本事。正如教母这双眼睛所体现的，自律和监督并不是想象的敌人，这里用教母的千变万化表现了这一点。

教母的力量反映在她的掌控能力中，在为孩子们创造的想象世界里，她能一边维持秩序，教育孩子们克制自己的欲望，一边又让他们沉湎于其中。[18]这也是为什么每当孩子们需要精神上的放松时，大夫就会联系教母，而孩子们并不知道教母和大夫相识。同样地，她虽与自然亲近，却不是混沌的同党。在讲述《国王女儿的故事》（“The Story of a King’s Daughter”）时，她的眼神仿佛框定了听众的感受：

> 她的眼神非常和蔼，但当碰上孩子们的目光时，温柔之中又透着“犀利”。
>
> “我觉得，”玛雅心想，“她能看出我们在想什么。”罗洛也有一样的感觉，但他们都不害怕与她对视，一点儿也不。（p.70）

教母是一个讲故事的人，一个先知，或者说女预言家，她与变化和变形有关，表现了女性能像精灵一样预言未来的神秘力量。这反映出人们常常把讲故事同“异端的知识形式”联系起来。[19]

正如玛丽娜·沃纳（Marina Warner）所说，当时的人们认为女性掌握的非科学知识是她们与恶魔有关的证明。就连仙子①的英语单词“fairy”，也源于两个拉丁语词语：*fatum*（命运），即说出口的预言；还有*fata*（命运女神），即诉说预言的女神。它们暗示了仙子预知未来的能力（就像命运三女神，她们的手指拂过纺锤，编织着联结过去、现在和未来的丝线）。

女性故事讲述者作为一种童话角色，它的出现源于男性童话收集者或创作者（从查尔斯·佩罗到格林兄弟等）的改编，他们把女性改写成专为孩子编童话的温驯老妪。这样做的目的，或许是为了根除女性心中的野兽、限制她们的神秘力量，借此驯服

① 根据具体语境，本书大多作“妖精”，少数也作“精灵”。*

这些讲故事的女人。这经常反映在由女性作者创作的维多利亚童话中，它们强调女性的神秘力量是她们能力有限的标志。

比如在英格洛的《仙女莫普莎》中，女性虽然擅长讲故事，拥有预见未来的能力，但她们仅仅是命运的揭示者，而不是改变者。[20]相反，莫尔斯沃思在维多利亚时代晚期创作的故事却暗示，只要学会控制他们的想象力，孩子们就可以充分利用自己的精神力量。值得注意的是，通过展现教母的力量与自然世界的关系，莫尔斯沃思得以将对自然的建构和对女性天性的建构融合，借此表现二者经常在维多利亚时代被混为一谈。两者的联系在教母给孩子们讲的故事里得到进一步的强调，它将莫尔斯沃思对于维多利亚时代晚期关注环境保护迫切性的论述，同女性的生理以及幻想的危险性联系了起来。

在维多利亚时代末期，达尔文主义理论的盛行和心理生理学的发展不仅导致女性、儿童、痴呆者和动物被相提并论，女性还被置于进化等级的底层。可是，尽管女性身上贴着“智力低下”的标签，但人们却认为她们的精神力量具有潜在的危险性。曾有一阵子，市面上流行过男人割下女性头颅的图画，最著名的例子是17世纪一本法国挂历上的人物“你敢信”（Lustucrua①）先生，人称“碎颅医生”或者“Le Médecin Céphalique”（断头大夫）。在挂历的插图中，这位“你敢信”先生把女人的头颅放到铁砧上，一锤一锤地敲打，想把她们打造成更贤惠乖巧的妻子。[21]这个角色反映了人们认为智

---

① 是法语“L'eusses-tu-cru”的略读，这是一句当时很流行的喜剧台词，意思相当于“你能相信吗”或者“你知道吗”。*

力可能会给女人带来的危险。或许是出于同样的原因，许多经典童话里也有女性被斩首的情节，比如佩罗的《青须公》（“Bluebeard”），盛气凌人的蓝胡子对女主人公的好奇心和智慧（她凭借这些发现了丈夫不可告人的秘密）的奖励，竟是扬言要砍下她的脑袋。

除此之外，正如女性的智力在19世纪最后的几十年成了科学审视的对象，她们的灵性、敏感性以及超感官能力成了人们讨论的热点。灵学（spiritualism）在1848年被纽约的福克斯姐妹（Fox Sisters）发扬光大，它宣扬的透视能力、心灵感应和灵能书写①让女性可以在能力上与男性分庭抗礼[22]：即便依旧无辜的、被脆弱等消极的形象“附身”，但作为灵媒（或者先知）的女性却能胜过男性一头。“心之眼”越来越强调视角的主观性[23]，它的流行是维多利亚人痴迷于看见不可见之物的又一例证：激发这种迷恋的正是进化论，因为它允许将想象力作为一种科学方法，这一点在前面的章节已经有过论述了。

与自然重新建立连接

因此，以想象力为核心的童话打开了通往“心灵之国”的大门。[24]莫尔斯沃思本人就是一个鲜明的例子，她一生都相信自己拥有第二视觉②，这种信念将她深深地锚定在一个降

① Automatic writing，指一个人在无意识的情况下写出有意义的词句。该现象的真实性存疑，是灵学研究的经典现象之一。*

② 能够看到很远的事物或者能够预见未来的能力。*

神会、灵媒和催眠术盛行的社会里。[25]不管是她的《挂毯之屋》[26]和《圣诞树园地》，还是绝大多数其他的作品（说是全部的作品也不为过），在莫尔斯沃思的童话里，孩子们总把仙境和梦境当成是一回事。更重要的是，在故事里讲故事的形式让她得以更为深入地审视想象以及（女性的）思想。比如《国王女儿的故事》，就是教母给罗洛和玛雅讲的那种故事，叙事的重点围绕女主人公的预言梦，以及她与自然的亲密关系。[27]

故事里的奥蕾尔（Auréole）公主是个爱护动物的人，但她的未婚夫哈尔伯特（Halbert）王子则不然。因为残忍对待动物，哈尔伯特被变成了一头怪物，囚禁在魔法森林中，只有驮着十二只不会说话的动物朋友走出森林，才能解除他身上的魔咒。虽然被哈尔伯特形容为“喜欢异想天开，并且不可理喻”（p.85），但奥蕾尔对事物的看法是出于“本能”的，非常坦率且真诚。因此，公主与自然的亲密关系表现在她依照自己的本能行事、她与动物的感情以及她想到森林中与动物们一起生活的愿望。

不仅如此，奥蕾尔还能做预言性的梦。她做的第一个梦是在父亲去世的那天晚上，这仿佛进一步昭示了男性权力的终结。国王去世后，男性的权威不再，整个国家被笼罩在战争和他国入侵的阴影之下。此时，奥蕾尔梦见了一头可怕的怪物，并眼看着它变成哈尔伯特王子。事实上，哈尔伯特王子真的失踪了，他去了魔法森林，然后就再也没有回来。人们都说，森林的中心有一座城堡，里面住着一个魔法师，他会给闯进来的冒失鬼下咒，把他们置于自己的控制之下。哈尔伯特只好给奥蕾尔托梦，请求她和她那些“不会说话的朋友们”到森林里解救自己。奥蕾尔的动物朋友们十分害怕哈尔伯特变成的怪物，直到奥蕾尔亲自坐到他的背上，小动物们才肯爬上去。公主相信自己的本能（她的想象力），她的秉性更接近于自然（这一点表现在她拯救和保护的那些小动物上）。[28]凭借这份心性，国王的女儿改变了现实，拯救了被变成野兽且被困在树林里的王子。最终，为了教育玛雅和罗洛相信自己的想象，这个嵌套故事起了反衬框架叙事的作用。

此外，故事里的故事里还包含了其他的故事，这让小说的整体叙事变成了“俄罗斯套娃”。我将会说明，这种童话故事的层层嵌套是儿童思维的反映。

《国王女儿的故事》构成了《圣诞树园地》的第五章和第六章。值得注意的是，作者在第六章开头引用的句子来自格林兄弟的《渡鸦》（“The Raven”）：“我被施了魔咒，唯有你能还我真身。”[29]但是，莫尔斯沃思的故事却与格林兄弟的童话完全相反：在她的故事里，拯救者换成了一位女主角，而且这位公主不是巾帼英雄，只是个温柔的小女人，最明显的一点是她不忍心看到动物受苦。而且，奥蕾尔并不是一个逆来顺受的人，她会挺身而出保护弱小无助的生灵。

如果说格林童话强调的通常是女主人公缺乏独立性以及遵从男性的统治，那莫尔斯沃思的公主可绝对不是这样，虽然公主这个身份从属于国王，可她是个非常任性的人。因为哈尔伯特王子的残忍，奥蕾尔公主拒绝接受他成为自己的“国王和主人”（p.82），但这种任性并不等于无法无天。公主崇尚规则，而在父王去世、哈尔伯特王子下落不明后，她又拒绝登基成为女王：“我虽生为国王的女儿，但却不能成为国家的女王。我自知不适合统治国家……我永远无法心安理得地坐上这个位置。”（p.96）另外，在青蛙王子式的经典童话里，女主人公必须在不知情的情况下，先接纳变成野兽的王子，再看透王子那层皮毛下的内心。而在莫尔斯沃思的故事里，哈尔伯特王子登场时“英俊帅气，充满男子气概”，十分“迷人”（p.82），直到他露出残忍的本性，而且后来真的被变成了一头名副其实的野兽。你可以认为这个童话想告诉读者不要相信别人的外表，也可以认为它在劝诫女性不要顺从和盲目地接受一段指定的婚姻。

值得注意的是，不能说话、变形的男性和十二只动物，以及深入森林拯救男性角色的女主角，这些母题都是对格林兄弟童话的致敬或改编，如《十二兄弟》（“The Twelve Brothers”），还有这个故事的换皮故事《七只乌鸦》（“The Seven Ravens”）以及《六只天鹅》（“The Six Swans”）。[30]如果莫尔斯沃思的故事与格林兄弟有关，那么它就有了多重的含义。[31]格林兄弟的这三个故事都弱化了女性的力量而且程度依次递增[32]，这表现在女主人公拯救的兄弟数量上：从十二个到七个再到六个，越来越少。除此之外，这三个故事的重要性还体现在对女性和自然关系的处理上。在格林兄弟的故事中，女性与自然的关系通常是模棱两可的。女主人公时而凌驾于自然之上，时而又屈从于自然的力量。在伯蒂格海默（Bottigheimer）看来，“社会对自然的控制有效制衡了女性对自然的控制”[32]。以这三个故事为例，伯蒂格海默强调，森林和女主人公不得不栖身的那棵树“颠覆了自古以来女性能够驾驭自然的信念，消除这种观念正是故事的意图。在《格林童话》里，独自住在森林里可比独自被困在高塔上危险多了”[33]。

而在莫尔斯沃思的童话中，框架故事里的教母和嵌入故事里的奥蕾尔都是先知般的人物，她们的力量来源于她们和自然的亲密关系。教母不仅能带孩子们去任何地方、随意变换他们的衣服，还能重塑现实世界（她在树林里穿梭时乘坐的马车很小，从外面看只够装一个婴儿，但孩子们竟全都能坐上去，因为他们一踏上车子，身体就会自动缩到合适的大小）。奥蕾尔和教母一样，也有神奇的能力，可以把野兽变回王子。因此，我们或许可以说，莫尔斯沃思对经典童话模板的改编，不仅凸显了女性角色对自然的控制以及她们的超自然能力，还表现了故事讲述者改编故事的能力。

前文已经提过，林中小屋从一开始就与变化和变异有关。能够体现这一点的情节如在教母准备讲故事时，孩子们对复述和改编提出了担心，他们害怕教母可能会改变故事的情节和元素：

（教母说）“在很久——”

“很久很久以前，一定要说‘在很久很久以前’。”希尔瓦打断她说。

“好吧，好吧，在很久很久以前，”教母重复了一遍，“不过我得说句公道话，你怎么知道我本来没打算这么说呢？”（p.78）

……

奥蕾尔用来改变现实的自然之力与教母用来改编古老故事的能力，二者的关联便在于此。不仅如此，奥蕾尔本能地相信自己的梦境，正如她本能地关心自然，自然和人类天性这两个母题被合二为一。由此，这个框架故事内的小故事营造了“戏中戏”（mise-en-abyme）的效果。一方面，它引发了孩子们对动物保护的质疑，比如玛雅在探访鸟儿后所说的话：

> 头顶的鸟儿叽叽喳喳地唱着歌，快活得不得了。
>
> “怎么会有人这么残忍，竟狠得下心开枪打它们？”玛雅在某天下午说，距离他们拜访松鼠已经过去了大约一周的时间。
>
> “我不觉得有人会杀这些小鸟。”罗洛说。
>
> “恐怕有些国家的人就会。”玛雅说。（p.159）

另一方面，它又回避了干巴巴地复述博物学和生态学知识——比如，孩子们得知鹰不像“博物学书籍”（p.192）里说的那样，会“生吃可怜的小羊羔”；而在遇到新奇的生物时，就连“那个国家最博学的人”也无法轻易说出它们应当被归入哪个“科”或者“属”（p.215）——这么做的意图是强调，倾听自然可以帮助人类抵制缺乏想象力的科学论述，从而体验想象的乐趣：

> 来这片林子玩的孩子，如果没破坏过一个鸟巢、没抓过一只蝴蝶，或者从来没有伤害过任何动物，哪怕一只野兔——这样的孩子值得被奖励。（p.166）

他们得到的奖励是融合了童话故事和动物故事特点的叙事：动物们从不受苦，“住在圣诞树园地里的生物哪会互相残杀”（p.193）！人类不仅尊重自然，也同样尊重自己的天性。这种叙事给人的感受可能是，以征服自然为出发点的机械论观念已经摧毁了大自然。莫尔斯沃思似乎认为，人类由此丧失了与自然交流的能力，并因此疏远了自己的天性。《圣诞树园地》中的角色们与自然和谐相处的场面，以及象征童话的松树林，都在暗示关于妖精的学问也属于知识的一种，而且是人类天性不可或缺的一部分。除此之外，这个维多利亚时代晚期的例子通过将自然的变体和故事的变体相提并论（前者储存在人的大脑里，后者在林中小屋里），又一次体现了幻想故事对同时代知识结构的借用。

如前文所强调的，在莫尔斯沃思对自然的定义、对女性精神力量的强调，以及对人类“残忍”天性的建构中，大脑的地位变得越来越高，这凸显了进化论思想对莫尔斯沃思的幻想故事所造成的影响。因此，这个故事是个很好的例子，展现了科学和文学如何相互影响：科学思想影响文学文化，文学文化继而反思社会对于自然的定义。对此，后文我们将以伊迪斯·内斯比特的儿童小说为例进行深入探讨。内斯比特的作品极好地反映了进化论的普及和影响，尤其是在帝国主义扩张的时期。这一次，无论是科学话语界定的自然，还是博物馆或者展览陈列的自然标本，似乎都在暗示人类黑暗的生态前景。

注 释

[1] 鲍温认为，由于菲茨杰拉德的“知更鸟”系列和鸟类标本展出都强调了死亡这个主题，这增加了菲茨杰拉德看过波特的展览的可能性［参考：Nicola Bown, *Fairies in Nineteenth-Century Art and Literature* (Cambridge: Cambridge University Press, 2001), pp. 139–40］。

[2] Jane Cooper, *Mrs Molesworth: A Biography* (Crowborough: Pratts Folly Press, 2002), p. 109.

[3] Barbara T. Gates, *Kindred Nature: Victorian and Edwardian Women Embrace the Living World* (Chicago and London: University of Chicago Press, 1998), p. 113.

[4] Mrs Molesworth, 'Ask the Robin', *Fairies Afield* (London: Macmillan, 1911), pp. 1–59 (56).

[5] 例子包括：莎拉·凯瑟琳·马丁（Sarah Catherine Martin）的*The Comic Adventures of Old Mother Hubbard and Her Dog* (1805)，威廉·罗斯科（William Roscoe）的*The Butterfly's Ball*（1807）和凯瑟琳·多塞特（Catherine Dorset）的*The Peacock 'At Home', and Other Poems*（1807），其中的一些被收录在约翰·哈里斯（John Harris）的*Cabinet of Amusement and Instruction*（1807–1809）中，我们曾在第一章提过这些内容［Peter Hunt et al. (eds), *Children's Literature: An Illustrated History* (Oxford: Oxford University Press, 1995), pp. 35–37］。

[6] Cooper, *Mrs Molesworth*, pp. 45–46.

[7] Mary Louisa Molesworth, *Christmas-Tree Land* (London: Macmillan, 1884), p. 2。后文的所有引用都基于此版本并以括注的形式标明。

[8] Letter to George Lillie Craik, 21 Jan. 1883, qtd in Cooper, *Mrs Molesworth*, p. 228.

[9] Tess Cosslett, *Talking Animals in British Children's Fiction, 1786–1914* (Aldershot: Ashgate, 2006), p. 1.

[10] Cosslett, *Talking Animals in British Children's Fiction*, p. 2.

[11] Carole G. Silver, *Strange and Secret Peoples: Fairies and Victorian Consciousness* (Oxford: Oxford University Press, 1999), p. 42.

[12] 卡罗尔·西尔弗曾提到，神秘学家查尔斯·李德彼特（Charles W. Leadbeater）是如何将妖精放到进化树上，以便“用科学的方式对它们进行分类……与居维叶或者……林奈的做法一模一样”［Charles W. Leadbeater, *The Hidden Side of Things* (Adjar, India: Theosophical Publishing House, (1913) 1974), p. 123］；而且爱德华·加德纳（Edward Gardner，他是神智学协会的秘书）相信，妖精“属于昆虫纲的鳞翅目，是蝴蝶的近亲”［Edward L. Gardner, *Fairies: The Cottingley Photographs and Their Sequels* (London: Theosophical Publishing House, 1945), p. 122); Silver, *Strange and Secret Peoples*, p. 54］。

[13] Jennifer Tucker, *Nature Exposed: Photography as Eyewitness in Victorian Science* (Baltimore: Johns Hopkins University Press, 2005), pp. 65– 125.

[14] 乔治·劳伦斯·戈姆（George Laurence Gomme）的*English Traditional Lore*（1885），大卫·麦克里奇（David MacRitchie）的*The Testimony of Tradition*（1890）和*Fians*，*Fairies and Picts*（1895）都比较过妖精和侏儒。类似的，爱德华·伯内特·泰勒爵士（Sir Edward Burnet Tylor）在*Primitive Culture*（1871）里认为，妖精是一种不太高级的生物，而卡农·麦卡洛克（Canon J. A. MacCulloch）则在*The Childhood of Fiction*（1905）里提出，童话故事里的国王隐喻了原始部落的首领，而公主一睡不醒则反映了部落文明对催眠的早期尝试（Silver，*Strange and Secret Peoples*，pp.44–48）。

[15] 阿妮塔·莫斯（Anita Moss）认为，莫尔斯沃思“用梦中所见颠覆了充斥着维多利亚儿童文学的道德束缚”。莫斯还认为，预言性的梦境经常是莫尔斯沃思故事的核心，这是受到了乔叟（Chaucer）的*The Parlement of Foules and The Pearl*的影响［Anita Moss, 'Mrs Molesworth: Victorian Visionary', *Lion and the Unicorn* 12. 1 (1988), pp. 105–110 (106)］。

[16] 第四章的开篇也引用了克里斯蒂娜·罗塞蒂的《哥布林集市》（“Goblin Market”），暗示女性无法抵抗哥布林水果的诱惑。

[17] 希尔瓦是年轻版的教母，她们两人像得出奇，只有眼睛不太一样。教母是“故事之屋”的化身，整洁的小屋就是对此的隐喻。

[18] 事实上，教母非常强调想象力的重要性：“如果知晓了世间的一切，又有一双能看穿一切的眼睛，那你就很难再对周遭的事物感兴趣了。没有了新鲜感，也不会有幻想。哦，多么无聊的世界！”（p.71）。

[19] Marina Warner, *From the Beast to the Blonde: On Fairy Tales and Their Tellers* (London: Vintage, (1994) 1995), p. xx.

[20] 维多利亚小说经常描写女性预言性的梦境。比如夏洛蒂·勃朗特（Charlotte Bront.）的《简·爱》（*Jane Eyre*，1847），与书名同名的女主角做了一个未卜先知的梦，在梦里预见自己婚姻的失败；威尔基·科林斯（Wilkie Collins）的《白衣女人》（*The Woman in White*，1859—1860）中，安妮·卡瑟里克（Anne Catherick）梦到了自己的新婚前夜，结果也是未来的预兆；还有亨利·伍德夫人的《林恩东区》（*East Lynne*，1861）中，黑尔太太（Mrs Hare）也做了预言梦，并且帮助侦探找出了杀人的真凶。有意思的是，这些能用梦境遇见未来的女性角色，总是非常符合刻板的理想女性的形象。安妮·卡瑟里克是一个非常听话的精神病院病患，她实在是太听话了，符合模范病人的一切特征，从不会让看守起疑，这让她后来成功逃脱。可怜的卡瑟里克被塑造成了一个受害者，她穿着一身白衣，芭芭拉·法斯·利维（Barbara Fass Leavy）认为她就是白衣版的灰姑娘［Barbara Fass Leavy, ‘Wilkie Collins’ Cinderella: The History of Psychology and *The Woman in White*’, *Dickens Studies Annual* 10 (1982), pp. 91–141］。类似地，黑尔太太也是一个刻板化的伤残人士。她成天待在火炉旁，可一到晚上，就通过梦境走出家门，扮演侦探的角色，她的这种探案方式巧妙地避开了性别的桎梏。

[21] Warner, *From the Beast to the Blonde*, p. 28.

[22] Alex Owen, *The Darkened Room: Women, Power, and Spiritualism in Late Victorian England* (Chicago: University of Chicago Press, 2004). 这里有一个很有意思的地方，数名创作儿童故事的著名女作家都相信灵学，比如卡米拉·图尔明·克罗斯兰（Camilla

Toulmin Crosland）[Sarah A. Willburn, *Possessed Victorians: Extra Spheres in Nineteenth-Century Mystical Writings* (Aldershot: Ashgate, 2006), p. 56]。

[23] 整个19世纪，视觉越来越被认为是一种主观的感受，逐渐落入“生理学”的范畴。许多视觉感受实验证实了维多利亚人对人类视觉及其缺陷的担忧。乔纳森·克拉里（Jonathan Crary）认为，看得见的东西“挣脱了相机暗箱的永恒秩序，转而栖居在另一件设备上，它由不稳定的生理驱动，只能运作有限的时间，这台设备就是人类的身体”[Jonathan Crary, *Techniques of the Observer: On Vision and Modernity in the Nineteenth Century* (Cambridge, Massachusetts, and London: MIT Press, 1992), p. 70]。

[24] Marina Warner, *Phantasmagoria: Spirit Visions, Metaphors, and Media into the Twenty-First Century* (Oxford: Oxford University Press, 2006), p. 208。

[25] 尽管莫尔斯沃思曾宣称，这种离奇的神秘现象往往只是为了愚弄那些容易受骗上当的女士，但她本人却经常关注生活中阴差阳错的巧合，而且她的小说里也经常提到神秘学：“我非常健康，头脑清醒，不会花过多的时间琢磨这些奇怪的奥秘。我们总能一点一点地弄清它们的道理，对此我坚信不疑……只是眼下，太多愚笨和哗众取宠的人在亵渎它”（qtd in Cooper，*Mrs Molesworth*，p.102）。不仅如此，库伯（Cooper）推测，莫尔斯沃思的鬼怪故事（比如“Lady Farquhar's Old Lady”）可能与她对巧合以及神秘学现象的兴趣直接相关。莫尔斯沃思相信自己拥有第二视觉，这种信念激发她听和写鬼怪故事。在通灵研究协会（Society for Psychical Research）的出版物中有这样一条注释，它提到莫尔斯沃思的某篇故事，语气措辞仿佛那是她的亲身经历（Cooper，*Mrs Molesworth*，p.173）。无独有偶，莫尔斯沃思的故事“The Story of the Rippling Train”，与通灵研究协会于1886年出版的一本书内的某个案例非常相似，几乎可以肯定，莫尔斯沃思的故事取材于这本书（Cooper，*Mrs Molesworth*，p.269）。在故事“Old Gervais. A Curious Experience”中，有一个能与鬼魂交流的女性角色，她如梦呓一般的声音让人想到了降神会 [Mary Louisa Molesworth, 'Old Gervais. A Curious Experience', *Studies and Stories* (London: A. D.

Innes & Co., (1892) 1893), pp. 95– 129］。在“A Magic Table”里，魔法桌子的主人彼得“稍稍深入了那个几乎没有凡人可以涉足的领域”，还在那里“跟一些明显不同于我们的家伙做了点小生意”［Molesworth, ‘A Magic Table’, *Fairies Afield* (London: Macmillan, 1911), pp. 60– 120 (85)］。而“‘The Weather Maiden”则讲述一个年轻女孩的故事，在妖精的帮助下，她拥有预知天气的能力。妖精赋予她的这种能力——超感官——与她对事物的敏感性和感受性息息相关（Molesworth, ‘The Weather Maiden’, *Fairies Afield*, pp. 121–175, p. 169）。

［26］ Laurence Talairach–Vielmas, ‘Weaving the Threads of the *Tapestry: Storyspinning in Mrs Molesworth's The Tapestry Room* (1877)’, *Women's Writing* 20. 1 (2013), pp. 518–536.

［27］ 莫尔斯沃思笔下的某些男性角色也能做预言性的梦，比如“Fairy Godmothers”里的王子，这是嵌套在“The Groaning Clock”里的一个故事（Molesworth, *Fairies of Sorts*, pp. 3–137）。

［28］ 或许有必要在这里重提一下玛丽·奥古斯塔·德·摩根的《头发树》，这也是一个强调保护环境的框架故事：“The Story of Trevina”讲述了特雷维娜的冒险，她是一个博物学爱好者，喜欢收集动物和海藻，结果为此受到了惩罚，被陆龟之王掳走。而在《头发树》里，王后因为虐待了一只鸟而遭受了脱发的惩罚［Mary Augusta de Morgan, ‘The Hair Tree’, *On a Pincushion and Other Fairy Tales* (London: Seeley, Jackson & Halliday, 1877), pp. 100–152］。

［29］ 《渡鸦》讲述了一个国王的女儿被变成了渡鸦并被锁在斯特隆伯格堡里的故事。国王的女儿拥有预见未来的能力，而且从没出过差错（来救她的男人路上会睡着和做梦，这些她事先就知道了）。为了拯救她，男主人公独闯黑暗森林，循着咆哮和吼叫的声音前进。他在森林里得到一位巨人的指点，知道了去斯特隆伯格堡的路。但是，城堡位于一座无法攀登的玻璃山上，正巧附近有三个盗贼在争抢三件宝物：一根能打开任何门的棍子，一件能让人隐形的斗篷，还有一匹能爬上玻璃山的马。于是，他巧妙地获得了那三件宝物，救出了国王的女儿，并最终与公主结为夫妻。

[30] 在《十二兄弟》里，为了让小公主获得所有的财产，国王决定杀掉她的十二个哥哥。于是，王子们逃出皇宫，躲进了森林。后来，国王的女儿走进了森林，找到她的哥哥们，并和他们住在了一起。她每天都把屋子打扫得干干净净，直到有一天，小公主无意间折断了十二枝花，导致她的哥哥们全都被变成了渡鸦。她必须保证七年不说话，只有这样才能解除哥哥们身上的魔咒。后来，一个国王在森林里发现了小公主，并娶她为妻。但是公主的婆婆却非常不喜欢她，还怀疑她是个普通的乞丐，于是设计陷害小公主，导致她被判死刑。就在公主要被烧死之际，七年之期已到，她的哥哥们赶来救下了她。在《七只渡鸦》里，国王的女儿为了拯救玻璃山上的哥哥们，切下了自己的一根手指当钥匙。而在《六只天鹅》里，六个哥哥被继母变成了天鹅，只能每天晚上恢复十五分钟的人形，他们的妹妹也必须通过不说话来拯救他们，即便后来被陷害、被人当成食人魔，她也依旧沉默不语。

[31] 需要注意的是，这些童话本身也都经历过改编。比如玛丽亚·塔塔尔（Maria Tatar）提到：在第一版的《童话与家常故事》［*Nursery and Household Tales*（*Kinder- und Hausm.rchen*）］中，《十二兄弟》里的国王不想要女儿，所以他威胁王后，如果生了女儿就把她的十二个儿子全部杀掉，作为对她的惩罚；而到了第二版，国王想要杀死十二个王子的动机变成了他实在太喜欢女儿，所以想把全部的财产留给她［Maria Tatar, *The Hard Facts of the Grimms' Fairy Tales* (Princeton: Princeton University Press, 1987), p. 31］。

[32] Ruth B. Bottigheimer, *Grimms' Bad Girls and Bold Boys: The Moral and Social Vision of the Tales* (New Haven and London: Yale University Press, 1987), p. 168.

[33] Bottigheimer, *Grimms' Bad Girls and Bold Boys*, p. 105.

第七章

大自然的精灵和怪胎：

伊迪斯·内斯比特的《五个孩子和沙地精》与环境意识

Edith Nesbit's Fairies and Freaks of Nature:
Environmental Consciousness in *Five Children and It*

我的名字叫小精灵（Know-A-Bit）……我曾是个仙子，住在广袤森林的参天大树下。那时的我伴着萤火虫的辉光和夜莺动人的歌喉，在柔软的绿草地上翩翩起舞。我还啜饮花苞上的蜜露，用花瓣和从蝴蝶翅膀上抢来的战利品装扮自己。但时过境迁，我也已经不像从前那样。一条铁路穿过了山谷，那里曾是我们最喜爱的游乐场——火车的大灯照得萤火虫黯然失色，汽笛的呼啸盖过了夜莺的歌声！接受教育成了现在的潮流，仙子同体型更大的人类一样，纷纷被送到学校上课。而我，我是同类里第一个主动放弃乡野生活的。四百多年来，打从印刷技术出现开始，我就养成了读书的习惯；而现在，我把家安在了这本书的书页里……[1]

这段文字出自夏洛特·玛丽亚·塔克的《仙子小精灵，知识小宝库》，小精灵是孩子们的仙子导师，她的说教不失趣味与幽默。小精灵搬到大都市，从而获得了接受教育的机会，她的转变体现了文明教化的演变过程。这位学者仙子比她那些住在深山老林里的祖先们要进步得多，以至于能够胜任孩子们的导师一职——孩子，他们不就是需要教育的原始个体吗？

塔克的仙子小精灵是个很好的引子，为我们接下来探讨伊迪斯·内斯比特的《五个孩子和沙地精》热身。内斯比特塑造的这个超自然生物——沙地精——身上充满了对进化论的隐喻，虽也是孩子们的老师，但它总是不情不愿的。伊迪斯·内斯比特是作家，亦是诗人[2]，她因创作儿童小说而闻名，许多作品至今仍如雷贯耳，比如《寻宝奇谋》（*The Story of the Treasure Seekers*，1899）、《淘气鬼行善记》（*The Wouldbegoods*，1901）以及“沙地精”系列，包括《五个孩子和沙地精》（1902）、《凤凰与魔毯》（*The Phoenix and the Carpet*，1904）、《护身符的故事》（*The Story of the Amulet*，1906）、《铁路边的孩子们》（*The Railway Children*，1906）、《魔法城堡》（*The Enchanted Castle*，1907）和《魔法之城》（*The Magic City*，1910）。

内斯比特的小说经常把孩子们的现实生活与幻想交织在一起，利用魔法元素渲染孩子们的冒险之旅。她还创作童话文学［收录于《巨龙之书》（*The Book of Dragons*，1900）和《九个不可思议的故事》（*Nine Unlikely Tales*，1901）］，在1899年到1900年间为英国月刊《岸滨》（*The Strand*）供过稿，内斯比特的作品将童话世界与当时的现实社会融合，并反复强调道德或文化议题。[3]

《五个孩子和沙地精》是一部以精灵为主角的幻想小说，借鉴了经典童话故事的惯例和套路：孩子们遇见了一个可以满足他们愿望的精灵，它让众人在现实世界中经历了许多奇幻的冒险。“它”，也就是故事中的精灵，是世界上最后一个沙地精，内斯比特经常在自己的儿童文学作品里描写这种濒临灭绝或者已经灭绝的物种：恐龙以及各种各样的史前生物总会时不时地出现在她的故事里。从《巨龙之书》或者它的改编版《最后的巨龙》（"The Last of the Dragons"）里无处不在的龙（对它们的刻画犹如描绘科学标本，巨龙的脖子和尾巴经常令人联想到蜥脚类恐龙，而不是什么神秘的生物），到《魔法城堡》里孩子们依靠想象的魔力复活的恐龙，再到《魔法之城》里的巨型树懒（它的原型是水晶宫公园曾经展出过的大地懒）。如同19世纪下半叶绝大多数的科普作品和科学事件，内斯比特让科学研究的对象、生物标本或模型，以及童话的母题相互交织：比如，《美女与野兽》和《睡美人》的基本设定是《魔法城堡》的核心，它把远古的怪物、野兽和童话故事本身的年代感牢牢地结合在一起，浑然天成。内斯比特之所以要这样做，或许是因为她相信：

> 除非主动要求，否则孩子们不应当被教授任何事实……你只需要教他们读奇妙且古老的故事，让他们从中学习他们认为有用的事实。如果没有听说过辛德瑞拉，谁会想深入了解南瓜？何不先给孩子们讲讲约拿被吞入鱼腹的故事？如果他们好奇，自然会在听完后冒出很多关于鲸鱼的问题。[4]

利用童话的形式寓教于乐，内斯比特的教育理念与维多利亚时代推崇的教育学方法完全一致。[5]在她看来，教育应当禁止唯物主义科学和枯燥乏味的课程。她相信，因为知识隐含着信仰，所以教育应当培养孩子的想象力。为此，她让物理现象和想象的事物同台演出，通过讲童话故事呈现知识：

> 你给孩子们展现许多的事物，它们猎奇，它们引人入胜……你说头上的星星，那些在夜空的幕布上还没有针眼儿大的星星，其实是一个又一个巨大而孤独的世界，与我们相距数百万英里；你说我们脚下的地球，虽然孩子们都能看到它的一马平川，它却是个浑圆的球体；你说坚果从树上落下，不只是因为没有东西托着它，还因为有重力在时时刻刻地拉扯。只要你告诉孩子们，他们就会相信，相信这些有如奇迹的事物。
>
> 然后，你再告诉他们一些差不多神奇的事物。你说世上有精灵，有巨龙，有神奇的咒语和魔法，你说有的地毯可以飞，有的宝剑看不见，孩子们照样会相信。为什么不相信呢？如果南美洲的巴塔哥尼亚有身形魁梧的巨人，那为什么就不能有迷你的小人儿住在吊钟花里呢？如果电流能无影无形地穿过空气，那地毯凭什么就不行呢？孩子们知道的东西越多，他们的脑袋就越像一个装满美丽奇妙事物的仓库，其中，有的东西来自现实中的宇宙——看得见摸得着，有的则来自更高级的宇宙——也就是人的思想。生活会教育孩子，用不了多少时间，他们就能学会如何区分这两者。
>
> 但是，也有人不像你和我。他们说，所有迷人的童话浪漫都是假的；他们还说，一切不能测量或者称重，看不见、听不见或者无法摆布的东西都不是真的。这样的想法让他们变得冥顽不灵，对精神上的鲜活事物视而不见、充

> 耳不闻。想象力犹如脆弱而美丽的蝴蝶翅膀，而这些死板的唯物主义者却将它捏个粉碎，他们坚称石头、湿布和石榴比诗意更真实，明镜比爱情更诚实，天然气比勇气更实在。这些葛莱恩①们只会给孩子们丢下一堆名为“事实”的石头，却连一点儿想象力的面包屑都不给他们留。[6]

因此，即便内斯比特对想象力的本质抱有相当矛盾的看法——她写了很多探讨书籍和想象力有多危险的书，比如《野兽之书》（“The Book of Beasts”，这是她于1899年在《岸滨》杂志上发表的第一个故事）——但她的叙事却经常通过挖掘和彰显科学（从地质学和古生物学到数学和物理学）的想象力，将幻想和现实结合起来，技术进步在她的笔下充满了奇妙的色彩。[7]

你将在本章中看到，伊迪斯·内斯比特的儿童文学作品是如何借助地质学和古生物学，构建了一个不同于工业社会的幻想世界，并为读者带来一堂堂生动的科学课。她对事实性和故事性、现实和幻想的融合都很有说服力，比如故事里的精灵被塑造成了一种与史前生物（包括翼手龙和蛇颈龙，还有大地懒）生活在同一个时代的物种，这不仅让内斯比特的故事能够涉及“灭绝”这个生态话题，超越幻想故事的范畴，也极容易使人联想到维多利亚时代中期的科普书籍。

---

① 狄更斯《艰难时世》中的人物，信奉资产阶级的功利主义。*

灭绝的生物与自然的奇观：传播科学

《沙地精的礼物》（*The Psammead, or The Gifts*）最初是内斯比特于1902年4月在《岸滨》杂志上连载的系列故事，前后共九篇。《岸滨》并不是专门刊登虚构类作品的杂志，它挑选的文章既有虚构类也有非虚构类，主题涉及科学和自然奇观，主要的受众也不是儿童。

在《沙地精的礼物》中，精灵能实现孩子们的愿望，许愿这个主题是对《三个愿望》（“The Three Wishes”）的直接致敬（“我敢说你们经常会想，要是有朝一日能实现三个愿望会选哪三个，而且你们肯定非常看不上血肠故事里的那对老夫妻①”）[8]，后者是约瑟夫·雅各布斯（Joseph Jacobs）在《英国童话大全》（*More English Fairy Tales*，1893）中收录的民间故事之一。[9]这只是其中一处，类似的致敬在故事中反复出现，不仅说明内斯比特对同时代民间故事和童话故事的人类学研究十分熟悉，也显示了她的叙事超越了单纯的幻想。不仅如此，充满地质学和古生物学信息的叙事很容易令人想到教育性的儿童文学作品。

同面向儿童的科普作品一样，童话和童话母题也起到了传播科学的作用。当故事中的孩子们离开伦敦，前往乡下，

---

① 《三个愿望》讲述了一对老夫妻可以许三个愿望的故事。老头无意间许下的第一个愿望是要一盘血肠，结果遭到妻子的责备，一怒之下，他嘀咕了一句让血肠长在妻子的鼻子上，最后第三个愿望只能是让妻子恢复原样。这是一个讽刺的喜剧故事。*

这趟从都市到偏僻乡野的旅程，不啻为从人间进入仙境。乡下的房子看起来像“童话里的宫殿”，而石灰窑和烘干室则像“《一千零一夜》里的魔法城市”（p.10）。用童话的意象作为比喻凸显了乡间风光的奇妙，不禁令人想到那些为孩子们呈现幻想之旅的科普书籍。不仅如此，当孩子们把发现沙地精的采石场想象成了“海边”时，安西娅（Anthea）跳出来说，爸爸曾告诉过她，在数千年前，那里的确曾是一片汪洋。海退[①]是实实在在的地质学现象，汪洋大海尚能干涸，采石场里冒出一只精灵又有什么好奇怪的呢？

事实上，海退（包括海进，指海水淹没陆地，导致陆地面积缩小）往往和大规模的生物灭绝有关，这种影响可能是直接的，也可能是间接的（海进和海退会直接导致某些海洋生物的灭绝，也会通过连锁效应间接导致某些陆生动物的灭绝）。大规模的海退现象是引发白垩纪-第三纪灭绝事件的因素之一，恐龙就是在那次灭绝事件中销声匿迹的。孩子们的谈话就像在上一堂科学课，他们争论海水退去到底是不是因为“大陆底下的温度升得太高了”（p.17）。还有一处对安西娅的描写：她跪到了地上，“开始像突然想起骨头埋在哪儿的狗狗一样刨地”（p.18）。将挖掘骨骼化石、痴迷古生物学研究的孩子比喻成了执着的动物，这种好奇是对事物起源的探求，正如他们即将遇到的精灵——它来自遥远的史前时代。

浓厚的科学氛围还不止于此，孩子们先前在挖洞，他们相

---

① 在相对较短的地质时期内，由于陆地升高或者海洋下沉而导致陆地边缘露出海面的现象。*

信这个洞就像爱丽丝的兔子洞一样，通向另一个世界。他们想起地球是圆的，猜测洞的另一头应该是澳大利亚，随即开始畅想能看到哪些充满异国风情的生物，从袋鼠、负鼠到蓝桉树和鸸鹋。孩子们的想象犹如一部生物大百科，里面有丰富多样的物种，再加上他们认为脚下的陆地原本可能是大海，是鱼类、珊瑚和美人鱼栖息的乐土，这些都使这部作品的叙事介于博物学科普和幻想之间。沙地精的样子就像五种生物（与五个孩子对应）的奇异组合，这让人联想到在澳大利亚“奇怪的组合是常事，比如原始的鸭嘴兽，它长着鸭子的嘴，是哺乳动物，却又会下蛋，犹如一种东拼西凑的物种”[10]。围绕一种差点被孩子们当成未知标本抓起来的生物，内斯比特的叙事暗示了现实中的博物学爱好者和收集者，他们踏上短途旅行，寻找贝壳、蕨类以及其他可被收集物，故事就在这种基调中拉开了序幕。

不仅如此，内斯比特的幻想故事经常用孩子们的愿望和奇妙的感受来反映她对科学的看法和态度。沙地精让人联想到充满异国风情的物种被带回英国时所引发的新鲜感和好奇，而孩子们利用假期去乡下旅行，又使人想到博物学科普作家为年轻读者呈现的幻想之旅（我们在前面的章节已经见识过了）。更明显的地方是，孩子们渴望知道更多关于这个已经活了成千上万年的生物的来历，因为“书里”没有任何相关的记载（p.21）。不同于儿童科普作品，沙地精不愿意成为孩子们的导师，没有被赋予良师益友的人格。尽管如此，这个故事依旧探讨了地球的演化、变迁，揭示了生物可能会灭绝这个事实：

“哦别，别走！”他们都大喊道，“再多说一些，就接着以前的人们把大地懒当早餐吃那段往下说！从前的世界和现在的像吗？”

……

“跟现在一点儿也不一样，”它说，“我以前住的地方，黄沙满地，树上结着成串的煤炭，长春花跟茶杯的碟子一样大。我们沙地精从前都住在海边……那已经是几千年前的事了，但是……沙地精一沾水就会得感冒，一感冒就容易死掉。所以我们的数量变得越来越少……”（p.23）

在沙地精对往事的追忆中，孩子们得知了生命的故事，学到了人类和地球演化的历史，仿佛是在探寻他们自己的过往。孩子第一眼看到沙地精的时候，纷纷猜测它究竟是什么，有人觉得是老鼠，有人觉得是蛇。无论如何，这个“棕色的，毛茸茸的，胖乎乎的”精灵都有可能是其同类中的最后一个成员，沙地精濒危的处境让仙境彻底幻灭：

这东西的外形真是值得一看。它的眼睛像蜗牛，生在长长的角上，跟望远镜一样可以伸缩；它的耳朵像蝙蝠，胖胖的躯干像蜘蛛，全身披着厚实而柔软的毛发；腿和手臂也是毛茸茸的，手脚长得跟猴子似的。（p.19）

故事对于沙地精外形的描写，很有比较解剖学和功能主义的意味。这里提到它的外形融合了数种不同的生物，从地上跑和天上飞的哺乳动物，到软体动物的腹足纲和节肢动物的蛛形纲，既有脊椎动物，又有无脊椎动物，这种“拼凑”式的外形描述让人想到了化石研究：对于化石物种的描绘往往也要参考不同的物种。

“沙子精灵”的设定也并非巧合，因为沙地的精灵容易让人联想到地质学和古生物学，毕竟古生物学家是一帮能“从大地这口岩柩里祈唤远古造物的人，他们就像传说中的巫师，为长眠在地下的居民赋予形体和生命”[11]。地质学家们这么认为，就连古生物学家们也会这样看待自己。随着地质学和古生物学在19世纪的发展，科学和想象力的互动成为现代科学方法的一部分（尽管这种互动是理性和唯物的），并深刻地改变了现实以及自然环境在人们眼中的模样。

乔治·居维叶（1769—1832）是创立比较解剖学的先驱，他曾明确提出，即便一个物种已经灭绝、不复存在，我们也完全有能力且绝对有必要对其进行复原。居维叶之后的古生物学家（他们往往也是地质学家）继承了他的工作，他们利用新学科的叙事潜力，邀请读者一起凭借零落的化石碎片想象那个被可怕巨兽主宰的远古世界。因此，毛茸茸、长得像猿猴的沙地精凸显了科学方法的演变，新的方法建立在推测和想象之上，进化论的观点暗示了大自然能不断地推陈出新，无论多么怪异的造物都不足为奇，这种观点的提出让新科学方法的影响力达到了鼎盛。

如果没有进化论，科学家根本无从设想那些不可想象的事物、极不寻常的演变过程以及生物的起源。内斯比特的幻想故事包含了许愿、魔法和妖精这些母题，与此同时，它又利用了自然世界的魔力和进化论的魅力。说到这里，虽然进化论描述的内容看不见、摸不着，而且比较解剖学是科学家还原灭绝物种仅有的倚仗，但沙地精却能指导孩子们如何让那些看不见的东西“现形”，使它们变得犹如经验性证据一般。因此我们可以看到，对于“灭绝”这个概念的科普经常亦真亦幻，总是真实中带有几分幻想，幻想中包含着事实，尤其是在儿童文学里，孩子们与沙地精的相遇明确地体现了这一点。沙地精的出现似乎暗示“所见即所知”，正如眼见才为实，它的存在将自然的奇迹和博物学家的发现与妖精、许愿和信仰的世界联系到了一起：

> “那个，”安西娅说，“你是谁？别生气，因为我们真的不认识你。”
>
> “你们不认识我？”它说，“也是，我知道这个世界已经变了——但是——我是说真的——你们是想告诉我，一个活生生的沙地精站在你们面前，你们却认不出来？”
>
> “纱经？听着就很难懂。”
>
> “一般人的确听不懂，”眼前的生物没好气地说，“如果用大白话说，就是‘沙子精灵’。我说我是一个沙子精灵，这样能听懂吗？”
>
> 它的脸上浮现出了落寞和自尊心受伤的神情，于是简赶紧说：“当然，这下我明白了，原来你是沙地精呀。一眼就能看出来。”
>
> “好几句话之前你就看过我了！”它生气地说，转身又开始在地上挖了起来，想钻回沙子里去。
>
> “哦——别走！再多跟我们聊会儿，”罗伯特说，

"我先前虽然不知道你是沙子精灵，但是看到你的第一眼我就知道，你一定是我有生以来见过的最神奇的物种。"（pp.19–20）

这段对话让人想到了刘易斯·卡罗尔式的荒诞，以及他如何给幻想故事的字面意思赋予隐喻性的意义。[12]

除此之外，它也强调了视觉在儿童教育中的重要性。19世纪中期，注重可视化的教育理念开始兴起，代表人物譬如瑞士教育学家约翰·海因里希·裴斯泰洛齐（Johann Heinrich Pestalozzi，1746—1827），他认为书本浅薄，说教无力，直接的感官体验才是获得知识的必由之路。类似的教育理论显然是水晶宫设立恐龙园的根本依据，后者还给内斯比特的创作提供了源源不断的灵感。[13]

本杰明·沃特豪斯·霍金斯（Benjamin Waterhouse Hawkins，1807—1894）是水晶宫恐龙雕塑的制作者，在他看来，重建灭绝物种的形象是开展教育的必要手段，它"颠倒了教育的顺序"，"先让人们看见要学习的事物，再告诉他们名字"，而不是单纯让他们记一堆名字了事。[14]这就是为什么当孩子们第一次见到沙地精却只在意它叫什么名字时，这个沙子精灵会出言讽刺，讥讽他们缺乏观察力。这个情节暗示的正是注重可视化的教育理念，它是维多利亚时代中期，地质学和古生物学之所以能在水晶宫大放异彩的原因。

这个观点可以解释为什么相比维多利亚时代文化中那些常见的、美丽优雅的仙子和精灵，内斯比特的沙地精显得像是异类。虽然内斯比特的笔下也不乏讨人喜爱、身形轻盈且长着翅膀的仙子形象[15]，但沙地精浑身散发着浓烈的物质性气息，这让《五个孩子和沙地精》拥有了一种基于生物灭绝的叙事，它描绘的是斗转星移、优胜劣汰，各种神奇的变化无不是进化论原则的回响。另外，沙子精灵的实体化不仅让故事的叙述得以传达内斯比特的教育观念，还对实证主义进行了讽刺性的评判，使成年人对事实的笃信和孩子对想象的轻信形成鲜明的对比：

> 成年人会觉得很难相信那些真正奇妙的事物，除非他们看到所谓的“证明”。而孩子们几乎会相信任何事，成年人对此心知肚明。这就是为什么他们会告诉你许多事，即便你能清楚地看到脚下的大地是扁平且坑坑洼洼的，他们还是会告诉你地球是圆滚滚的，像个橘子；即使你亲眼看见太阳每天都在早上升起，在夜晚入睡，是个作息规律的乖太阳，而我们的地球从不挪窝，像只静止的老鼠，可大人们却告诉你事实正好相反，是我们的地球在绕着太阳转。但我敢说你还是会相信大人们的话，相信关于太阳和地球的那一套说法。倘若如此，那你肯定不会觉得下面这个故事不可思议，我要说的是，安西娅、西里尔和其他几个朋友结伴去乡间旅行，没到一个星期，他们就在那儿碰见了一个精灵。（p.14）

把这个精灵置入叙事的目的是提高儿童读者对灭绝现象的关注和警惕。尽管趣味十足，而且作者的本意也不是单纯的说教，但《五个孩子和沙地精》却与许多19世纪下半叶的儿童科普作品很像。

对于物理现象的多样解释使不同的科学方法形成对比，确立了想象力在科学中的地位。这种叙事所体现的知识结构，再次证明了科学和技术深深影响着维多利亚时代的文学。不仅如此，精灵与科学解释有关，想象力在科学中拥有重要的地位，这些都使人想起了早在进化论提出之前，重构化石物种就是一件依赖想象力的事，这让沙地精与进化论的关联显得更为紧密。比如，乔治·居维叶就曾在他的文章里强烈反对经验主义[16]，他甚至鼓励科学家们透过虚构类作品的表面，在文学作品的字里行间寻找它们与自然事实的契合之处，居维叶的理念暗示了现实有可能隐藏在幻想故事和神话的背后。[17]在居维叶看来，虚构类作品记录了人类与环境的抗争，巨人和怪物往往是人类对大自然的寓言化处理，用来隐喻可怕的掠食者，同时彰显自己与自然搏斗的气概。

由于理性和想象力分庭抗礼的趋势日益明显，科学理论将不可避免地包含纰漏，正如苔丝·科斯赖特所说：“（科学理论的）自相矛盾和张力在所难免，它变得越来越复杂，越来越模棱两可，甚至让‘超自然主义’有了乘虚而入的机会。”[18]

19世纪儿童文学作品中的“灭绝”

这种张力在关于灭绝的话语和对它的表征中体现得淋漓尽致，这或许也是为什么内斯比特的沙地精应当被归入“小人儿”（精灵）的范畴。灭绝的生物，连同它们为什么会灭绝的原因，渗透进了19世纪英国的整个文化。它的背后是众多科学家为科普古生物学和地质学付出的努力，他们试图为公众呈现最新的科学发现，或许也是为了警告人们，毕竟谁又能保证，灭绝的厄运一定就不会降临到人类自己头上呢？

整个19世纪，伴随新化石的出土，人类在自然界的地位以及上帝的权威时常成为争论的焦点，类似的讨论往往动摇大洪水理论。例如，认为竞争是生存的必要条件，以及与此密切相关的自然选择（不过，达尔文也相当强调理想的利他主义），都反复被古生物学拿来解释最新的化石发现，科学家试图借此想象出土的灭绝生物有怎样的生活方式和习性。激烈的争论正是围绕灭绝物种的化石展开的，因为古生物学既要与创世论角力，又要使用新的科学方法，例如比较解剖学，这需要人的想象力，并且会重新定义现实。[19]

灭绝现象成为博物学家面临的难题，或者确切地说，它让自然神学家如临大敌：对于按照字面意义解读《圣经》的他们而言，物种的灭绝犹如天方夜谭。虽然居维叶早在1796年[20]就曾提出，物种灭绝是真实存在的现象，他相信环境的变化——灾变，或者说巨大的变革（revolutions）①——是导致物种消失的原因，但居维叶在18世纪末提出的这个观点，很难与挪亚方舟为每个物种保留火种的传说衔接上。

居维叶在《四足动物的骨骼化石研究》（*Ossemens*

① 居维叶有意回避“catastrophe”（灾变），而选择用“revolution”，因为他不喜欢前者的超自然意味。*

fossiles）中对哺乳动物的化石遗骸进行了系统性的描述，他十分笃定地认为，“庞大的乳齿象和巨型的大地懒……无法想象这些巨兽今天依旧生活在世界的某个角落”[21]。此后，对于从南美洲和北美洲新出土的四足动物化石——包括乳齿象和猛犸（它们都是象科成员），以及巨爪地懒和大地懒——胆敢反驳这些物种已经灭绝的英国地质学家变得越来越少。不过反对者并没有完全绝迹，有人坚持认为这些化石的主人其实就是现今的动物，巨大的体型只是因为环境条件的影响，比如气候；也有人把猛犸象与神话传说中的巨兽相提并论，比如半人马，他们甚至相信猛犸象并没有灭绝，而是依然生活在某些不为人知的地方。[22]

在自然神学提出的理想存在链中，每个物种就是造物史的一条脉络，可想而知，灭绝现象对这种想法的冲击有多大：根据挪亚方舟和洪水灭世的传说，上帝为所有的物种挑选了代表，这种解释强调了物种的永久性或者说不变性，一旦其中任何脉络和环节出现问题，就有可能危及原本和谐完美的整个理论体系。不过，整个18世纪，自然神学都在根据新的地质学发现不断修正自己的主张。按照尼古拉斯·鲁伯克（Nicolaas Rupke）提出的观点，马斯克林群岛上的渡渡鸟在1690年左右彻底灭绝（渡渡鸟的灭绝与欧洲和东印度群岛之间的贸易往来直接相关），此后相关的研究证实，渡渡鸟的消失没有引发“物种相继消失的多米诺骨牌效应”。[23]或许正是因为如此，自然神学才逐渐把“灭绝”纳入自己的语言体系：如果从时间的角度看，“把存在之链看作历史之链，便能克服它的缺陷。所有消失的生物都可以插入现存的物种序列之间”[24]。

结果就是，进化论和自然选择学说的问世并未给“灭绝”的文化表征带来翻天覆地的变化。这一点在维多利亚时代的儿童文学里体现得最为明显。比如，《彼得·帕利与海陆空的奇观》将渡渡鸟的灭绝视为某种宿命——男主人公宣称，从它的外表就能看出，这种生物既愚蠢又贪婪，灭绝是它应有的结局：

> 如果外表代表了它的品格，那么它绝对是一种愚蠢和贪得无厌的生物，既不会飞行，也没有自卫的能力。不过，同上帝创造的其他作品一样，它无疑也适应了自己所处的环境，不愁没有乐子可寻，并想尽办法地活得长久。[25]

类似地，我们曾在第一章提到查尔斯·金斯莱是进化论的支持者，但在《水孩子：一个陆地孩子的童话之旅》中，灭绝依旧是一个物种进化不足或者退化到原始阶段的象征。

虽然内斯比特的童话无意推崇自然神学，但她却似乎是在追随以金斯莱为代表的科普作家，她甚至在《凤凰与魔毯》的结尾特意提到了《水孩子》。孩子们与经历过大洪水的远古生物相遇，这样的设定让内斯比特能够将进化的问题与退化的威胁联系起来，借此表述她的道德主题。实际上，内斯比特的沙地精让人想到了当时的人们为理解地球的演化和灭绝的过程所付出的努力，而且还时不时指出人类的前途注定暗淡，叙事的道德立场在于教育孩子们认识进化，包括地球以及人类自身的演化。虽然内斯比特的沙地精比卡罗尔的渡渡鸟怪异得多，但这丝毫无法掩盖两个幻想故事之间的相似性：它们都用到了濒临灭绝的生物，都暗示了进化论，也都让孩子（们）经历了身体的变化和变形。不过，我们接下去将看到，内斯比特把物种灭绝的部分原因归咎于英国在世纪之交对自然资源的开采，这让她的叙事更贴近维多利亚时代晚期那些与帝国主义有关的争论。

内斯比特和毛茸茸的精灵：物种灭绝与帝国主义

1824年，人称“西西里仙子”的卡罗琳·克拉查米（Caroline Crachami，1815—1824）被带到伦敦公开展览。这个当时九岁的小女孩是个身高仅有十九英寸半①的女侏儒，一位被叫作吉利根博士（Dr Gilligan）的男人自称是克拉查米的父亲（实际上并不是），他在伦敦的邦德街租了一间展厅，亲自担任主持人。展出大获成功，顾客最多的时候，一天有两百人买票进入展厅参观。

当年六月，克拉查米去世，这位“西西里仙子”的遗体随即被出售和解剖。她的遗骸最后由英国的亨特博物馆收藏，组装完成后被放置在查尔斯·弗里曼（Charles Freeman）和查尔斯·伯恩（Charles Byrne）这两个巨人的骨架之间。[26]克拉查米小姐是个很好的例子，能够反映什么样的娱乐活动在维多利亚时代最受大众的欢迎。只要是畸形的生物，无论是巡回展

① 19.5英寸，即49.53厘米。*

出、博物馆展览、马戏团表演，甚至是舞台上的童话剧，都能让维多利亚人兴奋不已。水晶宫的人种学部门曾制作和展出侏儒的模型，它们兼具超自然生物和科学标本的气质，因为当时的人们相信，侏儒是一个已经失落的种族。[27]

现实中的侏儒对民俗传说和童话故事的影响是一回事，他们或许是哥布林、地精和小老头矮人①等“小人儿”形象的原型。但这些被认为是“小人儿”的生物同样是人类学家和科学家研究的对象，他们试图用科学解释超自然的事物，以进化论中的返祖和原始物种来解读和看待不合常理的怪胎，“他者性”（otherness）成了一个转喻词，用来指代“非白人人种的野蛮和兽性”[28]。卡罗尔·西尔弗认为，对于天生的畸形人，科学的建构造成“新的种族谬见”兴起，对侏儒的“去神秘化”（demythification）反而导致他们被“再神秘化”（remythification）。[29]类似的例子不胜枚举，19世纪70年代的旅行家和探险家，比如乔治·奥古斯特·施魏因富特（George August Schweinfurth，1836—1925）和亨利·莫顿·斯坦利（Henry Morton Stanley，1841—1904），他们将生活在伊图里森林②的俾格米人③描绘成非洲大陆上一支已经灭绝的人种后代——更有甚者认为这些土著的祖先是生活在旧石器时代的矮人。[30]

用科学数据和分析看待陌生地区的人口、把有别于自己的

---

① Leprechaun，也音译作“列布拉康”。*

② 位于非洲中部国家刚果境内。*

③ Pygmy，俾格米并非单一的种族，而是泛指成年男性平均身高不超过150厘米的人种。这个术语带有一定的贬义色彩。*

种族与童话里的生物相提并论，这种做法体现了进化论对文化全方位的渗透。在乔治·麦克唐纳（George MacDonald）的《公主与哥布林》（*The Princess and the Goblin*，1872）中，哥布林的形象是丑陋的畸形侏儒——一个“奇怪的种族”，它将当时的人类学研究与童话故事结合了起来。[31]这种认识也揭示了“小人儿”（此时，他们被认为是进化不完全的生物，外形带有类似儿童的特征）与儿童的相似性，当时的本体论相信，二者的联系在于它们重演了种系发生的过程（换句话说，个体从胚胎开始的发育过程重现了物种经历的演化）。

不仅如此，到19世纪中期，童话被认为是“一种文化的遗留物，可以从中窥见文化的起源——一探种族的‘童年’”[32]。比如，休·麦克米伦（Hugh Macmillan）曾在儿童杂志《给年轻人的金玉良言》（*Good Words for the Young*）上将“地球这本故事书”与“孩子的童话书”相提并论，把地球的地质演变与人类从儿童到成人的蜕变进行比较。[33]从金斯莱的《水孩子》就能看出，孩子可以用来呈现进化的过程、展现人类在成为人类之前的历史。虽然金斯莱把重心从道德目的论转到了重演论，但他的故事清晰地体现了维多利亚时代的儿童文学如何通过重新审视自然的奇观，提出符合时下科学理论的全新教育形式。

在杰西卡·斯特拉利（Jessica Straley）看来，重演论不仅影响了维多利亚时代儿童的心理，也影响了维多利亚时代针对儿童的教育，这可以解释为何当时的人们如此强调儿童与动物极其相似，以及孩子需要从野兽进化成男孩或者女孩。赫伯特·斯宾塞（Hebert Spencer）在《教育：智育、德育和体育》（*Education: Intellectual, Moral, and Physical*, 1861）中提出的重演论心理学就是个很好的例子：大自然教育生物进化的方法，是抹消那些不能及时适应环境的物种，这可以作为教育儿童的启示。

金斯莱对斯宾塞教育理念的认同体现在他的《水孩子》中，他把自己的道德培养理论嫁接到了重演论上，认为孩子需要培养和提升自己的道德，正如自然界的物种需要进化，不然就有灭绝之虞。这种用大自然的启示教育孩子的做法[34]出现在19世纪中期的幻想故事里，它与当时科学界的争论以及一批研究人类的新兴科学密切相关，比如形成于19世纪60年代的人类学，它的主要任务是探究人类的起源与进步。伦敦人类学学会于1863年成立[35]，许多加入该学会的学者不仅研究民俗学，还同时研究早期的人类以及同时代的蛮族。爱德华·泰勒（Edward Tylor）的《人类早期历史与文明发展研究》（*Researches into the Early History of Mankind and the Development of Civilization*, 1865）和《原始文化》（*Primitive Culture*, 1871）认为"文明开化的人类与野蛮人和野兽都是对立的"[36]，这可以算是一个相关的例子。

维多利亚时代的人类学家和民俗学家热衷于分类民俗与童话故事——代表人物譬如安德鲁·朗格，《五个孩子和沙地精》就提到过他的童话集——他们对这类故事的收集和编纂，尤其能够体现如何在虚构类故事中融入与科学发展和研究相关的巧思。事实上，相比玛丽·路易莎·莫尔斯沃思的《布谷鸟钟》（*The Cuckoo Clock*, 1877）中的布谷鸟，甚至是卡罗尔笔下的毛毛虫和矮胖子，[37]同样作为孩子们导师的内斯比特笔下的精灵却长了一身浓密的毛发，这个鲜明的特点标志着它的兽性以及粗鲁。沙地精不仅长得像猴子，而且同类都灭绝了，这不禁令人想到人类的祖先。因此，孩子们遇到的这只沙地精在他们和动物之间建立起了联系，而在此后的故事中，这种联系变得越来越紧密，乃至于到了《五个孩子和沙地精》的续作《护身符的故事》，这个古老的精灵直接被称作“脏兮兮的老猴子”[38]。内斯比特的故事利用了精灵与“野人或者野蛮人的关系，因为他们（是）缺乏文明和美德（的生物），行为像小孩（维多利亚社会的‘小野蛮人’）”[39]。我们会看到，沙地精与当时的人们对非洲部落的看法（认为他们是已经灭绝的当地土著余部）有关，这种关联在针对这种超自然生物的描绘中随处可见。

事实上，孩子们许下的愿望促成了一场又一场冒险，象征性地把他们带回到了过去。他们相继许愿，希望变得漂亮，变得富有，长出翅膀，个子长高，快速长大，见到印第安人和中世纪的学者。如果说与士兵的战斗等同于时空穿越，那么其他的冒险也让孩子们有了探访过去和古人的机会。莱斯利·费德勒（Leslie Fielder）曾研究过“体型异常的怪胎”，受此启发，盖比·伍德（Gaby Wood）认为“矮人、巨人、胖夫人和骷髅怪都是作者在文字中使用的透视戏法：如同仙境中让爱丽丝‘像望远镜一样说不了话’的魔法药水，抑或只要吃一口就能让身体膨胀到九英尺高的蛋糕，这些怪物扭曲了读者对体型和尺寸的感受”[40]。而内斯比特叙事中的史前精灵、巨人、中世纪的士兵，还有印第安人，无不拉伸了时间和空间的尺度。不仅如此，用苏珊·斯图尔特的话说，身体“就是我们感受尺度的模式”[41]，所以内斯比特利用身体变形，帮助孩子们体验当时社会对文明的定义：主角们不是去探索英帝国的海外版图，而是亲身感受殖民带给当地人的无力感。孩子们经常在穿越时空的冒险中扮演“外来者”的角色，体验到了当一个外国人、怪物或是穷人的滋味。

《五个孩子和沙地精》中的角色不再处于整个系统的中心位置（也就是英国），这为吉卜林后来在《普克山上的迫克》（*Puck of Pook's Hill*，1906）中对帝国主义提出的警告很有启发意义。[42]比如，《五个孩子和沙地精》里罗伯特（Robert）变成巨人的情节就是个非常贴切的例子，它凸显了内斯比特的幻想故事在多大程度上利用博物学标本来传递她的道德论述。正如斯图尔特认为的，“‘巨大’伴随着公共史学和博物学的起源，它成了人类对环境的解释，一种介于自然和人类之间的形象”[43]：巨型的事物“往往与较原始和自然状态的地球联系起来。巨型生物——比如恐龙——总是孤零零的，没有名字，犹如它们种族里的最后一个成员”[44]。变成巨人后的罗伯特被当成了一件标本展出，他的商品化意味着西方的他者被驯服、动物与人类的界线被打破，并且强调了差异和身份仅仅源于建构，这个幻想故事借此改写了殖民主义。事实上，让孩子变身成怪胎不仅隐喻儿童的成长，也指向身份及自我问题，它对怪胎的定位是一种身份的“参考系”[45]。

因此，内斯比特利用了怪胎和灭绝的精灵这两种在现实和幻想之间摇摆的形象，来驳斥西方对于自我的现代建构、凸显人类在地球上的位置和角色。她的叙事频繁地借鉴科学知识，使得笔下的精灵表现出耸人听闻的“他者性”：古老的沙地精象征着那个世纪的殖民扩张以及英国对标本收集的恐惧，因为人们认为标本是未开化且原始的。凭借沙地精这个角色，故事的叙事将科学探索与榨取地球的财富联系了起来，比如，罗伯特想去非洲探险的动机是为了大赚一笔。可见塑造这个精灵的形象似乎是为了警告人类，过度攫取自然资源——比如滥杀翼手龙、鱼龙和蛇颈龙——可能会迫使它们走上灭绝的道路，古老的沙地精肯定对此感同身受。内斯比特在这个幻想故事里展现此类“灭绝物种”和现代地质学，并不是为了逃避现实。尽管这是一个虚构类故事，但叙事的目的却是教育孩子们认识世界的神奇、人类对大自然的影响和过度消耗自然资源的危害。人类的疏忽让沙子精灵成了濒危物种，他们还不假思索地对大地懒和鱼龙滥捕滥杀，一点儿也不担心自己的未来，所以沙地精教导孩子们，过度索取可能会导致匮乏。确实如此，正如莫妮卡·费莱格尔（Monica Flegel）的分析，她认为孩子们许的某些愿望——“想要用不完的财富和无尽的自由——结果却让他们饿了肚子，让他们想起暂时抛在身后的现实世界有多舒服。类似的例子还有他们想要不受法律的约束，最后却遭遇了可怕的经历”[46]。

人类毫无节制地消耗自然资源，孩子们许愿的情节是对此的讽刺。事实上，他们许的每一个愿望其结果都与美好的初衷背道而驰，事情总是变得更糟糕，暗示了物种灭绝的可能性。这个幻想故事想要教育孩子们如何成为一个有担当的人，避免倒退，五个主角的昵称大多与动物有关——兰博（Lamb，羊羔）、潘瑟（Panther，黑豹）、普希（Pussy，猫）、斯库勒（Squirrel，松鼠），而且故事经常以动物的名字直接称呼他们。比如安西娅许的第一个愿望是让所有人都变得“非常美丽”，当天晚上，她梦见自己走在动物园里，耳边是动物的低吼声，而实际上，那是她妹妹在睡梦中打呼噜的声音。在这里，安西娅的梦暗示了孩子们对相貌的关心象征着他们内心的野兽，或许正如故事里的那句话所说，因为女孩子“像蠢驴一样，所以才会许（让大家都）变得非常美丽这种愿望”（P.32）。

除此之外，熟人都认不出变美之后的孩子们，他们许下的愿望与其说是变漂亮，不如说是让自己变成异乡来客。还有，罗伯特因为控制不住自己的脾气，和面包师的儿子打了一架，他是个“如假包换的野蛮人”（p.145），最终被变成了一个怪胎——一个身形庞大的巨人——变身之后，他还去集市上当了一天的展品，这个巨人虽然扬言要“宰掉”面包师的儿子（p.145），但本性却“温和”或者说“笨拙”（pp.151—152）。罗伯特巨大的体型、杀人的冲动，再加上笨拙憨厚的言行，这些都是科学研究中低等生物的标志，它们是集市上热门的展品。类似地，西里尔和安西娅也觉得自己是“禽兽”（pp.166—167），孩子们还遭遇了“没有开化的野蛮人”（p.191）——印第安人——他们想割孩子们的头皮，还要把他们烤了吃。情急之下，西里尔被说成是莫宁刚果部落的“松鼠”酋长；安西娅则成了马扎瓦提部落的首领，人称“黑豹”；而简也成了菲特兹部落的“野猫”酋长。兰博的情况也一样，他“饿得像狮子”，“像野猫”一样抓挠，“像公牛”一样吼叫（p.27），他长得太快，转眼就变成了一位喜欢臭美的男子。孩子们的愿望不断唤醒他们内心的动物，让他们吃相像“狗”（p.128），口干舌燥的时候像“狗——感觉炎热就把舌头伸得老长”（p.42），像蠢猪，像马一样拉车，乃至在发生调包婴儿的风波时，吉卜赛人贩子说的话也是“多么可爱的宝宝①”（p.70）。

不过，变身从来没有让孩子们获得权势和力量，恰恰相反，他们从中明白了他者是如何被建构、如何被简化成了一套约定俗成的惯例，进而被客观化的。结果，身体的变形帮助他们体会了差异性和他者性，让他们学会了如何面对他者性。在玛维丝·雷默尔（Mavis Reimer）看来，“被变成异国（人）或是奇怪的生物，失去对身体的掌控”，孩子们“在帝国内的冒险，一定程度上是通过扮演被客观化的他者而实现的”。[47]在遭遇罪犯、疯狂或者低等的“种族”，还有野蛮的士兵之后，孩子们学会了克制欲望和节制生活，只有这样才能保护环境，而保护环境就是保护他们自己。由此可见，这个故事的道德主旨是强调保护环境的重要性，孩子们需要知道他们与动物既有区别，又休戚相关，这种认识能让他们明白自己在保护弱者方面能有怎样的作为。

说到这里，或许我们应当再提一次锡德纳姆的水晶宫，它对内斯比特的这个故事影响颇深。沃特豪斯·霍金斯重构的史前生物们被安排在专门的恐龙园里展出，与此同时，来自世界各地的、形形色色的“野蛮人”却和动物一起，被归入水晶宫的博物学部门。内斯比特在回忆游览水晶宫的感受时曾说，那是一个身份不稳定、差异消失的地方：

---

① 原文为：dear darling duck of a baby（多么可爱的鸭子宝宝）。*

馆里头有树丛和灌木；走进去的时候你会浑身发抖，兴奋里夹杂着恐惧。因为你知道，在前面的转角，或者下一个转角，立着或黑或棕或黄的男人。他们是野蛮人，站在自己的小屋前，领着配偶，拿着武器，以池水为镜，穿着芦苇编的长衫。他们离你如此之近，只要你稍微往前走两步，就能假装自己也成了“或黑或棕或黄”的一分子，而不再是一个穿着毛衫、系着皮带、戴着鸭舌帽的英国小孩。你肯定不会真的走上前去，然而你心底里很清楚，这些野蛮人既是敌人，也是朋友，所以与他们相遇才令你如此兴奋和激动。[48]

可见，去锡德纳姆参观犹如打破时空的界限，模糊了自我和他者。不仅如此，当时的许多评论文章在介绍水晶宫和馆内的庭院时，都拿“野蛮人”与霍金斯的恐龙以及其他的灭绝物种进行比较，仿佛这些由民族学研究收集、被摆放在庭院尽头的土著是供游客参观的灭绝物种，而穿越整个庭院的旅程则是追溯地球和文明演化的过程。[49]但是，在内斯比特的眼里，文明的进步损害了大自然，无论在她的虚构类还是非虚构类作品[50]中都流露出类似的看法：

文明犹如一驾马车，它的车轮滚滚向前，无情地碾过芳草绿地，掀起漫天的尘土，留下一地残花败叶。这还是从前，今天的文明已经越来越不像马车，而是渐渐向蒸汽压路机靠拢。除非我们提高自己的驾驶技术，否则很快，剩下的花会越来越少。[51]

我们可以从内斯比特的言辞中看到，她对于现代社会的丑陋，以及对城镇发展糟蹋和污染自然的谴责，这也表明在《五个孩子和沙地精》中，那个史前精灵的濒危很大程度上象征了人类对地球财富毫无节制地压榨会给自身带来威胁。

有的作家让他们笔下的精灵和仙子离开了英格兰，比如简·巴洛（Jane Barlow），内斯比特的创作追随了他们的脚步，她充分利用维多利亚的地标建筑——代表科学发展和文明进步的水晶宫，提出了自己对未来的暗淡预期。

> 这是真的——千真万确，啊呀呀！
> 那天傍晚的天空清澈如玻璃，
> 却没人看见仙子们成群结队经过
> 那闪闪发光的湛蓝天际。
> 这是真的——千真万确，啊呀呀！
> 无论是草原还是草地，
> 任凭凡人如何目不转睛，侧耳倾听，
> 仙子们都不会再现形。[52]

注 释

[1] A. L. O. E. [Charlotte Maria Tucker], Fairy Know-A-Bit; or, a nutshell of knowledge (London: T. Nelson& Sons, 1868), pp. 12–13.

[2] Julia Briggs, *Edith Nesbit: A Woman of Passion* (Stroud: Tempus, (1987) 2007); Doris Langley Moore, *E. Nesbit: A Biography*, rev. edn (London: Ernest Benn, 1967).

[3] Teya Rosenberg, 'Generic Manipulation and Mutation: E. Nesbit's Psammead Series as Early Magical Realism', in Raymond E. Jones (ed.), *E. Nesbit's Psammead Trilogy: A Children's Classic at 100* [Lanham, Toronto: Children's Literature Association; Oxford: Scarecrow Press, 2006), pp. 63–88 (69)].

[4] Edith Nesbit, *Wings and the Child; or the Building of Magic Cities* (London: Hodder and Stoughton, 1913), p. 27.

[5] 相反，威廉·华莱士·罗伯森（W. W. Robson）相信，内斯比特的虚构类作品并不是为了教育孩子，具体可以参考：'E. Nesbit and The Book of Dragons', in Gillian Avery and Julia Briggs (eds), *Children and Their Books: A Celebration of the Work of Iona and Peter Opie* (Oxford: Clarendon Press, 1989), pp. 251–70 (261)。

[6] Nesbit, *Wings and the Child*, pp. 24–6. 内斯比特在《魔法城堡》里有十分类似的论述："当你还小的时候，许多事情都难以置信，可是那些最最愚钝的人会直截了当地告诉你，它们全是真的——比如，地球在围绕太阳旋转，并且地球不是平的而是圆的。但是，对于那些极有可能的事，比方说童话和魔法，那些人——我们就说成年人吧——反倒会说它们是假的。"[Edith Nesbit, *The Enchanted Castle* (London: Puffin Classics, (1907) 1994, p. 27]

[7] 科学也可以是被嘲讽的对象：比如，沙地精对化石的解释（太阳一落山，那些许愿获得的东西就变成了石头）可以看作是一种挖苦，是故意同当时"那些不靠谱的'解释'唱反调，例如坚定信奉自然神学的菲利普·亨利·戈斯提出的理论"（Briggs,

Edith Nesbit, p. 233）。

[8] Edith Nesbit, *Five Children and It* [London: Penguin, (1902) 1995], p. 24。后文的所有引用都基于这个版本，并会以括注的形式标明。

[9] Rosenberg, 'Generic Manipulation and Mutation', p. 72.

[10] David Rudd, 'Where It Was, There Shall Five Children Be: Staging Desire in *Five Children and It*', in Jones (ed.), *E. Nesbit's Psammead Trilogy*, pp. 135–49 (140).

[11] Gideon Algernon Mantell, *The Wonders of Geology; or, A Familiar Exposition of Geological Phenomena; Being the Substance of a Course of Lectures Delivered at Brighton*, 3rd edn, 2 vols [London: Relfe and Fletcher, (1838) 1839], I, p. 181, qtd in Lawrence Frank, *Victorian Detective Fiction and the Nature of Evidence: The Scientific Investigations of Poe, Dickens, and Doyle* [London now Basingstoke: Palgrave Macmillan, (2003) 2009], p. 25.

[12] 内斯比特的虚构类作品经常致敬卡罗尔的"爱丽丝"系列。比如在"Melisande or Long and Short Division"中，梅丽桑德（Melisande）公主的身体不受控制地生长，把她急得哭了起来，随后，她想起了卡罗尔的《爱丽丝梦游仙境》中有同样的情节[参考：Nina Auerbach and U. C. Knoepflmacher (eds) *Forbidden Journeys: Fairy Tales and Fantasies by Victorian Women Writers* (Chicago and London: University of Chicago Press, 1992), pp. 177–191 (185–186)；这个故事原本出自《九个不可思议的故事》(*Nine Unlikely Tales*)]。

[13] 教育对内斯比特来说就像一座宫殿："建造教育的宫殿……需要很多石头——所以我把自己雕琢过的小石头带过来，为宫殿添砖加瓦，只希望它刚好能被放进这座宏伟建筑的某个角落。"（Nesbit, *Wings and the Child*, p. 16）不仅如此，在内斯比特看来，水晶宫象征了美与知识的融合，而这种融合原本早已不复存在："试想那惊人的想象力，那颇有年头的水晶宫，它的装饰和布置带给人的浪漫感受。那里本是彭奇公园内一片名不见经传的湖……我们常说生活在维多利亚时代中期的人们没什么了不起的，那他们是如何处置这片湖的呢？他们在湖心小岛的岩石、芦苇和大树之间，原模原样地重建了一个已经消失

的世界，还原了那个世界的奇观。一头翼手龙蜷缩在巨石上，它伸展着巨大的翅膀，随时准备一飞冲天。一只巨型的大树懒紧紧抱着树干，我向你保证，如果从背后看到它，凭借六年的人生阅历，你很难相信眼前的这头野兽是假的，你觉得它会立刻放开树干，转过身来，被身穿衬衣、腰系皮带的自己所吸引……那里还有一头鱼龙，还有另外一个家伙，但是我忘记它叫什么了，只记得它的背上长着一面扇形的帆，从背脊一直延伸到尾巴尖。还有恐龙……它的史前巨胃里有一个大窟窿，如果你和好朋友一起……让他帮你一把，你就能到恐龙的身体内部去探险了，这种感受比山贼进了藏宝洞更令人兴奋。这些恐龙的教育意义几乎是不可估量的。”（Nesbit, *Wings and the Child*, p. 48）内斯比特在许多作品中都提到了水晶宫，比如“The Ice Dragon”的开头［Edith Nesbit, *The Book of Dragons* (Mineola, New York: Dover Publications, (1900) 2004］，这个故事的主角们在开篇就去了北极（Rosenberg, ‘Generic Manipulation and Mutation’, p. 70）。其他的例子还包括，“Whereyouwantogoto”［（Edith Nesbit, ‘Whereyouwantogoto’, *Nine Unlikely Tales* (London: T. Fisher Unwin, 1901), pp. 49–84］、《魔法之城》和《凤凰与魔毯》，尤其为《魔法城堡》增色不少。

［14］ Reprinted from the *Journal of the Society of Arts*, 78, reproduced as a leaflet by James Tennant, qtd in Steve MacCarthy, *The Crystal Palace Dinosaurs: The Story of the World's First Prehistoric Sculptures* (London: Crystal Palace Foundation, 1994), p. 89.

［15］ 可参考她在《九个不可思议的故事》（1901）中对妖精的描绘。

［16］ “只知收集事实，却不去想象原因。”［Georges Cuvier, ‘Espèces de quadrupèdes’ (1801), trans. Martin J. S. Rudwick, in Martin J. S. Rudwick, Georges Cuvier, Fossil Bones and Geological Catastrophes: New Translations and Interpretations of the Primary Texts (Chicago and London: University of Chicago Press, 1997), pp. 45–58 (47)］

［17］ 不过，居维叶并不认为应该按照字面意义解读神话传说和古代文献（包括《圣经》），他相信这样的解读无益于揭示博物学和地球历史的真相。他认可的是严谨地看待虚构的文字，从中寻找收获。

［18］ Tess Cosslett, *The 'Scientific Movement' and Victorian Literature* (Brighton: Harvester Press; New York: St. Martins Press, 1982), p. 30.

［19］ 居维叶的地质学学说没有赋予创世故事至高无上的地位，它不仅是许多人与地质学的初见，而且很有可能是历史上首次把物种灭绝作为研究地球和生物的核心问题。1813年，距离《对化石骨骼的研究》（*Recherche sur les ossemens fossiles*, 1799）出版几十年后，居维叶的《问题初探》（"Preliminary Discourse"）被翻译成英文：*Essay on the Theory of the Earth* ［trans. Robert Jameson, 3rd edn (Edinburgh and London: William Blackwood, 1817)］。为了解释物种的灭绝现象，居维叶将生态学的情景纳入考虑，这种做法完全违背了《圣经》对博物学的释义，以及认为上帝的造物是完美无缺的观点。尽管如此，居维叶的灾变理论却得到了英国科学界的赞同和支持［参考：Ralph O' Connor, *The Earth on Show: Fossils and the Poetics of Popular Science, 1802– 1856* (Chicago and London: University of Chicago Press, 2007), p. 61］。

［20］ 参考他关于现存和灭绝象类的论文：Georges Cuvier, 'Mémoire sur les espèces d' éléphans tant vivantes que fossiles, lu à la séance publique de l' Institut National le 15 germinal, an IV', *Magasin encyclopédique, 2ème année, 3* (1796), pp. 440–445。

［21］ Cuvier, *Essay on the Theory of the Earth*, p. 86.

［22］ Nicolaas A. Rupke, *The Great Chain of History: William Buckland and the English School of Geology (1814– 1849)* (Oxford: Clarendon Press, 1983), p. 132.

［23］ Rupke, *Great Chain of History*, p. 171.

［24］ Rupke, *Great Chain of History*, pp. 172–173.

［25］ Peter Parley [Samuel G. Goodrich], *Peter Parley'sWonders of the Earth, Sea, and Sky* (London: Darton and Clark, n. d.), p. 47.

［26］ Jan Bondeson, *A Cabinet of Medical Curiosities* (New York and London: Norton, (1997) 1999), pp. 203–214.

［27］ Carole G. *Silver, Strange and Secret Peoples: Fairies and Victorian Consciousness* (Oxford: Oxford University Press, 1999), pp. 118–119.

[28] Silver, *Strange and Secret Peoples*, p. 129.

[29] Silver, *Strange and Secret Peoples*, p. 129.

[30] Silver, *Strange and Secret Peoples*, pp. 129–130.

[31] George MacDonald, *The Princess and the Goblin* (1872), *The Princess and the Goblin and The Princess and Curdie*, ed. Roderick McGillis (Oxford and New York: Oxford University Press, 1990), p. 6.

[32] Caroline Sumpter, *The Victorian Press and the Fairy Tale* (Basingstoke: Palgrave Macmillan, 2008), p. 39.

[33] [Anon], 'A Lump of Coal', *Good Words for the Young 1* (Dec. 1868), pp. 102–105 (102), qtd in Sumpter, *Victorian Press and the Fairy Tale*, p. 41.

[34] Jessica Straley, 'Of Beasts and Boys: Kingsley, Spencer and the Theory of Recapitulation', *Victorian Studies* 49. 3 (Summer 2007), pp. 583– 609.

[35] Amanda Hodgson, 'Defining the Species: Apes, Savages and Humans in Scientific and Literary Writing of the 1860s', *Journal of Victorian Culture* 4. 2 (Autumn 1999), pp. 228–251 (230).

[36] Hodgson, 'Defining the Species', p. 240.

[37] Briggs, *Edith Nesbit*, p. 233.

[38] Edith Nesbit, *The Story of the Amulet* (London: T. Fisher Unwin, 1906), p. 24。《护身符的故事》甚至明确指出，由于沙地精是史前生物，所以它的智力可能比不上孩子们："作为一种与大地懒和翼手龙生活在同一个年代的古老生物，它的反应速度已经算是非常快了。"

[39] Silver, *Strange and Secret Peoples*, p. 150.

[40] Gaby Wood, *Living Dolls: A Magical History of the Quest for Mechanical Life* (London: Faber& Faber, 2002), p. 228.

[41] Susan Stewart, *On Longing: Narratives of the Miniature, the Gigantic, the Souvenir, the Collection* (Durham, North Carolina, and London: Duke University Press, 1993), p. xii.

[42] 亨特和桑兹强调"他者"在吉卜林的《普克山上的迫克》中"扮演了积极的角色"［参考：Peter Hunt and Karen Sands, 'The View from the Center: British Empire and Post–Empire Children's

Literature', in Roderick Mc Gillis (ed.), *Voices of the Other: Children's Literature and the Postcolonial Context* (New York and London: Garland Publishing, 2000), pp. 39– 53 (45)]。

[43] Stewart, *On Longing*, p. 71.

[44] Stewart, *On Longing*, p. 74.

[45] Erin O' Connor, *Raw Material: Producing Pathology in Victorian Culture* (Durham, North Carolina, and London: Duke University Press, 2000), p. 180. 埃林·欧康纳（Erin O'Connor）认为，维多利亚的怪胎展览，加上经常对其进行虚构化的创作，是在“将它们上升为象征体系，其最终目的是从对于怪物的描绘中抽提出纯粹的表征”（O' Connor, *Raw Material*, p. 180）。他的研究还强调怪胎与维多利亚经济密切相关，凸显了“资本主义制度下，人体的困惑地位”（O' Connor, *Raw Material*, p. 167）。他认为“畸形的怪物是现代具象化的童话”，将畸形的身体等同于非常适应工业社会的绝妙机器，再一次体现了自然奇观、科学以及童话之间的密切关联（当然，这里所说的怪胎和怪物并不包括返祖或倒退的那些，这一点在《五个孩子和沙地精》里体现得更为明显，内斯比特利用巨人夸张地演绎“不受控制的疯长”，借此影射资本主义，批评它的商品化和对人类身体的剥削压榨）。

[46] Monica Flegel, 'A Momentary Hunger: Fabianism and Didacticism in E. Nesbit's Fiction', in Jones (ed.), *E. Nesbit' s Psammead Trilogy*, pp. 17– 38 (30).

[47] Mavis Reimer, 'The Beginning of the End: Writing Empire in E. Nesbit's Psammead Books', in Jones (ed.), *E. Nesbit' s Psammead Trilogy*, pp. 39– 62 (44).

[48] Nesbit, *Wings and the Child*, pp. 49– 50.

[49] 参考：[Elizabeth Eastlake], 'The Crystal Palace', *Quarterly Review CXCII* (March 1855), pp. 303 55; [Harriet Martineau], 'The Crystal Palace', *Westminster Review* 6 (1854), pp. 534–550; 以及 [John Lindley], 'The Crystal Palace Gardens', *The Athenaeum* (1854), p. 780。在林德利（Lindley）看来，“玻璃顶棚下的野蛮人并不比彭奇树林里的蜥蜴怪物更离奇或者更不离奇。想要合理展出这些新奇的东西很难，这是由它们的本质决定的，任何艺术手段

都无法解决。将这些生物摆在一起的做法是荒谬的，但是如果公众非要在宫殿和公园里同时摆上野蛮人和恐龙，那他们就必须让自己的头脑适应这种错置”。

[50] 类似的主题出现在她的短篇故事“Fortunatus Rex & Co”以及《护身符的故事》中，后者还描写了很多已经灭绝的生物，比如猛犸象。

[51] Nesbit, *Wings and the Child*, pp. 43–44.

[52] Jane Barlow, *The End of Elfintown* (London: Macmillan & Co., 1894).

后 记

“我有好一阵子没听到那首歌了，其实不必拐弯抹角：是真的，普克山的人都走光了。当初，我亲眼看着他们来到旧英格兰，然后又亲眼看着他们离去。巨人，巨魔，马型水鬼[①]，棕精灵，哥布林，小恶魔；木灵，树灵，土灵，还有水灵；野人、山上的守望人、财宝的守卫；好人、小人儿、巫婆、矮妖、暗夜骑士、小妖精、水妖、地精，还有其他，等等，走了，他们全走了！”

“……普克山的这些人为什么要走？”乌娜（Una）问。

“各种各样的原因。哪天我给你们好好说说其中的一个——就是它导致了迄今为止规模最大的一次外迁，”迫克回答，“不过这些人也不是一夜之间走光的。他们是一点一点，在几个世纪的时间里

---

① Kelpie，音译“凯尔皮”，苏格兰传说中的水灵，长相似马。*

先后离开的。他们绝大多数不是本地人，受不了我们这儿的气候，这些人是最早走的。”

“有多早？”丹（Dan）问道。

“几千年前吧，可能更早。”[1]

正如鲁德亚德·吉卜林笔下的自然精灵迫克所指出的，19世纪末，妖精们已经离开了英格兰。吉卜林把妖精建构成一种很可能要灭绝的生物，这并非他的原创。我们已经看到了内斯比特如何用她笔下的史前精灵探讨物种灭绝的问题，也在前文讨论了19世纪的作家们普遍会利用妖精来指出大规模工业化的危害，类似的例子不胜枚举：从休·米勒的《老红砂岩》（*The Old Red Sandstone*, 1841），到梅·肯德尔（May Kendall）和安德鲁·朗格在19世纪末合著的《麦布女王》（*That Very Mab*, 1885）。妖精出现在许多不同类型的出版物中，无论是支撑地质学的话语，还是表达对于最新的科学发现以及科学唯物主义影响力的关切，它们赋予了自然世界声音，让自然能诉说自己的历史，这传达了保护自然的重要性。

出版商渴望迎合读者猎奇的心态，但博物学读物反复利用妖精和童话的做法超越了单纯的商业考虑。从浪漫时代进入维多利亚时代，对于自然的定义也随之发生改变，而妖精灵敏地反映了这种变化。它们帮助科学家冲破了现实的限制，打破了可能与不可能的边界，模糊了不同话语之间的界线，描绘出了几乎不可能仅凭理性就感受和体验到的科学。它们还帮助科普作家处理科学的矛盾，实验室和大学校园渐渐没有了灵性现象和基督教信仰的栖身之所，而科普作品成了它们的避风港。它们体现了新发现的奇妙，正如博物馆展出的巨型化石总能激发参观者的无限遐想。作为迷你版的人类，它们帮助维多利亚人接受并适应不断变化的生活环境。起初，自然神学叙事中的仙子外形多变，它们鼓励科学家寻找被自然形形色色的伪装所掩盖的真相，而后来的精灵又预言了过度城镇化的人类将会迎来灭绝的命运，妖精迫使人类反思自己的行为，审视自己的灵魂。

无论是文学作品还是科普作品中，维多利亚时代的妖精都表明物质展览能够催生许许多多有关自然的不同理解，尤其是在那些占地面积巨大的新兴公共场所里举办的展览——从自然历史博物馆到世界博览会。因此，我们在本书中分析的叙事都是通过阐释博物学的物质文化，来弥合实物和知识之间的鸿沟。这些叙事在博物学的传播与博物学的形成中发挥了关键的作用，它们的隐喻或者修辞兼具科学和文化的话语，比如将女性与自然的神秘力量以及自然突然的蜕变联系起来。在针对知识多样性的历史研究中，约翰·皮克斯通不仅认为“用博物学的方法来认识世界”[2]是研究19世纪科学的一个关键元素，他还强调了与科学并行发展的文化认知的重要性。妖精体现了一种建构二者关联的方式——而且这种关联不仅仅局限于如何进行科普，或者博物学如何在社会上掀起了收集、描述和鉴定标本的文化热潮。我们已经在本书的研究中看到，维多利亚的仙境有它自己的博物学——它是枯燥乏味的现实世界的延伸和反映，既平凡又奇异。妖精构成了一整个独特的类群，它们对更物质性的生物和世界进行阐释，并将在这个过程中产生的、对于自然的定义整合起来。这个更物质性的世界包含了所有的男男女女，而这些定义无不反映了人类对自身本质的看法，譬如里奇和柴尔德-彭伯顿笔下的狼，以及德·摩根笔下的机器人——我们是野兽，抑或是机器。

然而到了19世纪末，妖精的地位又稍稍倒退了一些，几乎成了幼儿故事的专属角色，它们与儿童故事的渊源束缚了它们的翅膀。理性时代的到来和科学领域的专业细分使妖精承载的那个奇妙世界显得越来越格格不入。正如詹姆斯·马修·巴里（J.M.Barrie）在他那部上演于1904年的《彼得潘》剧作里所暗示的，因为与童年的深度绑定，世纪之交的妖精似乎已经变成了拒绝长大成人的标志。即便如此，妖精们仍会时常回到公众的视野里，引发巨大的反响。在这个理性的年代，妖精或许已经无法再帮助人们相信奇迹了，但它们经常能指出现代社会的复杂之处。人类试图认识岌岌可危的生态系统，它需要我们整合不同的方法、证据和知识领域，而妖精让我们看到，这个过程实际上是多么困难。因此，与其说妖精是知识的传达者，倒不如说它们更像是对无知的隐喻。

注 释

[1] Rudyard Kipling, *Puck of Pook' s Hill* (Ware: Wordsworth Editions, (1906) 1994).

[2] John V. Pickstone, *Ways of Knowing: A New History of Science, Technology and Medicine* (Chicago: University of Chicago Press, 2001), p. 11.

译者后记

这本书的难度远远超出了我的预计。

我就像一个无知无畏的小孩，仗着对博物学的几分浅薄认识，义无反顾地接下了这本书的翻译工作。可没过多久，我就发现自己坠入了人文学科的汪洋大海，不知所措。以现在的眼光回看，初稿的质量非常堪忧，完全可以用“灾难”形容。表述不当、术语错译，乃至词句和逻辑都漏洞百出，这直观地反映了我在初读这本书时的思维和感受。

非常感谢四川大学文化科技协同创新研发中心的姜虹老师，姜老师的修改意见非常翔实、专业，直接促成了译稿的二次修改，为出版的译本打下了坚实的基础。特别感谢在海德堡大学攻读博士学位的赵梦雪，她按照姜老师提出的修改意见，跟进并逐字校读了修改后的第二版译稿，指出了许多仍未修正的错误，包括专业事实以及遣词造句上的问题。如果没有她的帮助，最终的译文很可能会是完全不同的另一副模样。

接触自己不熟悉的领域和题材是难得且宝贵的经历。很少有什么方法比翻译一本书更能促进一个人对某个陌生领域的学习和认识，类似的例子并不鲜见，例如牛顿研读和翻译笛卡尔的著作。而之所以说这种经历难得，是因为商业出版活动往往容不下这种“学习还有钱拿”的好事。因此，我非常感激四川人民出版社的赵静老师能将这本书交给我来翻译。赵老师在本书的译编过程中展现出了无比的耐心和包容，我每每想到初稿的质量都觉得十分汗颜和惭愧。

本书的内容无法用“深入浅出”来形容，原文涉及大量的专业术语和背景，文字的信息密度极高。我虽在翻译和二次修改的过程中查阅了大量的文字材料，但几乎可以肯定地说，译文没能完全还原原文学术论文式的表述和措辞。在翻译初稿时，我将读者假想为是像我一样对这个领域感兴趣的“门外汉”，这在一定程度上导致初稿的行文和措辞不甚理想。修改之后，文字虽更贴近原文，但也变得晦涩了一些。对于想要更深入了解书中探讨的议题且语言能力过关的读者，我十分推荐阅读原书。

因为能力所限，文本中的谬误在所难免，望海涵。

2023年5月15日，于杭州

参考文献

Aikin, John, and Barbauld, Anna Lætitia, *Evenings at Home; or, the juvenile bud-get opened: consisting of a variety of miscellaneous pieces, for the instruction and amusement of young persons* (London: John Johnson, 1802–).

Alberti, Samuel J. M. M., 'The Museum Affect: Visiting Collections of Anatomy and Natural History', in Fyfe and Lightman (eds), *Science in the Marketplace*, pp. 371–403.

Allee, W. C., et al., *Principles of Animal Ecology* (Philadelphia and London: W. B. Saunders Co., 1949).

Allen, David Elliston, *The Naturalist in Britain: A Social History* (Princeton: Princeton University Press, (1976) 1994).

Allen, David Elliston, 'Tastes and Crazes', in Jardine, Secord and Spary (eds), *Cultures of Natural History*, pp. 394–407.

Allingham, William, *In Fairy Land. A series of pictures from the elf-world by Richard Doyle. With a poem by W. Allingham* (London: Longmans & Co., (1869) 1870).

A.L.O.E. [Charlotte Maria Tucker], *Fairy Know-A-Bit; or, a nutshell of knowledge* (London: T. Nelson & Sons, 1868).

Altick, Richard D., *The Shows of London* (Cambridge, Massachusetts, and London: Belknap, 1978).

Amartin-Serin, Annie, *La Création défiée : L'Homme fabriqué dans la littérature* (Paris : PUF, 1996).

Andersen, Hans Christian, 'The Dryad', trans. A. M. and Augusta Plesner, in *Aunt Judy's May-Day Volume for Young People* (London: Bell and Daldy, 1869), pp. 237–47 and 286–96.

[Anon.], *The Amusing History of Cinderella; or, the Little Glass Slipper* (London, 1850(?)).

[Anon.], *Cinderella; or, the Little Glass Slipper* (London: Dean & Son, 1870).

[Anon.], *Cinderella; or the little glass slipper* (London: Dean & Son, 1876).

[Anon.], *Cinderella and the Glass Slipper* (London: J. Bysh, 1861).

[Anon.], 'The Euphonia, or Speaking Automaton', *Illustrated London News* (25 July 1846), p. 59.

[Anon.], 'Fairy Tales', *Monthly Packet* 25 (Jan. 1878), pp. 80–94.

[Anon.], 'Good Friday, and a Better Friday', *All the Year Round* 13 (13 May 1865), pp. 373–6.

[Anon.], *The History of Cinderella and her Glass Slipper* (London: Orlando Hodgson, 1830(?)).

[Anon.], 'A Lump of Coal', *Good Words for the Young* 1 (Dec.

1868), pp. 102–5.

[Anon.], 'Paint, and No Paint', *All the Year Round* 7 (9 August 1862), p. 521.

[Anon.], 'Talking Machines', *All the Year Round* (24 September 1870), pp. 393–6.

[Anon.], 'Wonders of the Sea', *All the Year Round* 4 (5 January 1861), pp. 294–9.

Armstrong, Isobel, *Victorian Glassworlds: Glass Culture and the Imagination, 1830–1880* (Oxford and New York: Oxford University Press, 2008).

Armstrong, Nancy, *Fiction in the Age of Photography* (London and Cambridge, Massachusetts: Harvard University Press, (1999) 2002).

Auerbach, Nina, *Woman and the Demon: The Life of a Victorian Myth* (Cambridge, Massachusetts: Harvard University Press, 1982).

Auerbach, Nina, and Knoepflmacher, U. C. (eds), *Forbidden Journeys: Fairy Tales and Fantasies by Victorian Women Writers* (Chicago and London: University of Chicago Press, 1992).

Axton, W. F., 'Victorian Landscape Painting: A Change in Outlook', in Knoepflmacher and Tennyson (eds), *Nature and the Victorian Imagination*, pp. 281–308.

Barbauld, Anna Lætitia, *Lessons for Children* (London: Johnston & Co., (1778–9) 1812).

Barber, Lyn, *The Heyday of Natural History: 1820–1870* (Garden

City, NY: Doubleday and Company, 1980).

Barlow, Jane, *The End of Elfintown* (London: Macmillan & Co., 1894).

Barrie, J. M., *Peter Pan* (Ware: Wordsworth Classics, (1904) 1993).

Beer, Gillian, *Darwin's Plots: Evolutionary Narrative in Darwin, George Eliot and Nineteenth-Century Fiction* (Cambridge: Cambridge University Press, (1983) 2000).

Benham, Michael Aislabie, *A Few Fragments of Fairyology, Shewing its Connection with Natural History* (Dunhelm: Will, Duncan & Son, 1859).

Bernstein, Susan David, 'Designs after Nature: Evolutionary Fashions, Ani-mals, and Gender', in Deborah Denenholz Morse and Martin A. Danahay (eds), *Victorian Animal Dreams: Representations of Animals in Victorian Litera-ture and Culture* (Aldershot: Ashgate, 2007), pp. 66–79.

Bondeson, Jan, *A Cabinet of Medical Curiosities* (New York and London: Norton, (1997) 1999).

Bottigheimer, Ruth B., *Grimms' Bad Girls and Bold Boys: The Moral and Social Vision of the Tales* (New Haven and London: Yale University Press, 1987).

Bown, Nicola, *Fairies in Nineteenth-Century Art and Literature* (Cambridge: Cambridge University Press, 2001).

Brewster, David, *Letters on Natural Magic, Addressed to Sir Walter Scott, Bart.* (London: John Murray, 1834).

Briggs, Julia, *Edith Nesbit: A Woman of Passion* (Stroud: Tempus, (1987) 2007).

Brightwen, Eliza, *More About Wild Nature* (London: Unwin, 1892).

Brock, William H., *Science for All: Studies in the History of Victorian Science and Education* (Aldershot: Varorium, 1996).

Brontë, Charlotte, *Jane Eyre* (Oxford: Oxford University Press, (1847) 1989).

Brough, John Cargill, *The Fairy Tales of Science: A Book for Youth* (London: Griffith and Farran, 1859).

Broughton, Rhoda, *Not Wisely But Too Well* (Dover: Alan Sutton, (1867) 1993).

Buckley, Arabella Burton, *The Fairy-Land of Science* (Chapel Hill: Yesterday's Classics, (1879) 2006).

Buckley, Arabella Burton, *Life and Her Children* (New York: D. Appleton & Co., (1880) 1881).

Buckley, Arabella Burton, *Moral Teachings of Science* (London: Edward Stanford, 1891).

Buckley, Arabella Burton, 'The Soul, and the Theory of Evolution', *University Magazine* 3 (1879), pp. 1–10.

Buckley, Arabella Burton, *Winners in Life's Race or the Great Backboned Family* (London: Edward Stanford, (1883) 1892).

Canton, Geoffrey, Dawson, Gowan, Gooday, Graeme, et al. (eds), *Science in the Nineteenth-Century Periodical: Reading the Magazine of Nature* (Cambridge: Cambridge University

Press, 2004).

Carey, Annie, *The Wonders of Common Things* (London: Cassell, Peter, Galpin & Co., 1880).

Carlyle, Thomas, 'Signs of the Times', *Edinburgh Review* 49 (1829), pp. 439–59.

Carlyle, Thomas, *The Works of Thomas Carlyle* (London: G. Routledge & Sons, (1896–9) 1905–7).

Carroll, Lewis, *Through the Looking-Glass and What Alice Found There, The Annotated Alice*, ed. Martin Gardner (London: Penguin, (1871) 2001).

Childe-Pemberton, Harriet Louisa, 'All My Doing; or Red Riding-Hood Over Again' (1882), in Zipes (ed.), *Victorian Fairy Tales*, pp. 209–48.

Childe-Pemberton, Harriet Louisa, *The Fairy Tales of Every Day* (London: Christian Knowledge Society, 1882).

Collins, Wilkie, *The Woman in White* (Dover: Alan Sutton, (1860) 1992).

Cooper, Jane, *Mrs Molesworth: A Biography* (Crowborough: Pratts Folly Press, 2002).

Cooter, Roger, and Pumfrey, Stephen, 'Separate Spheres and Public Places: Reflections on the History of Science Popularisation and Science in Popular Culture', *History of Science* 32 (1994), pp. 237–67.

Cosslett, Tess, ' "Animals under Man?" Margaret Gatty's *Parables from Nature*', *Women's Writing* 10.1 (2003), pp. 137–

52.

Cosslett, Tess, 'Child's Place in Nature: Talking Animals in Victorian Children's Fiction', *Nineteenth-Century Contexts* 23 (2002), pp. 475–95.

Cosslett, Tess, *The 'Scientific Movement' and Victorian Literature* (Brighton: Harvester Press; New York : St. Martin's Press, 1982).

Cosslett, Tess, *Talking Animals in British Children's Fiction, 1786–1914* (Aldershot: Ashgate, 2006).

Crary, Jonathan, *Techniques of the Observer: On Vision and Modernity in the Nineteenth Century* (Cambridge, Massachusetts, and London: MIT Press, 1992).

Croker, Thomas Crofton, *Fairy Legends and Traditions of the South of Ireland* (London: John Murray, Thomas Tegg & Son, (1825–6) 1838).

Cruikshank, George, *Cinderella and the Glass Slipper* (London: D. Bogue, 1854).

Cuvier, Georges, 'Espèces de quadrupèdes' (1801), trans. Martin J. S. Rudwick, in Martin J. S. Rudwick, *Georges Cuvier, Fossil Bones and Geological Catastrophes: New Translations and Interpretations of the Primary Texts* (Chicago and London: University of Chicago Press, 1997), pp. 45–58.

Cuvier, Georges, *Essay on the Theory of the Earth*, trans. Robert Jameson, 3rd edn (Edinburgh and London: William Blackwood, 1817).

Cuvier, Georges, 'Mémoire sur les espèces d'éléphans tant vivantes que fos-siles, lu à la séance publique de l'Institut National le 15 germinal, an IV', *Magasin encyclopédique*, 2ème année, 3 (1796), pp. 440–5.

Darby, Margaret Flanders, 'Joseph Paxton's Water Lily', in Michel Conan (ed.), *Bourgeois and Aristocratic Cultural Encounters in Garden Art, 1550–1850* (Washington DC: Dumbarton Oaks Research Library and Collection, 2002), pp. 255–83.

Darwin, Charles, *The Origin of Species by Means of Natural Selection or the Preser-vation of Favoured Races in the Struggle for Life* (Oxford: Oxford University Press, (1859) 1998).

Daston, Lorraine J., and Park, Katharine, *Wonders and the Order of Nature, 1150– 1750* (New York: Zone, 1998).

Dawson, Gowan, 'The *Cornhill Magazine* and the Shilling Monthlies in Mid-Victorian Britain', in Canton, Dawson, Gooday et al. (eds), *Science in the Nineteenth-Century Periodical*, pp. 123–50.

de la Mare, Walter, 'Little Red Riding Hood' (1927), in Zipes (ed.), *Trials and Tribulations*, pp. 208–14.

de Morgan, Mary Augusta, 'The Hair Tree', *On a Pincushion and Other Fairy Tales* (London: Seeley, Jackson & Halliday, 1877), pp. 100–52.

de Morgan, Mary Augusta, *The Necklace of Princess Fiorimonde and other Stories* (London: Macmillan & Co., 1880).

de Morgan, Mary Augusta, *The Necklace of Princess Florimonde and other stories being the Complete Fairy Tales of Mary de Morgan, with original illustrations by William de Morgan, Walter Crane, Olive Cockerell*, intr. Roger Lancelyn Green (London: Victor Gollancz, 1963).

de Morgan, Mary Augusta, *On a Pincushion and Other Fairy Tales* (London: Seeley, Jackson & Halliday, 1877).

de Morgan, Mary Augusta, (ed.), *Threescore Years and Ten: Reminiscences of the Late Sophia Elizabeth de Morgan* (London: Richard Bentley & Son, 1895).

de Morgan, Mary Augusta, 'A Toy Princess', in Zipes (ed.), *Victorian Fairy Tales*, pp. 165–74.

de Morgan, Mary Augusta, *The Windfairies and Other Tales* (London: Seeley & Co., 1900).

[de Morgan, Sophia E.], *From Matter to Spirit. The result of ten years' experience in spirit manifestations. Intended as a guide to enquirers* (London: Longman, Green, Longman, Roberts & Green, 1863).

Dickens, Charles, 'Fraud on the Fairies', *Household Words* 184 (1 Oct. 1853), p. 99.

[Dixon, E. S.], 'A Vision of Animal Existences', *Cornhill Magazine* 5 (March 1862), pp. 311–18.

Doane, Mary Ann, 'Technophilia: Technology, Representation, and the Femi-nine', in Jacobus, Keller and Shuttleworth (eds), *Body Politics*, pp. 163–76.

[Dodd, George], 'Dolls', *Household Words* 7.168 (11 June 1853), pp. 352–6.

Dorset, Catherine Ann Turner, *The Peacock 'At Home'* (London: John Harris, (1807) 1822).

du Chaillu, P. B., *Explorations and Adventures in Equatorial Africa, 1856–9* (London: John Murray, 1861).

[Eastlake, Elizabeth], 'The Crystal Palace', *Quarterly Review* CXCII (March 1855), pp. 303–55.

Eliot, George, *Middlemarch* (London: Penguin, (1871–2) 1989).

Ellegård, Alvar, *Darwin and the General Reader: The Reception of Darwin's Theory of Evolution in the British Periodical Press, 1859*–72 (Chicago: University of Chicago Press, 1990).

Ewing, Juliana Horatia, 'Among the Merrows. A Sketch of a Great Aquar-ium', *Aunt Judy's Christmas Volume* (London: Bell and Daldy, 1873), pp. 44–57.

Ewing, Juliana Horatia, *A Great Emergency and Other Tales* (London: George Bell & Sons, 1877).

Ewing, Juliana Horatia, *Old-Fashioned Fairy Tales* (London: Society for Promot-ing Christian Knowledge, (1882) 1894).

Fielding, Sarah, *The Governess, or Little Female Academy* (London: Pandora, (1749) 1987).

Flegel, Monica, 'A Momentary Hunger: Fabianism and Didacticism in E. Nesbit's Fiction', in Jones (ed.), *E. Nesbit's Psammead Trilogy*, pp. 17–38.

Flint, Kate, *The Victorians and the Visual Imagination*

(Cambridge: Cambridge University Press, 2000).

Foster, Hal, *Compulsive Beauty* (Cambridge, Massachusetts, and London: MIT Press, 1993).

Frank, Lawrence, *Victorian Detective Fiction and the Nature of Evidence: The Sci-entific Investigations of Poe, Dickens, and Doyle* (London, now Basingstoke: Palgrave Macmillan, (2003) 2009).

Freeman, Michael, *Railways and the Victorian Imagination* (New Haven and London: Yale University Press, 1999).

Fyfe, Aileen K., 'Copyrights and Competition: Producing and Protecting Chil-dren's Books in the Nineteenth Century', *Publishing History* 45 (1999), pp. 35–59.

Fyfe, Aileen K., ' "How the Squirrel Became a Squgg": The Long History of a Children's Book', *Paradigm* 27 (1999), pp. 25–37.

Fyfe, Aileen K., 'Reading Children's Books in Late Eighteenth-Century Dissent-ing Families', *Historical Journal* 43.2 (2000), pp. 453–73.

Fyfe, Aileen K., *Science and Salvation: Evanglical Popular Science Publishing in Victorian Britain* (Chicago and London: University of Chicago Press, 2004).

Fyfe, Aileen K. (ed.), *Science for Children*, 7 vols (Thoemmes Press, 2003).

Fyfe, Aileen, 'Tracts, Classics and Brands: Science for Children in the Nine-teenth Century', in Julia Briggs, Dennis Butts and M. O. Grenby (eds), *Popular Children's Literature in Britain* (Aldershot: Ashgate, 2008), pp. 209–28.

Fyfe, Aileen K., 'Young Readers and the Sciences', in Marina Frasca-Spada and Nicholas Jardine (eds), *Books and the Sciences in History* (Cambridge: Cambridge University Press, 2000), pp. 276–90.

Fyfe, Aileen, and Lightman, Bernard (eds), *Science in the Marketplace: Nineteenth-Century Sites and Experiences* (Chicago and London: University of Chicago Press, 2007).

Gardner, Edward L., *Fairies: The Cottingley Photographs and Their Sequels* (London: Theosophical Publishing House, 1945).

Gates, Barbara T., *Kindred Nature: Victorian and Edwardian Women Embrace the Living World* (Chicago and London: University of Chicago Press, 1998).

Gates, Barbara T., 'Those Who Drew and Those Who Wrote: Women and Victorian Popular Science Illustration', in Shteir and Lightman (eds), *Fig-uring It Out*, pp. 192–213.

Gatty, Margaret, *British Sea-Weeds: Drawn from Professor Harvey's 'Phycologia Britannica'* (London: Bell & Daldy, 1863).

Gatty, Margaret, *Parables from Nature* (Chapel Hill: Yesterday's Classics, (1855–71) 2006).

Gaunt, William, and Clayton-Stamm, M. D. E., *William de Morgan* (London: Studio Vista, 1971).

Gere, Charlotte, 'In Fairyland', in Martineau (ed.), *Victorian Fairy Painting*, pp. 62–73.

Gifford, Isabella *The Marine Botanist: An Introduction to the Study of Algology* (London: Darton & Co., (1840) 1853).

Ginsburg, Carlo, *Clues, Myth, and the Historical Method* (Baltimore: Johns Hopkins University Press, 1992).

Goldney, Rev. S., 'Fables and Fairy Tales', *Aunt Judy's Annual Volume* (London: Hatchards, 1885), pp. 20–32.

Gomme, George Laurence, *English Traditional Lore* (London: Stock, 1885).

Gosse, Edmund, *The Naturalist of the Sea-shore, The Life of Philip Henry Gosse* (London, (1890) 1896).

Gosse, Philip Henry, *The Aquarium; an unveiling of the wonders of the deep sea* (London and Bath, 1854).

Gosse, Philip Henry, *Evenings at the Microscope; or, researches among the minuter organs and forms of animal life* (London: SPCK, 1859).

Gosse, Philip Henry, *A Naturalist's Rambles on the Devonshire Coast* (sn: sl, 1853).

Gosse, Philip Henry, *The Romance of Natural History* (New York: A. L. Burt Company, Publishers, (1860) 1902).

Green, Roger Lancelyn, 'Introduction', in de Morgan, *Necklace of Princess Florimonde and Other Stories Being the Complete Fairy Tales of Mary de Morgan*, pp. 7–13.

Greville, Robert Kaye, *Algae Britannicae; or, descriptions of the marine and other inarticulated plants of the British Islands, belonging to the order Algæ: with plates, illustrative of the genera* (Edinburgh, 1830).

Hamlin, Christopher, 'Robert Warington and the Moral Economy of the Aquarium', *Journal of the History of Biology* 19 (1986), pp. 131–53.

Haraway, Donna J., *Simians, Cyborgs, and Women: The Reinvention of Nature* (London: Free Association Books, 1991).

Hartland, Edwin Sidney, *The Science of Fairy Tales: An Inquiry into Fairy Mythology* (London: Walter Scott, 1891).

Hartley, Lucy, *Physiognomy and the Meaning of Expression in Nineteenth-Century Culture* (Cambridge: Cambridge University Press, 2001).

Harvey, W. H., *Manual of British Algae* (London, 1841).

Hearn, Michael Patrick (ed.), *The Victorian Fairy Tale Book* (New York: Pantheon Books, 1988).

Hearne, Betsy, *Beauty and the Beast: Visions and Revisions of an Old Tale* (Chicago and London: University of Chicago Press, 1989).

Hilgartner, Stephen, 'The Dominant View of Popularization: Concep-tual Problems, Political Uses', *Social Studies of Science* 20 (1990), pp. 519–39.

Hilton, Mary, *Women and the Shaping of the Nation's Young: Education and Public Doctrine in Britain 1750–1850*

(Aldershot: Ashgate, 2007).

[Hinton, James], 'The Fairy Land of Science', *Cornhill Magazine* 5 (Jan.-June 1862), pp. 36–42.

Hodgson, Amanda, 'Defining the Species: Apes, Savages and Humans in Sci-entific and Literary Writing of the 1860s', *Journal of Victorian Culture* 4.2 (Autumn 1999), pp. 228–51.

Hoffmann, E. T. A., *Tales* (New York: Continuum, 1982).

Hunt, Peter, et al. (eds), *Children's Literature: An Illustrated History* (Oxford: Oxford University Press, 1995).

Hunt, Peter, and Sands, Karen, 'The View from the Center: British Empire and Post-Empire Children's Literature', in Roderick McGillis (ed.), *Voices of the Other: Children's Literature and the Postcolonial Context* (New York and London: Garland Publishing, 2000), pp. 39–53.

Hutchinson, H. N., *The Autobiography of the Earth: A Popular Account of Geological History* (London: Edward Stanford, 1890).

Hutchinson, H. N., *Extinct Monsters: A Popular Account of Some of the Larger Forms of Ancient Animal Life* (London: Chapman & Hall, 1892).

Huxley, T. H., *Collected Essays*, vol. IX: *Evolution and Ethics and other essays* (Bristol: Thoemmes, (1886) 2001).

Ingelow, Jean, *Mopsa the Fairy* (1869), in Auerbach and Knoepflmacher (eds), *Forbidden Journeys*, pp. 215–316.

Inglis, Katherine, 'Becoming Automatous: Automata in *The Old*

Curiosity Shop and *Our Mutual Friend*', *19: Interdisciplinary Studies in the Long Nineteenth Century* 6 (2008) <www.19.bbc.ac.uk> (accessed 3 Jan. 2014).

Jackson, Mary V., *Engines of Instruction, Mischief and Magic: Children's Literature in England from Its Beginnings to 1839* (Lincoln: University of Nebraska Press, 1989).

Jacobs, Joseph, *More English Fairy Tales* (London: D. Nutt, (1893) 1894).

Jacobus, Mary, Keller, Evelyn Fox, and Shuttleworth, Sally (eds), *Body Poli-tics: Women and the Discourses of Science* (New York and London: Routledge, 1990)

Jardine, N., Secord, J., and Spary, E. (eds), *The Cultures of Natural History* (Cambridge: Cambridge University Press, 1996).

Jones, Raymond E. (ed.), *E. Nesbit's Psammead Trilogy: A Children's Classic at 100* (Lanham, Toronto: Children's Literature Association; Oxford: Scarecrow Press, 2006).

Katz, Wendy R., *The Emblems of Margaret Gatty: A Study of Allegory in Nineteenth-Century Children's Literature* (New York: AMS Press Inc., 1987).

Keightley, Thomas, *The Fairy Mythology: Illustrative of the Romance and Supersti-tion of Various Countries* (London: George Bell & Son, (1828) 1892).

Kendall, May, Andrew Lang, *That Very Mab* (London: Longmans, Green & Co., 1885).

Kilner, Dorothy, *The Life and Perambulation of a Mouse* (London: John Marshall, (1783) 1815).

Kilner, Mary Ann, *The Adventures of the Pincushion designed chiefly for the use of young ladies* (London: Thomas Hughes, (1788) 1824).

Kingsley, Charles, *The Boys' and Girls' Book of Science* (London: Strahan & Co. Limited, 1881).

Kingsley, Charles, *Glaucus; or, the wonders of the shore* (London: Macmillan & Co., (1855) 1890).

Kingsley, Charles, 'How to Study Natural History', *Scientific Lectures and Essays* (London, Macmillan & Co., 1880), pp. 287–310.

Kingsley, Charles, *Madam How and Lady Why; or, First Lessons in Earth Lore for Children* (New York: Macmillan & Co., (1870) 1888).

Kingsley, Charles, 'Speech of Lord Dundreary in Section D, on Friday Last, on the Great Hippocampus Question', in *Charles Kingsley: His Letter and Mem-ories of His Life; Edited by His Wife*, vol. 3, pp. 145–8 (London: Macmillan, 1901).

Kingsley, Charles, *The Water-Babies, a Fairy Tale for a Land Baby* (London: Penguin, (1863) 1995).

Kingsley, Charles, *Words of Advice to School-Boys by Charles Kingsley, Collected from Hitherto Unpublished Notes and Letters of the Late Charles Kingsley*, ed. E. F. Johns (London: Simpkin & Co., 1912).

Kipling, Rudyard, *Puck of Pook's Hill* (Harmondsworth: Penguin, (1906) 1987).

Kirby, Mary, and Kirby, Elizabeth, *The Sea and Its Wonders: A Companion Volume to 'The World at Home'* (London: T. Nelson & Sons, 1871).

Knoepflmacher, U. C., and Tennyson, G. B. (eds), *Nature and the Victorian Imagination* (Berkeley: University of California Press, 1977).

Krasner, James, *The Entangled Eye: Visual Perception and the Representation of Nature in Post-Darwinian Narrative* (New York and Oxford: Oxford University Press, 1992).

Kroeber, Karl, *Ecological Literary Criticism: Romantic Imaging and the Biology of Mind* (New York: Columbia University Press, 1994).

Lambourne, Lionel, 'Fairies and the Stage', in Martineau (ed.), *Victorian Fairy Painting*, pp. 46–53.

Larsen, Anne, 'Equipment for the Field', in Jardine, Secord and Spary (eds), *Cultures of Natural History*, pp. 358–77.

Leadbeater, Charles W., *The Hidden Side of Things* (Adjar, India: Theosophical Publishing House, (1913) 1974).

Leavy, Barbara Fass, 'Wilkie Collins' Cinderella: The History of Psychology and *The Woman in White*', *Dickens Studies Annual* 10 (1982), pp. 91–141.

Levine, George, *Darwin and the Novelists: Patterns of Science in Victorian Fiction* (Chicago: University of Chicago Press,

(1988) 1991).

Levine, George, *Darwin Loves You: Natural Selection and the Re-Enchantment of the World* (Princeton: Princeton University Press, 2006).

Lewes, George Henry, *The Foundations of a Creed*, 2 vols (London: Trübner, 1874–5).

Lightman, Bernard, 'Depicting Nature, Defining Roles: The Gender Politics of Victorian Illustration', in Shteir and Lightman (eds), *Figuring It Out*, pp. 214–39.

Lightman, Bernard, *Victorian Popularizers of Science: Designing Nature for New Audiences* (Chicago and London: University of Chicago Press, 2007).

Lightman, Bernard, ' "The Voices of Nature": Popularizing Victorian Sci-ence', in Bernard Lightman (ed.), *Victorian Science in Context* (Chicago and London: University of Chicago Press, 1997), pp. 187–211.

[Lindley, John], 'The Crystal Palace Gardens', *The Athenaeum* (1854), p. 780.

Locke, John, *Elements of Natural Philosophy ... to which are added some thoughts concerning reading and study for a gentleman* (London, ?1750).

Locke, John, *Essay Concerning Human Understanding* (Brighton: Harvester Press, (1689) 1978).

Loudon, Jane, *Botany for Ladies; or, a popular introduction to the natural system of plants, according to the classification of De*

Candolle (London: John Murray, 1842).

Loudon, Jane, *The First Book of Botany: being a plain and brief introduction to that science, for students and young persons* (London: George Bell, 1841).

Loudon, Jane, *The Young Naturalist; or, the travels of Agnes Merton and her mamma*, 3rd edn (London: Routledge, Warne, & Routledge, (1840) 1860).

Lyell, Charles, *Principles of Geology* (London: John Murray, (1830–3) 1834–5).

MacCarthy, Steve, *The Crystal Palace Dinosaurs: The Story of the World's First Prehistoric Sculptures* (London: Crystal Palace Foundation, 1994).

MacCullock, J. A. Canon, *The Childhood of Fiction: A Study of Folk Tales and Primitive Thought* (London: John Murray, 1905).

MacDonald, George, *The Princess and the Goblin and The Princess and Curdie*, ed. Roderick McGillis (Oxford and New York: Oxford University press, 1990).

MacRitchie, David, *Fians, Fairies, and Picts* (London: Kegan Paul, 1890). MacRitchie, David, *The Testimony of Tradition* (London: Kegan Paul, 1890).

Mantell, Gideon Algernon, *The Wonders of Geology; or, A Familiar Exposition of Geological Phenomena; Being the Substance of a Course of Lectures Delivered at Brighton*, 3rd edn, 2 vols (London: Relfe and Fletcher, (1838) 1839).

Martin, Sarah Catherine, *The Comic Adventures of Old Mother Hubbard and Her Dog* (London: J. Harris, 1805).

[Martineau, Harriet], 'The Crystal Palace', *Westminster Review* 6 (1854), pp. 534–50.

Martineau, Jane (ed.), *Victorian Fairy Painting* (London: Royal Academy of Arts, 1997).

Merchant, Carolyn, *The Death of Nature: Women, Ecology and the Scientific Revolution* (San Francisco: Harper, (1980) 1989).

Merrill, Lynn L., *The Romance of Victorian Natural History* (Oxford, NY: Oxford University Press, 1989).

Miller, Andrew H., *Novels behind Glass: Commodity Culture and Victorian Narrative* (Cambridge: Cambridge University Press, 1995).

Miller, Hugh, *The Old Red Sandstone; or, new walks in an old field* (Edinburgh: John Johnston, 1841).

Millingen, Dr, *The Passions, or Mind and Matter* (London: John & Daniel A. Darling, 1848).

Mills, Alfred, 'Ye True Hystorie of Little Red Riding Hood or The Lamb in Wolf's Clothing' (1872), in Zipes (ed.), *Trials and Tribulations of Little Red Riding Hood*, pp. 188–92.

Molesworth, Mary Louisa, *Christmas-Tree Land* (London: Macmillan, 1884).

Molesworth, Mary Louisa, *Fairies Afield* (London: Macmillan, 1911).

Molesworth, Mary Louisa, *Fairies of Sorts* (London: Macmillan,

1908).

Molesworth, Mary Louisa, *Nurse Heatherdale's Story* (London: Macmillan, 1891).

Molesworth, Mary Louisa, *She Was Young and He Was Old: A Novel* (London, 1872).

Molesworth, Mary Louisa, *Studies and Stories* (London: A. D. Innes & Co., (1892) 1893).

Moon, Marjorie, *John Harris's Books for Youth, 1801–1843* (Cambridge: Five Owls Press, 1976).

Moon, Marjorie, *A Supplement to John Harris's Books for Youth* (Richmond: Five Owns Press, 1983).

Moore, Doris Langley, *E. Nesbit: A Biography*, rev. edn (London: Ernest Benn, 1967).

Moss, Anita, 'Mrs Molesworth: Victorian Visionary', *Lion and the Unicorn* 12.1 (1988), pp. 105–10.

Myers, Greg, 'Science for Women and Children: The Dialogue of Popular Sci-ence in the Nineteenth Century', in John Christie and Sally Shuttleworth (eds), *Nature Transfigured: Science and Literature, 1700–1900* (Manchester: Manchester University Press, 1989), pp. 171–200.

Myers, Mitzi, 'Impeccable Governesses, Rational Dames, and Moral Moth-ers: Mary Wollstonecraft and the Female Tradition in Georgian Children's Books', *Children's Literature* 14 (1986), pp. 31–59.

Nesbit, Edith, *The Book of Dragons* (Mineola, New York: Dover

Publications, (1900) 2004).

Nesbit, Edith, *The Enchanted Castle* (London: Puffin Classics, (1907) 1994).

Nesbit, Edith, *Five Children and It* (London: Penguin, (1902) 1995).

Nesbit, Edith, *The Magic City* (Charleston, South Carolina: BiblioBazaar, (1910) 2007).

Nesbit, Edith, 'Melisande or Long and Short Division', in Auerbach and Knoepflmacher (eds), *Forbidden Journeys*, pp. 177–91.

Nesbit, Edith, *Nine Unlikely Tales* (London: T. Fisher Unwin, 1901).

Nesbit, Edith, *The Phoenix and the Carpet* (London: T. Fisher Unwin, (1904) 1908).

Nesbit, Edith, *The Story of the Amulet* (London: T. Fisher Unwin, 1906).

Nesbit, Edith, *The Story of the Treasure Seekers* (Ware: Wordsworth Classics, (1899) 1995).

Nesbit, Edith, *Wings and the Child; or the Building of Magic Cities* (London: Hodder and Stoughton, 1913).

Nesbit, Edith, *The Wouldbegoods* (London: T. Fisher Unwin, 1901).

Newbery, John, *A Little Pretty Pocket-Book, intended for the instruction and amusement of little Master Tommy* (London: John Newbery, (1744) 1760).

Nickel, Douglas, 'Talbot's Natural Magic', *History of Photography* 26.2 (Summer 2002), pp. 132–40.

Noakes, Richard, 'The *Boy's Own Paper* and Late-Victorian Juvenile Magazines', in Canton, Dawson, Gooday et al. (eds), *Science in the Nineteenth-Century Periodical*, pp. 151–71.

O'Connor, Erin, *Raw Material: Producing Pathology in Victorian Culture* (Durham, North Carolina, and London: Duke University Press, 2000).

O'Connor, Ralph, *The Earth on Show: Fossils and the Poetics of Popular Science, 1802–1856* (Chicago and London: University of Chicago Press, 2007).

O'Gorman, Francis, 'Victorian Natural History and the Discourses of Nature in Charles Kingsley's *Glaucus*', *Worldviews: Environment, Culture, Religion* 2.1 (April 1998), pp. 21–35.

Oersted, Hans Christian, *The Soul in Nature: With Supplementary Contributions*, trans. Leonora and Joanna B. Horner (London: H. G. Bohn, 1852).

Opie, Iona, and Opie, Peter, *Classic Fairy Tales* (Oxford: Oxford University Press, 1974).

Oppenheim, Janet, *The Other World: Spiritualism and Psychical Research in England, 1850–1914* (Cambridge: Cambridge University Press, 1985).

Orford, Pete, 'Dickens and Science Fiction: A Study of Artificial Intelligence in *Great Expectations*', *19: Interdisciplinary*

Studies in the Long Nineteenth Century 10 (2010) <www.19.bbc.ac.uk> (accessed 3 Jan. 2014).

Ospovat, Dov, *The Development of Darwin's Theory: Natural History, Natural The-ology, and Natural Selection, 1838–1859* (Cambridge: Cambridge University Press, 1981).

Owen, Alex, *The Darkened Room: Women, Power, and Spiritualism in Late Victorian England* (Chicago: University of Chicago Press, 2004).

Owen, Richard, 'On the Aye-Aye (*Chiromus*, Cuvier; *Chiromus madagascarien-sis*, Desm.; *Sciurus madagascariensis*, Gmel., Sonnerat; *Lemur psilodactylus*, Schreber, Shaw)', *Transactions of the Zoological Society* 5, pt 2 (1863), pp. 33–101.

Owen, Richard, 'On the Zoological Significance of the Cerebral and Pedal Characters of Man', *BAAS Report 1862* (1862), pp. 116–18.

Paradiz, Valerie, *Clever Maids: The Secret History of the Grimm Fairy Tales* (New York: Perseus Books, (2004) 2005).

Parley, Peter [Samuel Clark], *Peter Parley's Wonders of the Earth, Sea, and Sky* (London: Darton & Clark, n.d.).

Pepper, John Henry, *The Boys' Playbook of Science* (London: George Routledge & Sons, (1860) 1881).

Pickstone, John V., *Ways of Knowing: A New History of Science, Technology and Medicine* (Chicago: University of Chicago Press, 2001).

Price, Derek de Solla, 'Automata and the Origins of Mechanism and Mecha-nistic Philosophy', *Technology and Culture* 5.1 (Winter 1964), pp. 9–23.

Rauch, Alan, 'Mentoria: Women, Children, and the Structures of Science', *Nineteenth-Century Contexts* 27.4 (Dec. 2005), pp. 335–51.

Rauch, Alan, 'Parables and Parodies: Mrs. Gatty's Audiences in the *Parables from Nature*', *Children's Literature* 25 (1997), pp. 137–52.

Rauch, Alan, *Useful Knowledge: The Victorians, Morality, and the March of Intellect* (Durham, North Carolina: Duke University Press, 2001).

Reimer, Mavis, 'The Beginning of the End: Writing Empire in E. Nesbit's Psammead Books', in Jones (ed.), *E. Nesbit's Psammead Trilogy*, pp. 39–62.

Richards, Thomas, *The Commodity Culture of Victorian England: Advertising and Spectacle, 1851–1914* (Stanford: Stanford University Press, 1990).

Ritchie, Anne Isabella Thackeray, 'Beauty and the Beast' (1867), in Auerbach and Knoepflmacher (eds), *Forbidden Journeys*, pp. 35–74.

Ritchie, Anne Isabella Thackeray, *Bluebeard's Keys and Other Stories* (London: Smith, Elder, 1874).

Ritchie, Anne Isabella Thackeray, *A Book of Sibyls: Mrs. Barbauld, Miss Edgeworth, Mrs. Opie, Miss Austen* (Leipzig, Bernhard Tauchnitz, 1883).

Ritchie, Anne Isabella Thackeray, 'Cinderella' (1868), in Zipes (ed.), *Victorian Fairy Tales*, pp. 101–26.

Ritchie, Anne Isabella Thackeray, (ed.), *The Fairy Tales of Madame d'Aulnoy* (London: Lawrence & Bullen, 1892).

Ritchie, Anne Isabella Thackeray, *Five Old Friends and a Young Prince* (London: Smith, Elder, 1868).

Ritchie, Anne Isabella Thackeray, 'Little Red Riding Hood', *Five Old Friends and a Young Prince*, pp. 151–225.

Ritchie, Anne Isabella Thackeray, 'Maids-of-All-Work and Blue Books', *Cornhill Magazine* 30 (1874), pp. 281–96.

Ritchie, Anne Isabella Thackeray, *Miss Williamson's Divagations* (London: Smith, Elder, 1881).

Ritchie, Anne Isabella Thackeray, *To Esther and Other Sketches* (London: Smith, Elder, 1869).

Ritchie, Anne Isabella Thackeray, *Toilers and Spinsters, and Other Essays* (London: Smith, Elder, 1874).

Ritvo, Harriet, *The Animal Estate: The English and Other Creatures in the Victorian Age* (Cambridge, Massachusetts, and London: Harvard University Press, 1987).

Ritvo, Harriet, 'Learning from Animals: Natural History for Children in the Eighteenth and Nineteenth Centuries', *Children's Literature* 13 (1985), pp. 72–93.

Robson, W. W., 'E. Nesbit and *The Book of Dragons*', in Gillian Avery and Julia Briggs (eds), *Children and Their Books: A Celebration of the Work of Iona and Peter Opie* (Oxford:

Clarendon Press, 1989), pp. 251–70.

Roscoe, Sidney, *John Newbery and His Successors, 1740–1814: A Bibliography* (Wormsley: Five Owls Press, 1973).

Roscoe, William, *The Butterfly's Ball, and the Grasshopper's Feast* (London, (1807) 1855).

Rosenberg, Teya, 'Generic Manipulation and Mutation: E. Nesbit's Psammead Series as Early Magical Realism', in Jones (ed.), *E. Nesbit's Psammead Trilogy*, pp. 63–88.

Rossetti, Christina, *Poems and Prose*, ed. Jan Marsh (London: Everyman, (1994) 2001).

Rudd, David, 'Where It Was, There Shall Five Children Be: Staging Desire in *Five Children and It*', in Jones (ed.), *E. Nesbit's Psammead Trilogy*, pp. 135–49.

Rupke, Nicolaas A., *The Great Chain of History: William Buckland and the English School of Geology (1814–1849)* (Oxford: Clarendon Press, 1983).

Rupke, Nicolaas A., *Richard Owen: Biology without Darwin, a Revised Edition* (Chicago and London: University of Chicago Press, (1994) 2009).

Saintine, X. B. [Joseph Xavier Boniface], *The Fairy Tales of Science: Being the Adventures of the Three Sisters, Animalia, Vegetalia, and Mineralia* (London: Ward, Lock & Co., 1886).

Schaffer, Simon, 'Babbage's Dancer and the Impresarios of Mechanism', in Francis Spufford and Jenny Uglow (eds), *Cultural Babbage: Technology, Time and Invention* (London,

Boston: Faber & Faber, 1996), pp. 52–80.

Secord, James A., *Victorian Sensation: The Extraordinary Publication, Deception and Secret Authorship of* Vestiges of the Natural History of Creation (Chicago: University of Chicago Press, 2000).

Sewell, Anna, *Black Beauty* (Oxford: Oxford University Press, (1877) 1931).

Sherwood, Mary Martha, *The History of the Fairchild Family; or the Child's Manual* (London: T. Hatchard, (1818) 1853–4).

Shteir, Ann B., *Cultivating Women, Cultivating Science: Flora's Daughters and Botany in England 1760–1860* (Baltimore and London: Johns Hopkins University Press, 1996).

Shteir, Ann B., and Lightman, Bernard (eds), *Figuring It Out: Science, Gender, and Visual Culture* (Hanover and London: University Press of New England, 2006).

Shuttleworth, Sally, 'Female Circulation: Medical Discourse and Popular Advertising in the Mid-Victorian Era', in Jacobus, Keller and Shuttleworth (eds), *Body Politics*, pp. 47–68.

Silver, Carole G., *Strange and Secret Peoples: Fairies and Victorian Consciousness* (Oxford: Oxford University Press, 1999).

Slack, Henry James, *Marvels of Pond-Life; or, a Year's Microscopic Recreations among the Polyps, Infusoria, etc.* (London, 1861).

Smajic, Srdjan, *Ghost-Seers, Detectives and Spiritualists: Theories of Vision in Victorian Literature and Science* (Cambridge:

Cambridge University Press, 2010).

Smith, Jonathan, *Charles Darwin and Victorian Visual Culture* (Cambridge: Cambridge University Press, 2006).

Smith, Jonathan, *Fact and Feeling: Baconian Science and the Nineteenth-Century Literary Imagination* (Madison and London: University of Wisconsin Press, 1994).

Spary, Emma, 'Political, Natural, and Bodily Economies', in Jardine, Secord and Spary (eds), *Cultures of Natural History*, pp. 178–96.

Spencer, Herbert, *Education: Intellectual, Moral, and Physical* (London: Williams & Norgate, (1861) 1888).

Stauffer, Robert C., 'Haeckel, Darwin, and Ecology', *Quarterly Review of Biology* 32 (1957), pp. 138–44.

Stewart, Susan, *On Longing: Narratives of the Miniature, the Gigantic, the Souvenir, the Collection* (Durham, North Carolina, and London: Duke University Press, 1993).

Stott, Rebecca, *Theatres of Glass: The Woman who Brought the Sea to the City* (London: Short Books, 2003).

Straley, Jessica, 'Of Beasts and Boys: Kingsley, Spencer and the Theory of Recapitulation', *Victorian Studies* 49.3 (Summer 2007), pp. 583–609.

Sumpter, Caroline, 'Making Socialists or Murdering to Dissect? Natural History and Child Socialization in the *Labour Prophet* and *Labour Leader*', in Louise Henson, Geoffrey Cantor, Gowan Dawson et al. (eds), *Culture and Science in the Nineteenth-Century Media* (Aldershot: Ashgate, 2004), pp. 29–55.

Sumpter, Caroline, *The Victorian Press and the Fairy Tale* (Basingstoke: Palgrave Macmillan, 2008).

Talairach-Vielmas, Laurence, *Moulding the Female Body in Victorian Fairy Tales and Sensation Novels* (Aldershot: Ashgate, 2007).

Talairach-Vielmas, Laurence, 'Rewriting *Little Red Riding-Hood*: Victorian Fairy Tales and Mass Visual Culture', *Lion and the Unicorn* 33.3 (2009), pp. 259–81.

Talairach-Vielmas (ed.), *Science in the Nursery: The Popularisation of Science in Britain and France, 1761–1901* (Newcastle: Cambridge Scholars Publishing, 2011).

Talairach-Vielmas, Laurence, 'Victorian Children's Literature and the Natu-ral World: Parables, Fairy Tales and the Construction of "Moral Ecology" ', in Jennifer Harding, Elizabeth Thiel and Alison Waller (eds), *Deep into Nature: Ecology, Environment and Children's Literature* (Lichfield: Pied Piper Publishing, 2009), pp. 222–47.

Talairach-Vielmas, Laurence, 'Weaving the Threads of the Tapestry: Storyspinning in Mrs. Molesworth's *The Tapestry Room* (1877)', *Women's Writing* 20.1 (2013), pp. 518–36.

Tatar, Maria, *The Hard Facts of the Grimms' Fairy Tales* (Princeton: Princeton University Press, 1987).

Tennyson, Alfred Lord, *In Memoriam*, ed. Michael Davis

(London: Macmillan, (1850) 1956).

Thackeray, William Makepeace, *The Letters and Private Papers of William Makepeace Thackeray*, 4 vols, ed. Gordon N. Ray (London: Oxford University Press, 1946).

Topman, Jonathan, 'Science, Natural Theology, and the Practice of Christian Piety in Early Nineteenth-Century Religious Magazines', in Geoffrey Canto and Sally Shuttleworth (eds), *Science Serialized, Representations of the Sci-ences in Nineteenth-Century Periodicals* (Cambridge, Massachusetts: MIT Press, 2003), pp. 37–66.

Trimmer, Mrs Sarah, *An Easy Introduction to the Knowledge of Nature, and reading the holy scriptures, adapted to the capacities of children* (London: T. Longman and G. Robinson, (1780) 1787).

Trimmer, Mrs Sarah, *Fabulous Histories: Designed for the Instruction of Children Respecting Their Treatment of Animals* (London: J. G. & F. Rivington, (1786) 1838).

Tucker, Jennifer, *Nature Exposed: Photography as Eyewitness in Victorian Science* (Baltimore: Johns Hopkins University Press, 2005).

Tylor, Sir Edward Burnett, *Primitive Culture: Researches into the Development of Mythology, Philosophy, Religion, Art and Custom* (London: John Murray, 1871).

Tylor, Sir Edward Burnett, *Researches into the Early History of Mankind and the Development of Civilization* (London: John

Murray, 1865).

Tyndall, John, *Essays on the Use and Limit of the Imagination in Science*, 2nd edn (London: Longmans, 1870).

Tyndall, John, 'Scientific Use of the Imagination', *Fragments of Science for Unscientific People* (London: Longmans, Green, & Co., 1871), pp. 125–67.

Uglow, Jenny, *Nature's Engraver: A Life of Thomas Bewick* (London: Faber and Faber; New York: Farrar, Straus & Giroux, 2006).

Vaucanson, Jacques, *Account of the Mechanism of an Automaton, or Image Playing on the German-Flute: As it was presented in a Memoire, to the Gentlemen of the Royal Academy of Sciences at Paris*, trans. J. T. Desaguliers (London: T. Parker, 1742).

Villiers de L'Isle-Adam, Auguste, *L'Eve future*, éd. Alan Raitt (Paris : Gallimard, (1886) 1993).

Warner, Marina, *From the Beast to the Blonde: On Fairy Tales and Their Tellers* (London: Vintage, (1994) 1995).

Warner, Marina, *Phantasmagoria: Spirit Visions, Metaphors, and Media into the Twenty-First Century* (Oxford: Oxford University Press, 2006).

Watts, Isaac, *Divine Songs, Attempted in Easie Language for the Use of Children* (Coventry: M. Luckman, (1715) 1800).

Whitley, Richard, 'Knowledge Producers and Knowledge Acquirers: Popular-isation as a Relation between Scientific Fields and Their Publics', in Terry Shinn and Richard

Whitley (eds), *Expository Science: Forms and Functions of Popularisation* (Dordrecht: D. Reidel Publishing Company, 1985), pp. 3–28.

Wiegleb, Johann Christian, *Unterricht in der natürlichen Magie* (Berlin, 1779).

Willburn, Sarah A., *Possessed Victorians: Extra Spheres in Nineteenth-Century Mystical Writings* (Aldershot: Ashgate, 2006).

[Wills, W. H., and Sala, George A.], 'Fairyland in 'fifty-four', *Household Words* 193 (3 Dec. 1853), pp. 313–17.

Wilson, Daniel, *Caliban: The Missing Link* (London: Macmillan & Co., 1873).

Wood, Christopher, *Fairies in Victorian Art* (Woodbridge: Antique Collectors' Club, 2000).

Wood, Gaby, *Living Dolls: A Magical History of the Quest for Mechanical Life* (London: Faber & Faber, 2002).

Wood, Mrs Henry, *East Lynne* (London: Everyman's Library, (1861) 1988).

Wood, Rev. J. G., *Common Objects of the Country* (London: Routledge, 1858).

Wood, Rev. J. G., *The Fresh and Salt-Water Aquarium* (London, 1868).

Wood, Rev. J. G., *Insects at Home: being a popular account of British insects, their structure, habits, and transformations* (London: Longmans, Green, 1872).

Wood, Rev. J. G., 'On Killing, Setting, and Preserving Insects. I–Killing', *Boy's Own Paper* 1 (1879), pp. 431–2.

Wyatt, Mary, *Algae Danmonienses; Or, dried specimens of marine plants, princi-pally collected in Devonshire; Carefully named according to Dr Hooker's British Flora* (Torquay: Cockrem, 1833).

Zipes, Jack, *Fairy Tales and the Art of Subversion: The Classical Genre for Children and the Process of Civilization* (London: Heinemann, 1983).

Zipes, Jack (ed.), *The Trials and Tribulations of Little Red Riding Hood*, 2nd edn (New York and London: Routledge, 1993).

Zipes, Jack (ed.), *Victorian Fairy Tales: The Revolt of the Fairies and Elves* (London: Routledge, 1987).

译名对照表

A

* 伊索 Aesop

* 路易斯・阿加西 Agassiz, Louis

* 约翰・艾金 Aikin, John

* 安娜・拉埃蒂提亚・巴鲍德 Barbauld, Anna Lætitia

* 威廉・阿林厄姆 Allingham, William

* A. L. O. E. 塔克夫人 A.L.O.E. [C. M. Tucker]

《妖精小机灵，知识小宝库》*Fairy Know-A-Bit; or, a nutshell of knowledge*

* 汉斯・克里斯汀・安徒生 Andersen, Hans Christian

《树精》'The Dryad'

青蛙王子式的经典童话 classical fairy tales animal bridegroom tales

《美女与野兽》'Beauty and the Beast'

*《博物学编年史杂志》*Annals and Magazine of Natural History*

* 玛丽・安宁 Anning, Mary

* 伦敦人类学学会 Anthropological Society

B

juvenile budget opened

* 萨滨・巴林-古尔德 Baring-Gould, Sabine

* 简・巴洛 Barlow, Jane

* 詹姆斯・马修・巴里 Barrie, J. M.

* 巴塞洛缪集市 Bartholomew Fair

* 吉姆巴蒂斯达・巴西尔 Basile, Giambattista

* 塞缪尔・比顿 Beeton, Samuel

* 托马斯・比威克 Bewick, Thomas

* 威廉・布莱克 Blake, William

《奥布朗、提泰妮娅、迫克和跳舞的妖精》*Oberon, Titania and Puck Dancing with Fairies*

* 海伦娜・布拉瓦茨基 Blavatsky, Helena

* 萨拉・鲍迪奇 Bowdich, Sarah

*《男孩专属杂志》*Boy's Own Magazine*

* 大卫・布鲁斯特 Brewster, David

《就自然与魔法的话题的通信》*Letters on Natural Magic*

* 伊莱莎・布莱特温 Brightwen, Eliza

* 夏洛蒂・勃朗特 Bront? Charlotte

《简・爱》*Jane Eyre*

* 约翰・嘉吉・布劳 Brough, John Cargill

《科学童话：讲给青少年的故事》*The Fairy Tales of Science: A Book for Youth*

* 罗伯特・布朗 Brown, Robert

显微镜 *see also* microscopes

* 阿拉贝拉・巴克利 Buckley, Arabella B.

《科学的仙境》*The Fairy-Land of Science*

《生命母亲与她的孩子们》*Life and Her Children*

《科学的道德教育》*Moral Teachings of Science*

通灵学 spiritualism

《生命赛跑的赢家们：伟大的脊椎动物》*Winners in Life's Race or the Great Backboned Family*

* 爱德华·伯恩-琼斯 Burne-Jones, Edward

*（巨人）查尔斯·伯恩 Byrne, Charles (giant)

C

* 安妮·卡利 Carey, Annie

《平凡事物见神奇》*The Wonders of Common Things*

* 刘易斯·卡罗尔 Carroll, Lewis

《爱丽丝漫游仙境》*Alice's Adventures in Wonderland*

《爱丽丝镜中奇遇记》*Through the Looking Glass, And What Alice Found There*

* 僵直 catalepsy

* 阿格尼丝·卡特洛 Catlow, Agnes,

* 哈莉特·路易莎·柴尔德-彭伯顿 Childe-Pemberton, Harriet Louisa

《小红帽续》'All my Doing; or Red Riding-Hood Over Again'

* 儿童读物 children's magazines

《朱蒂阿姨》*Aunt Judy's Magazine*

《男孩专属杂志》*Boy's Own Magazine*

《给年轻人的金玉良言》*Good Words for the Young*

《小人国杂志》*Lilliputian Magazine*

《孩子们的杂志》*The; Magasin des enfans*

《男孩子杂志》*Le Magazine for Boys*

《童话月报》*The Monthly Packet*

*约翰·纽伯里 Newbery, John

*莎拉·特里莫 Trimmer, Sarah

*夏洛特·杨格 Yonge,Charlotte

* 透视 clairvoyance

* 塞缪尔·克拉克 Clark, Samuel

《彼得·帕利与海陆空的奇观》*Peter Parley's Wonders of the Earth, Sea, and Sky*

* 经典童话 classical fairy tales

《美女与野兽》'Beauty and the Beast'

《青须公》'Bluebeard'

《猫皮公主》'Catskin'

《灰姑娘》'Cinderella'

《糖果屋历险记》'Hansel and Gretel'

《小红帽》'Little Red Riding Hood'

《睡美人》'Sleeping Beauty'

杜莎夫人的同名蜡像 Madame Tussaud's

《白雪公主》'Snow White'

《三只熊》'The Three Bears'

汉斯·克里斯汀·安徒生 Andersen, Hans Christian

格林兄弟（雅各布·格林和威廉·格林）Grimm Brothers (Jacob and Wilhelm)

D

《物种起源》*On the Origin of Species*

其他进化理论 theory of evolution

* 奥古斯都·德·摩根 de Morgan, Augustus

* 玛丽·德·摩根 de Morgan, Mary

《头发树》'The Hair Tree'

《菲奥瑞蒙德公主的项链》*The Necklace of Princess Fiorimonde*

《针垫先生讲故事》*On a Pincushion and Other Fairy Tales*

《奥帕尔的故事》'The Story of the Opal'

《虚荣的拉莫娜的故事》'The Story of Vain Lamorna'

《水火奇缘》'Through the Fire'

《玩具公主》'A Toy Princess'

《虚荣的凯斯塔》'Vain Kesta'

《风精灵传说》*The Windfairies*

《聪明的公主》'The Wise Princess'

* 索菲娅·伊丽莎白·德·摩根 de Morgan, Sophia Elizabeth

* 威廉·德·摩根 de Morgan, William

* 查尔斯·狄更斯 Dickens, Charles

《妖精是假的》'Fraud on the Fairies'

《远大前程》*Great Expectations*

《艰难时世》*Hard Times*

* 渡渡鸟 dodos

* 凯瑟琳·多塞特 Dorset, Catherine

《孔雀"在家"》*The Peacock 'At Home'*

* 理查德·道尔 Doyle, Richard

* 保罗·杜·夏瑜 du Chaillu, Paul Belloni

E

F

* 约翰·安斯特·菲茨杰拉德作 Fitzgerald, John Anster

《提泰妮娅与波顿》*Titania and Bottom*

*（巨人）查尔斯·弗里曼 Freeman, Charles (giant)

* 伊丽莎白·弗莱 Fry, Elizabeth

* 亨利·富塞利 Fuseli, Henry

《提泰妮娅与波顿》*Titania and Bottom*

G

* 爱德华·加德纳 Gardner, Edward

* 玛格丽特·盖提 Gatty, Margaret

《英国海藻》*British Sea-Weeds*

《自然的寓言》*Parables from Nature*

* 伊莎贝拉·吉福德 Gifford, Isabella

《海洋植物学家》*The Marine Botanist:An Introduction to the Study of Algology*

* 乔治·劳伦斯·戈姆 Gomme, George Laurence

* 埃德蒙·戈斯 Gosse, Edmund

《赶海的博物学家：菲利普·亨利·戈斯传》*The Naturalist of the Sea-shore, The Life of Philip Henry Gosse*

* 菲利普·亨利·戈斯 Gosse, Philip Henry

《水族箱》*The Aquarium; an unveiling of the wonders of the deep sea*

《博物学家在德文郡海岸的漫步》*A Naturalist's Rambles on the Devonshire Coast*

《博物学的浪漫》*The Romance of Natural History*

* 温室栽培 greenhouse cultivation

* 罗伯特・凯伊・格雷维尔 Greville, Robert Kaye

  《大不列颠藻类》*Algae Britannicae*

* 格林兄弟 Grimm Brothers

  《水晶棺材》'The Glass Coffin'

  《渡鸦》'The Raven'

  《七只乌鸦》'The Seven Ravens'

  《六只天鹅》'The Six Swans'

  《十二兄弟》'The Twelve Brothers'

* 阿特金森・格里姆肖 Grimshaw, Atkinson

H

* 恩斯特・海克尔 Haeckel, Ernst

* 约翰・哈里斯 Harris, John

* 约翰・纽伯里 Newbery, John

* 本杰明・塔巴特 Tabart, Benjamin

* 埃德温・西德尼・哈特兰 Hartland, Edwin Sidney

  《童话故事学：妖精神话考》*The Science of Fairy Tales: An Inquiry into Fairy Mythology*

* 威廉・亨利・哈维 Harvey, W. H.

  《英国海藻手册》*Manual of British Algae*

* 约翰・赫歇尔爵士 Herschel, Sir John

* 詹姆斯・辛顿 Hinton, James

* 围绕海马体的争论 hippocampus controversy

  英国科学促进协会 BAAS

进化论 theory of evolution

托马斯・亨利・赫胥黎 Huxley, Thomas Henry

查尔斯・金斯莱 Kingsley, Charles

理查德・欧文爵士 Owen, Sir Richard

* 霍夫兰德夫人 Hoffland, Mrs

* 恩斯特・西奥多・阿玛迪斯・霍夫曼 Hoffmann, E. T. A.

* 詹姆斯・霍格 Hogg, James

* 爱德华・霍普利 Hopley, Edward

《迫克与飞蛾》*Puck and a Moth*

* 爱德华・罗伯特・休斯 Hughes, Edward Robert

* 亨特博物馆 Hunterian Museum

* 罗伯特・赫斯基森 Huskisson, Robert

* 亨利・内维尔・哈钦森牧师 Hutchinson, Reverend H. N.

《地球的自传》*The Autobiography of the Earth: A Popular Account of Geological History*

《远古野兽轶闻录》*Extinct Monsters: A Popular Account of Some of the Larger Forms of Ancient Animal Life*

I

* 工业革命 industrial revolution

* 让・英格洛 Ingelow, Jean

《仙女莫普莎》*Mopsa the Fairy*

J

* 约瑟夫・雅各布斯 Jacobs, Joseph

《英国童话大全》*More English Fairy Tales*

* 皮埃尔・雅克-德罗 Jaquet-Droz, Pierre

K

* 约翰・济慈 Keats, John

* 托马斯・凯特利 Keightley, Thomas

  《妖精的神话》*The Fairy Mythology: Illustrative of the Romance and Superstition of Various Countries*

* 沃尔夫冈・冯・肯佩伦 Kempelen, Wolfgang von

  大卫・布鲁斯特 Brewster, David

* 梅・肯德尔 Kendall, May

  《麦布女王》*That Very Mab*

* 玛丽・安・基尔纳 Kilner, Mary Ann

  《年轻女士的好帮手——针垫的冒险》*The Adventures of the Pincushion designed chiefly for the use of young ladies*

* 查尔斯・金斯莱 Kingsley, Charles

  《海滨奇观》*Glaucus; or the wonders of the shore*

  《如何太太与为何女士》*Madam How and Lady Why; or First Lessons in Earth Lore for Children*

  《水孩子：一个陆地孩子的童话之旅》*The Water-Babies; a Fairy Tale for a Land Baby*

* 威廉・亨利・吉尔斯・金斯顿 Kingston, W. H. G.

* 鲁德亚德・吉卜林 Kipling, Rudyard

  《普克山上的迫克》*Puck of Pook's Hill*

* 伊丽莎白・柯比 Kirby, Elizabeth

* 玛丽·柯比 Kirby, Mary

* 威廉·柯比 Kirby, William

L

* 朱利安·奥弗雷·拉·美特利 La Mettrie, Julien Offray

《人类是一台机器》*Man a Machine*

* 爱德温·兰塞尔 Landseer, Sir Edwin Henry

* 安德鲁·朗格 Lang, Andrew

《麦布女王》*That Very Mab*

* 菲比·兰克斯特 Lankester, Phebe

* 查尔斯·李德彼特 Leadbeater, Charles W.

* 勒普兰斯·德·博蒙夫人 Leprince de Beaumont, Madame

* 乔治·亨利·刘易斯 Lewes, G. H.

*（卡尔·）林奈 Linnaeus, Carl

* 大卫·利文斯顿 Livingstone, David

* 威廉·奥尔福德·劳埃德 Lloyd, William Alford

* 约翰·洛克 Locke, John

《人类理解论》*Essay Concerning Human Understanding*

* 简·劳登 Loudon, Jane

《年轻博物学家的旅程：艾格尼丝·莫顿与妈妈的旅行》*The Young Naturalist; or, the travels of Agnes Merton and her mamma*

* 查尔斯·莱伊尔 Lyell, Charles

《地质学原理》*Principles of Geology*

均变论 uniformitarianism

M

《问问知更鸟》'Ask the Robin'

《圣诞树园地》*Christmas-Tree Land*

《布谷鸟钟》*The Cuckoo Clock*

《保姆希瑟戴尔的故事》*Nurse Heatherdale's Story*

《年轻的她和年迈的他》*She Was Young and He Was Old: A Novel*

《挂毯之屋》*The Tapestry Room*

* 汉娜・莫尔 Moore, Hannah

* 威廉・莫里斯 Morris, William

* 罗德里克・莫企逊爵士 Murchison, Sir Roderick

* 强身派基督教 Muscular Christianity

* 博物馆 museums

大英博物馆 British Museum

亨特博物馆 Hunterian Museum

牛津大学博物馆 Oxford University Museum

南肯辛顿博物馆 South Kensington Museum

N

* 约翰・乔治・奈什 Naish, John George

*《博物学综述》*Natural History Review*

* 自然神学 natural theology

* 伊迪斯・内斯比特 Nesbit, Edith

《巨龙之书》*The Book of Dragons*

教育 education

《魔法城堡》*The Enchanted Castle*

《五个孩子和沙地精》*Five Children and It*

R

* 亚瑟·拉克姆 Rackham, Arthur

* 重演论 recapitulation theory

* 约翰·里斯爵士 Rhys, Sir John

* 安妮·伊莎贝拉·萨克雷·里奇 Rhys, Sir John

《蓝胡子的钥匙》*Bluebeard's Keys and Other Stories*

《灰姑娘》'Cinderella'

《五个老朋友与一个年轻的王子》*Five Old Friends and a Young Prince*

《小红帽》'Little Red Riding Hood'

* 玛丽·罗伯茨 Roberts, Mary

* 威廉·罗斯科 Roscoe, William

《蝴蝶的舞会》*The Butterfly's Ball and the Grasshopper's Feast*

* 克里斯提娜·罗塞蒂 Rossetti, Christina

《哥布林集市》'Goblin Market'

* 但丁·加百利·罗塞蒂 Rossetti, Dante Gabriel

* 卢梭 Rousseau, Jean-Jacques

* 约翰·拉斯金 Ruskin, John

《金河王》*The King of the Golden River, or the Black Brothers*

S

* 爱德华·林利·桑伯恩 Sambourne, Edward Linley

* 乔治·奥古斯特·施魏因富特 Schweinfurth, George August

* 大卫·斯科特 Scott, David

* 沃尔特·斯科特爵士 Scott, Sir Walter

T

Designed for the Instruction of Children Respecting Their Treatment of Animals

《教育卫士》*The Guardian of Education*

* 伊丽莎白·特温宁 Twining, Elizabeth

* 爱德华·伯内特·泰勒爵士 Tylor, Sir Edward Burnet

* 约翰·丁达尔 Tyndall, John

* 安娜·希恩 Tynne, Anna

U

* 水精灵温蒂妮 *Undine*

V

* 沃康松 Vaucanson, Jacques

* 维多利亚（女王）Victoria (Queen)

* 维多利亚时代的妖精绘画 Victorian fairy painting

约翰·安斯特·菲茨杰拉德 Fitzgerald, John Anster

* 奥古斯特·维利耶·德·利尔-亚当 Villiers de l'Isle-Adam, Auguste

《未来的夏娃》*L'Eve future*

W

* 普里西拉·韦克菲尔德 Wakefield, Priscilla

* 阿尔弗雷德·拉塞尔·华莱士 Wallace, Alfred Russel

* 纳撒尼尔·巴格肖·沃德 Ward, Nathaniel Bagshaw

* 罗伯特·沃灵顿 Warington, Robert

* 艾萨克·瓦茨 Watts, Isaac

Y

Z

Palgrave Studies in Nineteenth-Century Writing and Culture

General Editor: **Joseph Bristow**, Professor of English, UCLA

Editorial Advisory Board: **Hilary Fraser**, Birkbeck College, University of London; **Josephine McDonagh**, Kings College, London; **Yopie Prins**, University of Michigan; **Lindsay Smith**, University of Sussex; **Margaret D. Stetz**, University of Delaware; **Jenny Bourne Taylor**, University of Sussex

Palgrave Studies in Nineteenth-Century Writing and Culture is a new monograph series that aims to represent the most innovative research on literary works that were produced in the English-speaking world from the time of the Napoleonic Wars to the *fin de siècle*. Attentive to the historical continuities between 'Romantic' and 'Victorian', the series will feature studies that help scholarship to reassess the meaning of these terms during a century marked by diverse cultural, literary and political movements. The main aim of the series is to look at the increasing influence of types of historicism on our understanding of literary forms and genres. It reflects the shift from critical theory to cultural history that has affected not only the period 1800–1900 but also every field within the discipline of English literature. All titles in the series seek to offer fresh critical perspectives and challenging readings of both canonical and non-canonical writings of this era.

Titles include:

Eitan Bar-Yosef and Nadia Valman (*editors*)
'THE JEW' IN LATE-VICTORIAN AND EDWARDIAN CULTURE
Between the East End and East Africa

Heike Bauer
ENGLISH LITERARY SEXOLOGY
Translations of Inversions, 1860–1930

Katharina Boehm
BODIES AND THINGS IN NINETEENTH-CENTURY LITERATURE AND CULTURE

Katharina Boehm
CHARLES DICKINS AND THE SCIENCES OF CHILDHOOD
Popular Medicine, Child Health and Victorian Culture

Luisa Calè and Patrizia Di Bello (*editors*)
ILLUSTRATIONS, OPTICS AND OBJECTS IN NINETEENTH-CENTURY LITERARY AND VISUAL CULTURES

Deirdre Coleman and Hilary Fester (*editors*)
MINDS, BODIES, MACHINES, 1770–1930

Eleanor Courtemanche
THE 'INVISIBLE HAND' AND BRITISH FICTION, 1818–1860
Adam Smith, Political Economy, and the Genre of Realism

Stefano Evangelista
BRITISH AESTHETICISM AND ANCIENT GREECE
Hellenism, Reception, Gods in Exile

Trish Ferguson (*editor*)
VICTORIAN TIME
Technologies, Standardizations, Catastrophes

Margot Finn, Michael Lobban and Jenny Bourne Taylor (*editors*)
LEGITIMACY AND ILLEGITIMACY IN NINETEENTH-CENTURY LAW, LITERATURE AND HISTORY

F. Gray (*editor*)
WOMEN IN JOURNALISM AT THE FIN DE SIÈCLE
'Making a Name for Herself'

Jason David Hall and Alex Murray (*editors*)
DECADENT POETICS
Literature and Form at the British Fin de Siécle

Yvonne Ivory
THE HOMOSEXUAL REVIVAL OF RENAISSANCE STYLE, 1850–1930

Colin Jones, Josephine McDonagh and Jon Mee (*editors*)
CHARLES DICKENS, A TALE OF TWO CITIES AND THE FRENCH REVOLUTION

Jock Macleod
LITERATURE, JOURNALISM, AND THE VOCABULARIES OF LIBERALISM
Politics and Letters 1886–1916

Kirsten MacLeod
FICTIONS OF BRITISH DECADENCE
High Art, Popular Writing and the *Fin de Siècle*

Sean O'Toole
HABIT IN THE ENGLISH NOVEL, 1850–1900
Lived Environments, Practices of the Self

Tina O'Toole
THE IRISH NEW WOMAN

Virginia Richter
LITERATURE AFTER DARWIN
Human Beasts in Western Fiction 1859–1939

Laura Rotunno
POSTAL PLOTS IN BRITISH FICTION, 1840–1898
Readdressing Correspondence in Victorian Culture

Deborah. Shapple Spillman
BRITISH COLONIAL REALISM IN AFRICA
Inalienable Objects, Contested Domains

Laurence Talairach-Vielmas
FAIRY TALES, NATURAL HISTORY AND VICTORIAN CULTURE

Sara Thornton
ADVERTISING, SUBJECTIVITY AND THE NINETEENTH-CENTURY NOVEL
Dickens, Balzac and the Language of the Walls

Paul Young
GLOBALIZATION AND THE GREAT EXHIBITION
The Victorian New World Order

Palgrave Studies in Nineteenth-Century Writing and Culture
Series Standing Order ISBN 978–0–333–97700–2 (hardback)
(*outside North America only*)

You can receive future titles in this series as they are published by placing a standing order. Please contact your bookseller or, in case of difficulty, write to us at the address below with your name and address, the title of the series and the ISBN quoted above.

Customer Services Department, Macmillan Distribution Ltd, Houndmills, Basingstoke, Hampshire RG21 6XS, England

---

官方小红书：尔文 Books

官方豆瓣：尔文 Books（豆瓣号：264526756）

官方微博：@ 尔文 Books

图书在版编目（CIP）数据

童话、博物学与维多利亚文化 / (法) 劳伦斯・塔拉拉赫–维尔马斯著；祝锦杰译. -- 成都：四川人民出版社, 2024.1

ISBN 978-7-220-12888-2

Ⅰ. ①童… Ⅱ. ①劳… ②祝… Ⅲ. ①文化史—世界—近代 Ⅳ. ①K103

中国版本图书馆CIP数据核字（2022）第216283号

First published in English under the title
Fairy Tales, Natural History and Victorian Culture
by Laurence Talairach-Vielmas, edition: 1
Copyright © Palgrave Macmillan, a division of Macmillan Publishers Limited, 2014
This edition has been translated and published under licence from
Springer Nature Limited.
Springer Nature Limited takes no responsibility and shall not be made liable for the accuracy of the translation.
四川省版权局著作权合同登记号：21-23-238

TONGHUA、BOWUXUE YU WEIDUOLIYA WENHUA

童话、博物学与维多利亚文化

[法] 劳伦斯・塔拉拉赫–维尔马斯 著　　祝锦杰 译

出 版 人	黄立新
策划组稿	赵 静
责任编辑	赵 静
封面设计	张 科
内文设计	张迪茗
责任印制	周 奇
出版发行	四川人民出版社（成都三色路238号）
网 址	http://www.scpph.com
E-mail	scrmcbs@sina.com
新浪微博	@四川人民出版社
微信公众号	四川人民出版社
发行部业务电话	（028）86361653　86361656
防盗版举报电话	（028）86361661
照 排	四川胜翔数码印务设计有限公司
印 刷	四川新财印务有限公司
成品尺寸	142mm × 210mm
印 张	13
字 数	280千
版 次	2024年1月第1版
印 次	2024年1月第1次印刷
书 号	ISBN 978-7-220-12888-2
定 价	128.00元

■版权所有・侵权必究
本书若出现印装质量问题，请与我社发行部联系调换
电话：（028）86361653